新时代工程咨询与管理系列丛书

地方政府专项债券绩效评价理论与实务

李绪泽　张承鑫 ⊙ 主　编
李秀丽　江静怡　李孝林 ⊙ 副主编

中国建筑工业出版社

图书在版编目（CIP）数据

地方政府专项债券绩效评价理论与实务 / 李绪泽，张承鑫主编；李秀丽，江静怡，李孝林副主编 . —北京：中国建筑工业出版社，2024.1
（新时代工程咨询与管理系列丛书）
ISBN 978-7-112-29639-2

Ⅰ.①地… Ⅱ.①李… ②张… ③李… ④江… ⑤李… Ⅲ.①地方政府—债券—经济绩效—经济评价—研究—中国 Ⅳ.① F812.7

中国国家版本馆CIP数据核字（2024）第045128号

责任编辑：朱晓瑜　张智芊
文字编辑：李闻智
责任校对：李美娜

新时代工程咨询与管理系列丛书
地方政府专项债券绩效评价理论与实务
李绪泽　张承鑫⊙主　编
李秀丽　江静怡　李孝林⊙副主编

*

中国建筑工业出版社出版、发行（北京海淀三里河路9号）
各地新华书店、建筑书店经销
北京海视强森文化传媒有限公司制版
廊坊市海涛印刷有限公司印刷

*

开本：787毫米×1092毫米　1/16　印张：13$\frac{1}{4}$　字数：301千字
2024年3月第一版　2024年3月第一次印刷
定价：**65.00**元
ISBN 978-7-112-29639-2
（42328）

版权所有　翻印必究
如有内容及印装质量问题，请联系本社读者服务中心退换
电话：（010）58337283　　QQ：2885381756
（地址：北京海淀三里河路9号中国建筑工业出版社604室　邮政编码：100037）

本书编委会

主　　编：李绪泽　张承鑫
副 主 编：李秀丽　江静怡　李孝林
编制人员：郑鹏杰　卢文安　胡春红　黄晓君　朱旺勇
　　　　　张海华　庞海然

前 言 | PREFACE

地方政府专项债券（以下简称"专项债券"）指省级政府为有一定收益的公益性项目发行的、以公益性项目对应的政府性基金收入或专项收入作为还本付息资金来源的政府债券，包括新增专项债券和再融资专项债券等。近年来，出于减轻地方政府隐形债务和提高地方政府投资效益等的需要，我国地方政府投融资模式经历了去融资平台、叫停BT模式、暂停PPP模式等规范化历程。2015年，国务院对地方政府债务进行整治，明确将地方政府债务和企业债分离开来，并逐步关闭传统融资渠道。同年颁布了新的《中华人民共和国预算法》，明确将省级政府发行的地方债券作为地方政府的唯一合规融资渠道，并在法律层面上予以确定。自此，专项债券作为地方债券的重要内容，开始登上地方政府融资的历史舞台。

2015—2022年，全国专项债券发行额总体呈迅速上升趋势，发行额从9744亿元增长至51316亿元，年均增速高达60.94%，专项债券已经成为地方政府进行基建融资的生力军，对拉动投资、稳定经济和保持增长起到了重要作用。在专项债券发行额迅速增长的同时，为规范和加强专项债券管理，提高资金使用绩效，财政部印发了《财政部关于印发〈地方政府专项债券发行管理暂行办法〉的通知》（财库〔2015〕83号）、《关于印发〈地方政府专项债券用途调整操作指引〉的通知》（财预〔2021〕110号）、《财政部关于印发〈地方政府专项债券项目资金绩效管理办法〉的通知》（财预〔2021〕61号）等专门文件，将专项债券绩效评价作为当前及今后一段时期内，规范专项债券发行和管理、全面实施预算绩效管理、发挥财政资金效益的重要措施。

作为开展专项债券绩效评价工作的重要依据，当前的绩效评价指标体系仍存在绩效指标不健全，专用性指标过少，指标权重主观性强、不合理等问题，有必要进一步研究完善专项债券绩效评价指标体系，高质量开展专项债券绩效评价工作，规范专项债券发行、管理、评价，更好地服务国家建设，这也是本书的主要讨论目的和研究内容。基于此，我们主要做了以下几方面工作：

（1）梳理地方政府投融资模式的变迁历程，明确专项债券的历史定位与使命；

（2）描述专项债券的发行现状，明确开展专项债券绩效评价的必要性与重要性；

（3）明确专项债券绩效评价的依据、作用、类型、重难点，厘清专项债券绩效评价的内涵与外延；

（4）列举了一些地方政府专项债券项目绩效评价的相关实例并做出解析，供相关方参考借鉴。

  本书通过对基础设施类、新基建类、公路类、水利类、高铁类等地方政府专项债券项目绩效评价实例的解析，详细说明了各类专项债券项目绩效评价工作情况，具有一定的落地性和实操性，可供专项债券项目绩效评价从业人员、咨询企业人员参考选用。当然，由于水平和经验所限，本书表述中难免会有失当之处，敬请批评指正。

  本书编制过程中，我们参考了诸多理论类、研究报告类、新闻报道类、辞书参考类文献资料，这里一并向所有的作者致以敬谢。限于篇幅，有不少没有列入"参考文献"之中，也请予以谅解。

本书全体编者
2024年3月

目 录 | CONTENTS

第 1 章 地方政府专项债券绩效评价概述

1.1 地方政府投融资模式的变迁 | 002
 1.1.1 "统收统支"和"量入为出"模式（1949—1978年）| 002
 1.1.2 "分灶吃饭"和"拨改贷"模式（1979—1994年）| 002
 1.1.3 打捆贷款、土地财政、投融资平台和BT模式（1994—2014年）| 003
 1.1.4 PPP、REITs和地方政府专项债券模式（2015年至今）| 005

1.2 地方政府专项债券的发行现状 | 007
 1.2.1 地方政府专项债券历年发行情况 | 007
 1.2.2 地方政府专项债券在地方政府投融资体系中的地位 | 010

1.3 地方政府专项债券项目的绩效评价 | 011
 1.3.1 绩效及其评价 | 011
 1.3.2 地方政府专项债券项目的重难点 | 013

第 2 章 地方政府专项债券项目的绩效评价

2.1 地方政府专项债券绩效评价的依据 | 016
 2.1.1 相关法律、法规、部门规章 | 016
 2.1.2 地方性法规和地方部门规章 | 018
 2.1.3 与绩效评价密切相关的项目资料 | 018

2.2 地方政府专项债券绩效评价的作用 | 019
 2.2.1 有效管理地方政府专项债券资金，强化支出责任 | 019
 2.2.2 有利于提高支出效率，更好发挥财政资金的效益 | 020
 2.2.3 有利于全面实施预算绩效管理 | 020
 2.2.4 有利于防范政府债务风险 | 020

2.2.5　有利于促进地方经济社会的高质量发展 | 021
　2.3　地方政府专项债券绩效评价的类型 | 021
　　　2.3.1　根据项目所处的不同阶段 | 022
　　　2.3.2　根据绩效评价实施的不同主体 | 023
　2.4　地方政府专项债券绩效评价的重难点 | 026
　　　2.4.1　绩效评价指标的筛选 | 026
　　　2.4.2　绩效评价指标权重的确定 | 026
　　　2.4.3　绩效评价方法的选择 | 028

第 3 章　基础设施类地方政府专项债券项目绩效评价

　3.1　基础设施类地方政府专项债券项目绩效评价概述 | 030
　　　3.1.1　基础设施建设领域是地方政府专项债券的重点支持方向 | 030
　　　3.1.2　基础设施类地方政府专项债券项目绩效评价体亟须完善 | 030
　　　3.1.3　地方政府专项债券项目事前绩效评价指标体系需重点关注 | 031
　3.2　绩效评价指标体系构建研究设计 | 031
　　　3.2.1　绩效评价指标初选研究设计 | 031
　　　3.2.2　绩效评价指标优化的研究设计 | 034
　　　3.2.3　绩效评价指标定量化研究设计 | 034
　　　3.2.4　绩效评价指标权重确定研究设计 | 036
　3.3　基础设施类地方政府专项债券项目绩效评价指标初选 | 037
　　　3.3.1　事前绩效评价一级指标初选 | 037
　　　3.3.2　事前绩效评价二级指标初选 | 038
　　　3.3.3　事前绩效评价三级指标初选 | 039
　3.4　基础设施类地方政府专项债券项目绩效评价指标定量化 | 042
　　　3.4.1　基础设施类地方政府专项债券项目绩效评价指标定量化的
　　　　　　原则 | 042
　　　3.4.2　基础设施类地方政府专项债券项目绩效评价指标定量化的
　　　　　　过程 | 044
　　　3.4.3　基础设施类地方政府专项债券项目绩效评价"一票否定"
　　　　　　式指标 | 044

  3.4.4 基础设施类地方政府专项债券项目绩效评价"降档评级"式指标 | 044

3.5 基础设施类地方政府专项债券项目绩效评价指标权重 | 047
  3.5.1 绩效评价指标权重计算原理 | 047
  3.5.2 绩效评价指标权重计算过程 | 049
  3.5.3 熵权法计算指标权重 | 054

第 4 章 新基建类地方政府专项债券项目绩效评价

4.1 新基建类地方政府专项债券项目绩效评价概述 | 058
4.2 绩效评价指标体系构建研究设计 | 059
  4.2.1 绩效评价指标初选研究设计 | 059
  4.2.2 定性指标定量化研究设计 | 063
  4.2.3 绩效评价指标权重确定研究设计 | 064
4.3 新基建类地方政府专项债券项目绩效评价指标初选 | 066
  4.3.1 绩效评价指标选取的原则及依据 | 066
  4.3.2 新基建类地方政府专项债券项目绩效评价指标集的初步选取 | 067
  4.3.3 指标的初选结果 | 067
  4.3.4 绩效评价指标的优化与完善 | 077
4.4 新基建类地方政府专项债券项目绩效评价指标定量化 | 079
  4.4.1 定性指标定量化替代的原则与方法 | 079
  4.4.2 定性指标定量化替代结果 | 080
4.5 新基建类地方政府专项债券项目绩效评价指标权重 | 084
  4.5.1 权重计算的原则 | 084
  4.5.2 权重确定的方法及步骤 | 085
  4.5.3 权重的计算 | 086
  4.5.4 根据权重确定绩效评价结果 | 089

第5章 公路类地方政府专项债券项目绩效评价指标体系

5.1 公路类地方政府专项债券项目绩效评价概述 | 092
    5.1.1 预算管理制度改革进入深水区和攻坚期 | 092
    5.1.2 公路类地方政府专项债券是落实积极财政政策的重要抓手 | 092
    5.1.3 地方政府专项债券项目的监管措施不完善 | 093
    5.1.4 公路类地方政府专项债券项目的绩效评价指标体系亟须健全 | 094

5.2 绩效评价指标体系构建研究设计 | 095
    5.2.1 绩效评价指标初选研究设计 | 095
    5.2.2 绩效评价指标优化研究设计 | 097
    5.2.3 绩效评价指标定量化研究设计 | 098
    5.2.4 绩效评价指标权重确定的研究设计 | 099

5.3 公路类地方政府专项债券项目绩效评价指标体系构建 | 102
    5.3.1 绩效评价指标初选的原则 | 102
    5.3.2 公路类地方政府专项债券项目绩效评价指标的初选 | 102
    5.3.3 公路类地方政府专项债券项目绩效评价指标的优化 | 102
    5.3.4 绩效评价指标定量化 | 106

5.4 公路类地方政府专项债券项目绩效评价指标权重 | 109
    5.4.1 指标权重的确定原则 | 109
    5.4.2 绩效评价指标权重的确定过程 | 109

第6章 水利类地方政府专项债券项目绩效评价指标体系

6.1 水利类地方政府专项债券项目绩效评价概述 | 114

6.2 绩效评价指标体系构建研究设计 | 116
    6.2.1 绩效评价指标的初选设计 | 117
    6.2.2 绩效评价指标优化的研究设计 | 118
    6.2.3 绩效评价定性指标定量化研究设计 | 119
    6.2.4 绩效评价指标权重计算研究设计 | 120

6.3 水利类地方政府专项债券绩效评价指标体系构建 | 122
    6.3.1 地方政府专项债券 | 122
    6.3.2 水利类地方政府专项债券特点 | 124
    6.3.3 水利类地方政府专项债券绩效评价指标的选取 | 126
    6.3.4 结果性指标的选取研究 | 130

6.4 水利类地方政府专项债券绩效评价指标权重 | 135
    6.4.1 绩效评价指标权重初步计算 | 135
    6.4.2 计算过程 | 136

第7章 高铁类地方政府专项债券项目绩效评价指标体系

- 7.1 高铁类地方政府专项债券项目绩效评价概述 | 144
  - 7.1.1 地方政府依法举债融资开展经济社会建设 | 144
  - 7.1.2 地方政府专项债券的发行范围和规模不断扩大 | 144
  - 7.1.3 高铁类地方政府专项债券项目绩效评价指标体系亟待完善 | 145
- 7.2 高铁类地方政府专项债券项目绩效评价初始指标构建 | 146
  - 7.2.1 绩效评价指标体系的构建原则 | 146
  - 7.2.2 高铁类地方政府专项债券绩效评价指标的类型 | 147
  - 7.2.3 高铁类地方政府专项债券项目绩效评价指标的开发 | 148
- 7.3 高铁类地方政府专项债券项目绩效评价指标优化 | 148
  - 7.3.1 绩效评价指标优化的必要性 | 148
  - 7.3.2 绩效评价指标优化方法 | 148
  - 7.3.3 绩效评价指标层次划分 | 157
  - 7.3.4 专家访谈法筛选评价指标 | 159
- 7.4 高铁类地方政府专项债券项目绩效评价指标权重 | 163
  - 7.4.1 绩效评价指标权重确定的方法 | 163
  - 7.4.2 绩效评价指标权重的确定原则 | 163
  - 7.4.3 绩效评价指标权重的计算原理 | 164
  - 7.4.4 绩效评价指标权重计算过程 | 165
  - 7.4.5 绩效评价指标权重计算结果 | 166

附录一 | 168

附录二 | 173

附录三 | 183

附录四 | 187

附录五 | 194

参考文献 | 198

| 第1章 |

地方政府专项债券绩效评价概述

1.1 地方政府投融资模式的变迁

1.1.1 "统收统支"和"量入为出"模式（1949—1978年）

中华人民共和国成立初期，我国面临着复杂的国内外形势，并要完成稳定经济的重要任务，因此需要大量财政资金。随着社会主义改造的完成和社会主义计划经济体制的建立，加之苏联计划经济模式的投资管理制度被引入我国，财政事权和财权大部分集中于中央政府，"统收统支"财政管理体制应运而生。在这种体制下，地方政府的大部分财权和大型国有企业的折旧、利润都收归于中央政府，中央政府成为最主要的投资主体，项目建设都采用行政管理方式。各地方政府没有融资的内在动机，有资金需求时则通过预算的形式预先向中央政府报告，编制年度概算后由中央政府批准拨付，地方政府的基本建设资金由国家财政拨款并无偿使用，即实行"统收统支"和"量入为出"的保守型投融资模式。此外，除上缴到中央政府的大部分财权和大部分收入外，若地方政府仍有富余的财政收入，则地方政府可自行安排和管理投资，较大项目则需上报中央有关部门备案。这种"自上而下"的中央政府批准拨付模式，适应了中华人民共和国成立初期在政府资金极为短缺和投资需求较大的矛盾下，必须集中、有效使用资金的要求。同时，由于当时投资额不大、投资较为集中，中央政府的管理难度亦不大。

这一时期，如作为福建省"一五"计划重点建设项目之一的鹰厦铁路，中央政府便投入了大量资金。1951年，在财政极为困难的情况下，国家决定拿出5亿元支持福建省修建鹰厦铁路（实际投资近4亿元）。鹰厦铁路于1955年2月11日动工，1956年12月9日铺轨到厦门，铁路全长694km，沿途打通隧道46个，构筑桥梁、涵洞1973座，全部工程仅用时1年10个月，比原计划提前1年完成。可见，这种"自上而下"的中央政府批准拨付模式在当时的地方政府的投融资体系中占据优势地位。事实上，遍布全国各地的、第一个"五年计划"时期建设的"156项重点工程"中，政府的基本建设投资完成588.5亿元，其中属于中央政府直接管理项目的投资占82%，地方政府投资仅占18%。这一阶段，由于中央政府对这些项目进行投资，地方政府主动融资的积极性较低。

1.1.2 "分灶吃饭"和"拨改贷"模式（1979—1994年）

1978年改革开放以后，我国经济体制由计划经济向市场经济转变，各级地方政府在严格贯彻执行中央各项方针政策的同时，也肩负起一方经济的管理、经营、发展和繁荣等一系列职责。在此背景下，地方政府开始探索区别于计划经济时期的投融资模式。概括来说，这一阶段我国地方政府的投融资模式的变化体现在如下两个方面：

（1）实行"分灶吃饭"的财政包干体制，改变中央集中"统收统支"的财政分配体制。经过党的十一届三中全会的充分酝酿，"划分收支、分级包干"（也称为"分灶吃饭"）的财政管理体制在1980年2月浮出水面。"分灶吃饭"确立了中央与地方的财力对比关系，使地方财政收支规模扩大有了基本的机制保障。但当地方收入不足以覆盖其支出时，仍可由中央调剂补助。"分灶吃饭"的财政包干体制是我国改革开放以后对传统的"统收统支"财政体制的一次重大改革，它的最大贡献是打破了原来僵化的体制。经过这次改革，国家财政体制中"统得过多""管得过死"等旧格局已逐步被打破，一个比较合理的、分层次的国家财力分配结构，一个有利于贯彻对内搞活、对外开放方针的适应我国社会主义计划商品经济发展的财政体制开始形成。

（2）中央财政预算内基建拨款实行"拨改贷"。1979年8月28日，国务院转发国家计委、国家建委、财政部发布的《关于基本建设投资试行贷款办法的报告》及《基本建设贷款试行条例》，试行将基建拨款改为银行贷款，即"拨改贷"政策下，财政预算安排的基本建设投资由中央财政拨款改为向银行贷款。因此，国内银行逐年扩大固定资产投资贷款。此外，也有地方政府开始寻求国际金融组织和外国政府贷款，使投资资金融资渠道多元化，如云南省委利用世界银行贷款1.454亿美元，兴建了我国著名的鲁布革水电站。"拨改贷"是我国投资体制以及财政预算投资体制的一项重要改革，实施"拨改贷"的建设项目较以前的无偿拨款方式取得了明显效果，主要表现在促使建设单位认真地在项目前期论证拟建项目的经济效益；促使建设单位在项目实施过程中精打细算，节约使用资金；扩大了企业的自主权，使项目招标投标制度日趋完善，并间接促使设计、施工单位技术的发展；促使建设单位自始至终地抓建设、抓投产、抓达产、抓投资回收，很大程度上改变了过去"工期马拉松""投产难达产""在建工程越滚越大"的被动局面。

1.1.3　打捆贷款、土地财政、投融资平台和BT模式（1994—2014年）

1994年分税制财政体制建立后，地方政府有了明确的事权，成为一个相对独立的利益主体。但财权集中在中央政府，地方政府财力事权不匹配、矛盾突出，地方政府便形成了财权和事权分离的局面。在此模式下，财政收入上移、支出责任下移。由于我国《中华人民共和国预算法》明确规定地方政府除另有规定外不得发行政府债券，而地方政府又要承担地方基础设施建设的责任，因此，如何获得基础设施建设资金，俨然已成为地方政府面临的重大挑战。在这样的背景下，以打捆贷款、土地财政、地方政府投融资平台为主的投融资模式应运而生，地方政府在财政开源的边缘来回试探，可谓负重前行。

1. 打捆贷款模式

分税制改革后，财政与金融分离、中央税与地方税分离，中央政府与地方政府、地方政府与银行成为不同的利益主体，有了不同的利益追求。对于作为企业的商业银行而言，其以自身利益最大化为追求目标；地方政府则追求地方经济发展，并兼顾社会效益。因此，地方政府便有了向银行贷款，举债做建设和发展经济的动机。而由于《中华人民共和国担保法》规定的担保物种类和担保资源的稀缺性，地方政府则以其政府信用作为担保，在客观上为银行和企业提供了担保资源，便利了企业借款和银行放款。1998年，国家开发银行在安徽省芜湖市试办了首笔"打捆贷款"，随后被各地方政府效仿，成为政府投融资的重要模式。打捆贷款易导致政府信用的扩张，形成数额巨大的隐形负债，不利于国家对金融的宏观调控。根据不完全统计，地方政府在2003—2005年间通过打捆贷款方式增加的直接债务在2万亿元以上，引发了债务隐患。因此，"打捆贷款"在2006年被叫停。

2. 土地财政模式

分税制改革后，财政收入上移、支出责任下移。为弥补地方政府收支缺口，土地出让金逐步成为地方财政的固定收入，并全部划归地方所有。因此，土地出让收入成为地方政府预算外收入的合理来源。此外，三大因素加深了地方政府对土地财政的依赖：首先，1998年6月，全国房改工作会议宣布，从1998年下半年起停止住房实物分配，实行住房分配货币化，新建住房原则上只售不租。因此，土地市场的交易活跃度大幅提高。其次，1998年12月，《中华人民共和国土地管理法》修订，规定农用地须转变性质成为国有土地后方能转为建设用地，由此确立了城市政府对土地建设的垄断权力，土地价值进一步凸显。最后，GDP等政绩考核推动地方政府融资需求扩张，助推土地金融与土地财政。根据《中国国土资源统计年鉴》，1995—2007年，全国土地出让面积从4.34万hm^2增长到23.25万hm^2，增长了435.71%；全国土地出让金从400亿元增长到12216.72亿元，增长了2954.18%；土地出让金占地方财政收入的比例从13.4%增长到51.38%，增长了283.43%。土地财政对我国经济快速发展起到了积极作用，但同时也衍生出了一系列问题：产业结构失衡、城乡发展失衡、宏观收入分配失衡，进而使城市化和农民的市民化受阻。

3. 投融资平台模式

地方政府投融资平台起源于20世纪80年代中期，并在进入20世纪90年代后半期迅速发展。分税制改革后，地方出现了"事多财少"的情况，财力出现明显不足。同时，1994年颁布的《中华人民共和国预算法》第二十八条规定，"除法律和国务院另有规定外，地方政府不得发行地方政府债券"，由此，地方政府投融资平台应运而生。投融资平台模式初期，主要以城投公司形式为主，通过银行的信贷体系来实现对外融资。这一时期，城投公司主要由地方财政部门、原建委共同组建，城投公司的资本金和项目资本金通过财政拨款方式筹集，其余资金以财政担保的形式由城投公司向银行进行贷款。这一时期，因各地方经济发展的不均衡，投融资平台公司的设立还主要集中在经济发展较快的地区，且平台公司数量有限。1998年12月《中华人民共和国土地管理法》修订后，地方土地市场变得活跃，全国范围的地方政府投融资平台公司随之增加，其主要职能是协调土地前期开发资金或通过BT模式（即建设-移交模式，特点是施工单位垫资建设）向施工单位融资。截至2010年，全国共有地方政府投融资平台1万余家，地方政府投融资平台贷款总量超过10万亿。由于地方政府投融资平台贷款的消化确非易事，2010年后，国家开始限制地方政府投融资平台模式。

4. BT模式

BT（Build-Transfer，即建设-移交），指项目所在国政府或所属机构为项目建设提供一种特许权协议作为项目的基础，与项目的投资者成立的项目公司签订固定工期及造价合同，在规定时间内由项目公司安排融资、设计、建设，并承担其期间风险，建设完成后由政府按协议分期回购的融资与建设模式。推行BT模式开展项目的根本原因也是为了解决政府投资项目资金短缺的问题，这是地方政府融资的一种手段。2003年2月，建设部颁布了《关于培育发展工程总承包和工程项目管理企业的指导意见》，鼓励有投融资能力的工程总承包企业根据业主要求以BT等模式实施建设项目，给予了BT模式政策上的指导。此外，2010年6月，国务院发布《国务院关于加强地方政府融资平台公司管理有关问题的通知》（国发〔2010〕19号），限制了地方政府依靠地方政府投融资平台进行融资的模式。因此，很多地方政府开始寻求BT途径融资。据中国投资协会不完全统计，2010年6月以后，全国各地方政府BT项目融资数量增加了4倍以上，融资金额超过100亿元。为规范债务管理和降低债务风险，2015年6月，财政部发布《关于进一步做好政府和社会资本合作项目示范工作的通知》（财金〔2015〕57号），规定"对采用建设-移交（BT）方式的项目，通过保底承诺、回购安排等方式进行变相融资的项目，财政部将不予受理"。由此明确叫停了BT模式。

1.1.4　PPP、REITs和地方政府专项债券模式（2015年至今）

2008年，全球范围内爆发了金融危机。为避免经济的严重衰退，中央政府2008年承诺在未来两年内增加4万亿元的财政支出，中国人民银行也同时执行了宽松的信贷政策，以保持银行体系流动性充裕，引导金融机构扩大信贷投放，加大金融支持经济发展的力度，运用贷款进一步新建、扩建工业开发区和城市新区，改善包括地铁、城市道路等在内的城市基础设施。在此背景下，大量廉价贷款被发放给地方政府所建立的投融资平台和具有一定垄断地位的省级国有企业。4万亿投资促进了中国经济复苏，不过也导致了企业投资、生产性投资，尤其是民间投资的慢速发展，即使有所"提速"，也只是集中在房地产开发或金融等虚拟经济上。因此，其他地方政府投融资模式迎来曙光，包括PPP模式、REITs模式和地方政府专项债券模式等。

1．PPP模式

PPP（Public-Private Partnership），即我国现行法规政策中所称的"政府和社会资本合作"。PPP模式起源于20世纪80年代的英国，主要应用于英国供水排水、道路交通、医疗卫生、教育等基础设施建设领域。在中国，PPP被定义为政府部门和社会资本在基础设施及公共服务领域建立的一种长期合作关系，其包含一系列项目融资模式，即BOT、BOO、TOT等，强调政府方和社会资本方按比例出资设立SPV公司（Special Purpose Vehicle，即特殊目的公司），由社会资本提供公共服务，政府依据公共服务绩效评价结果向社会资本支付对价。PPP模式的优点在于在一些收益率较好的领域，通过引入私人部门参与项目投资和经营，可分担政府的建设风险，并有效减轻政府独自投资的财政压力，降低了政府的债务风险。2014年9月，伴随着财政部印发《财政部关于推广运用政府和社会资本合作模式有关问题的通知》（财金〔2014〕76号）等政策文件，我国随之迎来了PPP项目数量和投资额的快速增长。相关统计显示，截至2022年末，全国PPP项目累计投资总额超20万亿元。大规模扩张的PPP模式，尤其是一些政府付费类项目，通过"工程可用性付费+少量运营绩效付费"方式，从提前锁定政府大部分支出责任，最后演变为政府兜底。为此，中央政府加强了对PPP模式的规范引导。如2022年11月，财政部印发《关于进一步推动政府和社会资本合作（PPP）规范发展、阳光运行的通知》（财金〔2022〕119号），围绕高质量发展目标，对各方广泛关注的PPP模式适用范围、社会资本资质、存量资产转让、绩效履约管理、项目合同审查等予以明确，旨在推动PPP运行更加规范、推动PPP事业行稳致远。

2．REITs模式

REITs（Real Estate Investment Trusts，即不动产投资信托基金），核心是不动产证券化，采用"公募基金+资产支持证券（ABS）"的运作模式。具体而言，这是一种以发行权益类证券的方式募集资金，并将募集到的资金专门投资于房地产和基础设施等不动产领域，按比例将投资收益分配给投资者的一种投融资模式。REITs已是一种成熟的金融产品，已有40多个国家和地区建立了相应的REITs制度，总市值约2万亿美元。2020年，《中国证监会 国家发展改革委关于推进基础设施领域不动产投资信托基金（REITs）试点相关工作的通知》（证监发〔2020〕40号）和《公开募集基础设施证券投资基金指引（试行）》（中国证券监督管理委员会公告〔2020〕54号）发布。由此，地方政府开始尝试REITs模式。截至2022年底，我国共有25只基础设施公募REITs获批注册，其中24只REITs已经上市交易，累计募集规模783.61亿元，总市值达到855亿元。

3．地方政府专项债券模式

地方政府专项债券的发行主体为省级政府，主要用于公益性建设项目，并以公益性建设项目相应的财政拨款或专用性财政拨款为偿付资金。近年来，出于减轻地方政府隐形债务和提高地方政府投资效益等的需要，我国地方政府投融资模式经历了去融资平台化、叫停BT模式、规范发展PPP模式等过程。2015年，国务院对地方政府债务开展整治行动，明确将地方政府债务从企业债务中分离开来，并逐步关闭传统融资渠道。与此同时，同年颁布的新《中华人民共和国预算法》则明确将省级政府发行的地方债券作为地方政府仅存的合规融资渠道，从法律上确定了其发行债券的权利。自此，地方政府专项债券开始登上舞台，并迅速成为基础设施建设的生力军。近年来，为积极贯彻落实财政政策，各地方政府持续加大专项债券的发行力度，使其逐步成为稳增长、补短板的重要举措。根据中国地方政府债券信息公开平台公布的数据，2015—2022年，全国地方政府专项债券发行额总体呈上升趋势。2015年，作为地方政府专项债券发行的元年，其发行额为9744亿元；2022年，地方政府专项债券发行额已达51316亿元，相比2015年增长了426.64%，年均增速60.94%，对拉动投资、稳定经济和保持增长起到了重要作用。此外，为规范和加强地方政府专项债券管理，提高专项债券资金使用绩效，财政部印发了《财政部关于印发〈地方政府专项债券发行管理暂行办法〉的通知》（财库〔2015〕83号）、《关于印发〈地方政府专项债券用途调整操作指引〉的通知》(财预〔2021〕110号)、《财政部关于印发〈地方政府专项债券项目资金绩效管理办法〉的通知》(财预〔2021〕61号,以下简称"61号文")等专门文件,意在使该模式行稳致远。

综合以上分析,我国地方政府投融资模式经历了多轮调整,在此过程中形成了多种适用于我国某一阶段和特殊时期的投融资模式。尽管打捆贷款、BT模式、土地财政、地方政府投融资平台等模式已经被叫停或受到严格限制,但不可否认的是,各种投融资模式也都在一定时期的地方政府投融资结构中起到过积极作用。现阶段,存在着地方政府专项债券、政府和社会资本合作(PPP)、REITs、特许经营BOT等多种融资模式。伴随着我国逐步深化预算体制改革的推进和进一步规范地方政府债务,每种模式都将在操作中越来越规范,给运用各种模式的地方政府及相关机构提出了更高的要求。

1.2 地方政府专项债券的发行现状

1.2.1 地方政府专项债券历年发行情况

目前,我国具备地方政府专项债券发行权的地区共37个,包括各省、自治区、直辖市,以及单列市大连、宁波、厦门、青岛、深圳和新疆生产建设兵团。2015年,作为地方政府专项债券发行的元年,全国发行地方政府专项债券共9744亿元;2016—2022年,全国发行地方政府专项债券分别为25119亿元、19962亿元、19459亿元、25882亿元、41404亿元、49229亿元和51316亿元,如图1-1所示。

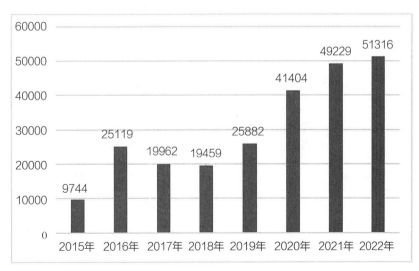

图1-1 2015—2022年我国地方政府专项债券发行规模(单位:亿元)
(数据来源:中国地方政府债券信息公开平台)

由图1-1可知，我国地方政府专项债券发行规模在2015年之后出现了第一次激增。这是因为2014年8月修正后的《中华人民共和国预算法》正式发布，赋予了地方政府依法举债的权限，规定地方政府债券为地方政府举债融资的唯一合法渠道。此外，地方政府专项债券发行规模在2019—2022年间经历了一轮快速增长，这是因为经过2015—2018年的前期探索，地方政府专项债券已经被实践证明是一种有效的融资模式，在化解地方政府债务风险等方面有积极作用。此外，这一时期国家进一步规范了地方政府通过PPP模式融资的做法，使得这一时期地方政府专项债券逐步成为地方政府融资的重要渠道。

从新增情况来看，2015—2022年，全国地方政府新增专项债券发行额分别为959亿元、4037亿元、7937亿元、13527亿元、21487亿元、36019亿元、35844亿元和40384亿元，年均增长额为5632.14亿元，如图1-2所示。

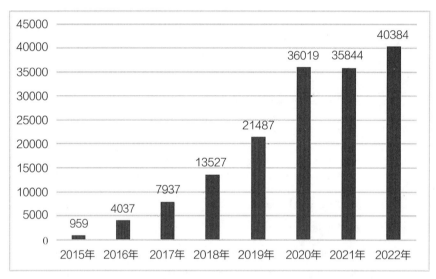

图1-2　2015—2022年我国地方政府新增专项债券发行额（单位：亿元）
（数据来源：中国地方政府债券信息公开平台）

2022年我国各地方政府专项债券发行规模如表1-1所示。

2022年我国各地方政府专项债券发行规模（单位：亿元）　　表1-1
（数据来源：中国地方政府债券信息公开平台）

地区	发行规模	地区	发行规模	地区	发行规模
广东省	4355	重庆市	1613	青岛市	543
山东省	3630	云南省	1421	黑龙江省	537
河南省	2900	陕西省	1293	海南省	500
浙江省	2791	新疆维吾尔自治区	1174	内蒙古自治区	491

续表

地区	发行规模	地区	发行规模	地区	发行规模
四川省	2689	天津市	1155	宁波市	429
北京市	2643	甘肃省	1152	厦门市	364
河北省	2594	广西壮族自治区	1138	大连市	291
江苏省	2460	贵州省	1023	青海省	150
湖北省	2164	上海市	1014	新疆生产建设兵团	61
安徽省	2127	吉林省	920	宁夏回族自治区	53
江西省	1844	山西省	896	西藏自治区	31
湖南省	1777	深圳市	708	—	—
福建省	1696	辽宁省	691	—	—

由表1-1可知，全国发行规模最大的十个省份/直辖市分别为广东省（4355亿元）、山东省（3630亿元）、河南省（2900亿元）、浙江省（2791亿元）、四川省（2689亿元）、北京市（2643亿元）、河北省（2594亿元）、江苏省（2460亿元）、湖北省（2164亿元）和安徽省（2127亿元）。

从新增情况来看，2022年，全国新增专项债券发行额规模最大的十个省份/直辖市分别为广东省（3723亿元）、山东省（2981亿元）、河南省（2480亿元）、河北省（2294亿元）、四川省（2270亿元）、浙江省（2265亿元）、湖北省（1848亿元）、江苏省（1760亿元）、江西省（1733亿元）和安徽省（1707亿元），如表1-2所示。

2022年我国各地新增专项债券发行额（单位：亿元） 表1-2
（数据来源：中国地方政府债券信息公开平台）

地区	发行规模	地区	发行规模	地区	发行规模
广东省	3723	云南省	1115	贵州省	483
山东省	2981	新疆维吾尔自治区	1110	黑龙江省	433
河南省	2480	甘肃省	1080	海南省	419
河北省	2294	陕西省	965	宁波市	357
四川省	2270	广西壮族自治区	892	厦门市	324
浙江省	2265	北京市	789	内蒙古自治区	278
湖北省	1848	天津市	741	大连市	171
江苏省	1760	吉林省	718	青海省	136

续表

地区	发行规模	地区	发行规模	地区	发行规模
江西省	1733	山西省	684	新疆生产建设兵团	60
安徽省	1707	深圳市	654	西藏自治区	25
福建省	1507	上海市	547	宁夏回族自治区	18
湖南省	1486	辽宁省	489	—	—
重庆市	1354	青岛市	488	—	—

1.2.2 地方政府专项债券在地方政府投融资体系中的地位

从2015—2021年地方政府新增专项债务限额与地方政府新增专项债券发行额的关系来看，地方政府新增专项债务限额各年度分别为1000亿元、4000亿元、8000亿元、13500亿元、21500亿元、37500亿元和36500亿元；新增专项债券发行额各年度分别为959亿元、4037亿元、7937亿元、13527亿元、21487亿元、36019亿元和35844亿元。由此可见，地方政府新增专项债务限额及新增专项债券发行额在2015—2020年呈同步跨越式增长，后逐步趋于稳定。各年度新增专项债券发行额与地方政府新增专项债务限额接近（占比在96%以上），即近饱和发行，如图1-3所示。

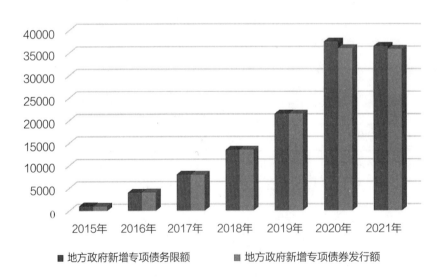

图1-3 2015—2021年地方政府新增专项债务限额与实际发行额（单位：亿元）
（数据来源：中国地方政府债券信息公开平台）

从各年度新增地方政府债务限额和地方政府新增专项债券发行额的关系来看，2015—2021年，地方政府新增专项债券发行额占新增地方政府债务限额的比例依次为15.98%、

34.21%、48.69%、62.05%、69.76%、76.15%和80.19%，即地方政府新增专项债券在地方政府新增债务中所占比例越来越大，如图1-4所示。

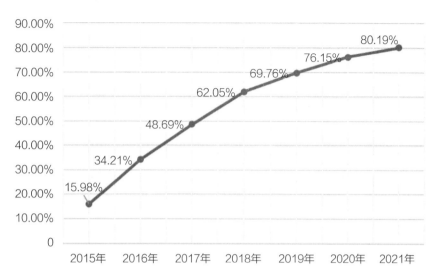

图1-4 2015—2021年地方政府新增专项债券在地方新增债务中所占的比例
（数据来源：中国地方政府债券信息公开平台）

由图1-4可知，地方政府专项债券在地方政府投融资体系中的地位越来越重要，越来越成为地方政府融资的主要手段。因此，有必要对地方政府专项债券开展相关研究，以更好地服务预算体制改革和经济社会建设。其中，地方政府专项债券项目的绩效评价，就是现阶段亟须开展、实践且迫切需要的研究议题。

1.3 地方政府专项债券项目的绩效评价

1.3.1 绩效及其评价

《辞海》对于绩效的解释是工作的成绩与效果。学术界对绩效的理解，主要有两种代表性观点：一种是从结果的角度出发来理解绩效，认为绩效是一种与工作有关的结果，如Bernadin等认为绩效应被定义为工作结果，因为这些工作结果与组织战略目标、顾客满意度及所投资金的关系最密切；Kane认为绩效是一个人留下的东西，这种东西与目的相对独立地存在。不难看出，持这一观点的学者是从投资学角度来讲的，认为绩效需要投入，投入后就应该按照投入产出比来衡量其结果，这与绩效评价指标体系的设计有关，比如用市场或财务指标来衡量绩效结果等。另一种则是从行为角度来认识和理解绩效，如Murphy指出，绩效是与一个人所在的工作组织或组织部门的目标有关的一组行为；Campbell则认为绩效即行为，其应与结果分开，因为结果会受到系统因素的影响。绩效界定的结果与行为两种视角，在后续的研究中都得到了一定程度的发展与深化。除上述两类相异的绩效观外，后续研究也出现了"综合观"，即将结果和行为综合起来去考察绩效。如Brumbrach认为绩效管理不仅要关注行为的内容和结果，同时也要关注行为的过程。

绩效评价是绩效研究的重要内容。绩效评价是指对项目等的决策、准备、实施、竣工和运营过程中某一阶段或全过程进行评价的活动，其主要目的是判断项目是否可行或者让项目各级管理者和利益相关方了解和掌握项目执行的基本情况，以便找出问题、及时调控、总结经验。项目绩效评价主要是针对项目的实施过程进行评价，即项目中评价，或称为过程评价，它是项目实施过程管理的一个环节，包括针对项目组织、进度控制、费用控制、质量管理等实施管理主要任务的评价和针对资源限制、项目实施风险、项目范围变更、项目合同、环境条件等其他配合支撑条件进行的分析与评价，旨在促进项目绩效目标的实现及项目的可持续发展。故与项目实施前绩效评价相比，项目绩效评价更具现实性（所依据的是项目现实发生的真实数据）、阶段性（每一阶段或每一时点的评价结果只是反映了那个阶段或时点的情况）、探索性（需要分析项目现状、发现问题并探索解决方案）、反馈性（为下一步的项目控制与监管提供决策依据并指明努力方向）及适度性（是项目执行过程中对于执行情况的评价，不应耗费过多的时间和人力，以免影响项目的正常进行）。

此外，随着《财政部关于印发〈项目支出绩效评价管理办法〉的通知》（财预〔2020〕10号，以下简称"10号文"）的印发，绩效评价被划分为年度绩效评价、中期绩效评价和项目实施期后绩效评价。对于实施期5年及以上的项目，应根据需要适时开展中期和实施期后绩效评价。同一评价对象处于不同实施阶段时，指标权重应体现差异性。如实施期间的绩效评价更加注重决策指标（项目立项、绩效目标、资金投入等）、过程指标（资金管理、组织实施等）和产出指标（产出数量、产出质量、产出时效和产出成本等），实施期结束后的评价更加注重产出指标和效益指标（如实施效益和利益相关方满意度等）。对于绩效评价的方法，《项目支出绩效评价管理办法》推荐采用成本效益分析法、比较法、因素分析法、最低成本法、公众评判法、标杆管理法等。根据评价对象的具体情况，可采用一种或多种方法。

1. 成本效益分析法

也称费用效果分析法，是指将投入与产出、效益进行关联性分析的方法。它起源于第二次世界大战后的美国，从20世纪60年代后，这种方法广泛流行于各工业部门。具体而言，出于实现某种经济上的目的，这种方法要求设计出多个可供选择的经济技术方案，而这些方案在实现目的效果上和消耗的费用上各不相同。通过费用效果分析，进而从这些方案中找出给定效果且费用最低的方案。

2. 比较法

是指将实施情况与绩效目标、历史情况、不同部门和地区同类支出情况进行比较的方法。

3. 因素分析法

亦称"连环替代法"或"连锁置换法",是指综合分析影响绩效目标实现、实施效果的内外部因素的方法。因素分析法可对各相互关联的因素对同一项指标的影响程度进行测定,它的主要应用流程为:

(1) 将某一方案指标的各组成因素,按照一定的顺序排列出来;

(2) 顺序将其中一个因素作为变量,并暂时把其他因素视为定量进行计算;

(3) 将替代后所得的数据与替代前的数据相比较,其差异即视为该因素的影响程度。

4. 最低成本法

是指在绩效目标确定的前提下,成本最低者为优的方法。

5. 公众评判法

是指通过专家评估、公众问卷及抽样调查等方式,对方案效果进行评判的一种方法。

6. 标杆管理法

是指以国内外同行业中较高的绩效水平为标杆进行评判的方法。标杆管理由管理大师彼得·德鲁克提出,逐步成为支撑企业不断持续改进和获得竞争优势的最重要的管理方式之一,与企业再造、战略联盟并称为20世纪90年代三大管理方法。标杆管理的主要内容为:选定一个值得借鉴的标杆企业,以其为模仿对象确定一个发展目标;借助建立学习网络、参观学习、建立沟通渠道等方式,将标杆企业的优势纳入自己的行为之中,使本企业获得各方面的提升,最终实现领先。

总之,基于项目绩效评价在项目生命周期中所处的阶段和在项目决策过程中的作用,开展绩效评价必须明确项目绩效评价的目标和原则,设计一套足以衡量项目目标实现程度的评价指标体系和评分标准,研究开发适用的绩效评价方法,多维度(不同部门、不同时期等)展开绩效评价,分析组织或个人绩效存在的问题,并提出改进对策,做到以指标促进评价,以评价促进管理,以管理促进发展。

1.3.2 地方政府专项债券项目的重难点

地方政府专项债券是作为稳投资和稳经济的重要政策手段之一,有力支持了地方建设和经济发展,在稳投资、扩内需、补短板等方面具有重要作用。也正因如此,地方政府专项债券在地方政府投融资体系中的地位越来越重要,越来越成为地方政府融资的主要手段。我国地方政府专项债券近年来发行节奏加快,在开展专项债券项目管理时,应重点关注下述重难点问题:

1. 做好地方政府专项债券项目资金使用、管理的绩效评价

2021年6月,财政部发布了《地方政府专项债券项目资金绩效管理办法》,其中对"事前绩效评价""绩效目标管理""运行监控""评价管理"以及"结果应用"五个环节进行了详细的规定,并对"事前绩效评价"做出具体要求,将"事前绩效评价"作为项目进入

"专项债券项目库"的必备条件。要完善基础设施专项债的绩效评价指标体系，也必须从"源头阶段"入手，对其进行前期绩效评价，以判断其申报专项债的必要性与可行性，从而为后续的绩效评价打下基础。因此，开展地方政府专项债券项目资金使用、管理的绩效评价，有利于专项债券项目收益和债务的规范化管理，使项目收益专项债券与地方经济发展阶段相匹配，提高资金使用效率，使项目收益专项债券的发行更加适应市场化的节奏，促进债券市场的健康发展。

2．采用科学的评价方法和评价标准对专项债进行自平衡测算

2017年6月，财政部发布《关于试点发展项目收益与融资自求平衡的地方政府专项债券品种的通知》（财预〔2017〕89号），提出"着力发展实现项目收益与融资自求平衡的专项债券品种，加快建立专项债券与项目资产、收益相对应的制度，打造立足我国国情、从我国实际出发的地方政府'市政项目收益债'，防范化解地方政府专项债务风险，深化财政与金融互动，引导社会资本加大投入，保障重点领域合理融资需求，更好地发挥专项债券对地方稳增长、促改革、调结构、惠民生、防风险的支持作用"。因此，在地方政府专项债发行之初就应合理规划，科学设置地方政府专项债各项技术经济指标，开展专项债自平衡测算。

3．使专项债期限与项目期限相匹配，降低期限错配风险

中共中央办公厅、国务院办公厅印发的《关于做好地方政府专项债券发行及项目配套融资工作的通知》指出，专项债券期限原则上与项目期限相匹配，并统筹考虑投资者需求、到期债务分布等因素科学确定，降低期限错配风险，防止资金闲置。逐步提高长期债券发行占比，对于铁路、城际交通、收费公路、水利工程等建设和运营期限较长的重大项目，鼓励发行10年期以上的长期专项债券，更好匹配项目资金需求和期限。组合使用专项债券和市场化融资的项目，专项债券、市场化融资期限与项目期限保持一致。可见，应使专项债期限与项目期限相匹配，降低期限错配风险。

4．保障专项债券项目融资与偿债能力相匹配

中共中央办公厅、国务院办公厅印发的《关于做好地方政府专项债券发行及项目配套融资工作的通知》指出，地方政府、项目单位和金融机构加强对重大项目融资论证和风险评估，充分论证项目预期收益和融资期限及还本付息的匹配度，合理编制项目预期收益与融资平衡方案，反映项目全生命周期和年度收支平衡情况，使项目预期收益覆盖专项债券及市场化融资本息。需要金融机构市场化融资支持的，地方政府指导项目单位比照开展工作，向金融机构全面真实及时披露审批融资所需信息，准确反映偿还专项债券本息后的专项收入，使项目对应可用于偿还市场化融资的专项收入与市场化融资本息相平衡。金融机构严格按商业化原则审慎做好项目合规性和融资风险审核，在偿还专项债券本息后的专项收入确保市场化融资偿债来源的前提下，对符合条件的重大项目予以支持，自主决策是否提供融资及具体融资数量并自担风险。因此，要保障专项债券项目融资与偿债能力相匹配，加强对项目回报率的测算，避免盲目上项目，带来未来的政府债务问题。

| 第2章 |

地方政府专项债券项目的绩效评价

2.1 地方政府专项债券绩效评价的依据

2.1.1 相关法律、法规、部门规章

1. 预算法及其实施条例

《中华人民共和国预算法》(2018年修正版)(以下简称"预算法")及《中华人民共和国预算法实施条例》(以下简称"预算法实施条例")对绩效评价进行了相关规定,这也为开展地方政府债券的绩效评价提供了法律层面的指引。如预算法第十二条规定"各级预算应当遵循统筹兼顾、勤俭节约、量力而行、讲求绩效和收支平衡的原则";第三十二条规定"各级预算应当根据年度经济社会发展目标、国家宏观调控总体要求和跨年度预算平衡的需要,参考上一年预算执行情况、有关支出绩效评价结果和本年度收支预测,按照规定程序征求各方面意见后,进行编制";第五十七条规定"各级政府、各部门、各单位应当对预算支出情况开展绩效评价"。此外,预算法实施条例对预算法提到的绩效评价进行了补充说明,指出"预算法第三十二条第一款所称绩效评价,是指根据设定的绩效目标,依据规范的程序,对预算资金的投入、使用过程、产出与效果进行系统和客观的评价。绩效评价结果应当按照规定作为改进管理和编制以后年度预算的依据"。

从效力上来说,预算法是地方政府专项债券项目绩效评价工作开展的效力最高的法律文件。事实上,《财政部关于印发〈地方政府专项债务预算管理办法〉的通知》(财预〔2016〕155号)、61号文等部门规章,均在第一条说明了制定该办法的依据,即《中华人民共和国预算法》《中华人民共和国预算法实施条例》等法律法规及有关规定。

2. 中共中央、国务院关于绩效管理的相关意见

我国高度重视预算绩效管理工作,中央层面多次强调要深化预算制度改革,加强预算绩效管理和绩效评价,提高预算资金的使用效益和政府工作效率。如《中共中央 国务院关于全面实施预算绩效管理的意见》指出"发挥好财政职能作用,必须按照全面深化改革的要求,加快建立现代财政制度,建立全面规范透明、标准科学、约束有力的预算制度,以全面实施预算绩效管理为关键点和突破口,解决好绩效管理中存在的突出问题,推动财政资金聚力增效,提高公共服务供给质量,增强政府公信力和执行力""力争用3—5年时间基本建成全方位、全过程、全覆盖的预算绩效管理体系,实现预算和绩效管理一体化,着力提高财政资源配置效率和使用效益,改变预算资金分配的固化格局,提高预算管理水平和政策实施效果,为经济社会发展提供有力保障""将政策和项目全面纳入绩效管理,从数量、质量、时效、成本、效益等方面,综合衡量政策和项目预算资金使用效果。对实施期超过一年的重大政策和项目实行全周期跟踪问效,建立动态评价调整机制,政策到期、绩效低下的政策和项目要及时清理退出"。

此外,《国务院关于进一步深化预算管理制度改革的意见》(国发〔2021〕5号)指出"按照建立现代财税体制的要求,坚持目标导向和问题导向相结合,完善管理手段,创新

管理技术，破除管理瓶颈，推进预算和绩效管理一体化，以信息化推进预算管理现代化，加强预算管理各项制度的系统集成、协同高效，提高预算管理规范化、科学化、标准化水平和预算透明度""加强绩效评价结果应用，将绩效评价结果与完善政策、调整预算安排有机衔接，对低效无效资金一律削减或取消，对沉淀资金一律按规定收回并统筹安排。加大绩效信息公开力度，推动绩效目标、绩效评价结果向社会公开"。《中共中央 国务院关于全面实施预算绩效管理的意见》具体内容见本书附录一。

3. 国务院部门规章

国务院各组成部门也在绩效评价方面出台了相关文件，可为地方政府专项债券的绩效评价提供借鉴。如财政部在2020年2月印发了《项目支出绩效评价管理办法》，指出项目支出绩效评价（以下简称"绩效评价"）是指财政部门、预算部门和单位，依据设定的绩效目标，对项目支出的经济性、效率性、效益性和公平性进行客观、公正的测量、分析和评判。此外，该办法还给出了绩效评价的主要依据，主要有：

（1）国家相关法律、法规和规章制度；

（2）党中央、国务院重大决策部署，经济社会发展目标，地方各级党委和政府重点任务要求；

（3）部门职责相关规定；

（4）相关行业政策、行业标准及专业技术规范；

（5）预算管理制度及办法，项目及资金管理办法、财务和会计资料；

（6）项目设立的政策依据和目标，预算执行情况，年度决算报告、项目决算或验收报告等相关材料；

（7）本级人大审查结果报告、审计报告及决定，财政监督稽核报告等；

（8）其他相关资料。

此外，《财政部关于印发〈地方政府专项债务预算管理办法〉的通知》（财预〔2016〕155号）亦指出"专项债务收入、安排的支出、还本付息、发行费用纳入政府性基金预算管理"。61号文指出"本办法所称绩效管理，是指财政部门、项目主管部门和项目单位以专项债券支持项目为对象，通过事前绩效评价、绩效目标管理、绩效运行监控、绩效评价管理、评价结果应用等环节，推动提升债券资金配置效率和使用效益的过程""地方财政部门负责组织本地区专项债券项目资金绩效评价工作。年度预算执行终了，项目单位要自主开展绩效自评，评价结果报送主管部门和本级财政部门。项目主管部门和本级财政部门选择部分重点项目开展绩效评价""省级财政部门根据工作需要，每年选取部分重大项目开展重点绩效评价。选取项目对应的资金规模原则上不低于本地区上年新增专项债务限额的5%，并逐步提高比例。鼓励引入第三方机构，对重大项目开展重点绩效评价必要时财政部可直接组织开展绩效评价"。

《项目支出绩效评价管理办法》和《财政部关于印发〈地方政府专项债务预算管理办法〉的通知》（财预〔2016〕155号）具体内容见本书附录二、附录三。

2.1.2 地方性法规和地方部门规章

为加强地方政府专项债券项目资金绩效管理，提高专项债券资金使用效益和有效防范政府债务风险，部分地方政府出台了专门的地方政府专项债券项目资金绩效管理办法，如《吉林省财政厅关于印发〈吉林省地方政府专项债券项目资金绩效管理办法（试行）〉的通知》（吉财债〔2021〕1044号）、《浙江省财政厅关于印发〈浙江省地方政府专项债券项目资金绩效管理办法〉的通知》（浙财债〔2022〕24号）、《山东省财政厅关于印发〈山东省政府专项债券项目资金绩效管理办法〉的通知》（鲁财预〔2021〕53号）、《四川省财政厅 四川省发展和改革委员会 四川省自然资源厅 四川省生态环境厅关于印发〈四川省地方政府专项债券全生命周期管理办法〉的通知》（川财规〔2021〕6号），以及《河南省政府专项债券项目资金绩效管理办法》（豫财债〔2022〕13号）等。其中，《吉林省财政厅关于印发〈吉林省地方政府专项债券项目资金绩效管理办法（试行）〉的通知》（吉财债〔2021〕1044号）给出了地方政府专项债券项目绩效评价报告的提纲，内容包括：

1．基本情况

（1）项目概况。包括项目背景、主要内容及实施情况、资金投入和使用情况等。

（2）项目绩效目标。包括总体目标和阶段性目标。

2．绩效评价工作开展情况

（1）绩效评价目标、对象和范围。

（2）绩效评价原则、评价指标体系（附表说明）、评价方法、评价标准等。

（3）绩效评价工作过程。

3．综合评价情况及评论结论（附相关评分表）

4．绩效评价指标分析

（1）项目决策情况。

（2）项目过程情况。

（3）项目产出情况。

（4）项目效益情况。

5．主要经验及做法、存在的问题及原因分析

6．有关建议

7．其他需要说明的问题

2.1.3 与绩效评价密切相关的项目资料

地方政府专项债券项目绩效评价的对象是使用地方政府专项债券资金的基础设施建设项目。因此，与资金使用密切相关的项目立项、实施、项目管理等项目资料是开展此类型项目绩效评价的重要依据。总的来说，与项目地方政府专项债券项目相关的项目资料包

括：建设单位相关前期文件及批文、设计相关资料、招标投标相关资料、各类相关合同、建设单位相关资料、施工单位相关资料、监理单位相关资料和项目后期相关资料等，这些都是开展地方政府专项债券项目绩效评价的依据。

（1）建设单位相关前期文件及批文。如项目建议书、项目可行性研究报告、工程项目的立项批复、工程项目初步设计的批复等。

（2）设计相关资料。如初步设计说明书、总概算书，施工图设计说明书、施工图预算书，有关设计变更的相关合同、协议或说明等。

（3）招标投标相关资料。如项目的招标公告、承包商的投标文件、评标报告、中标通知书等。

（4）各类相关合同。如施工合同/工程总承包合同、勘察合同、设计合同、监理合同、项目管理合同、造价咨询合同及其他工程咨询合同等。

（5）建设单位相关资料。如与项目立项相关的背景资料和项目要达到的功能、效益目标；建设单位的管理情况，如合同管理、采购管理、支付控制、质量管理、进度管理等。

（6）施工单位相关资料。如施工方案、施工组织设计和项目管理实施细则等。

（7）监理单位相关资料。如监理规划、监理细则、监理方案、监理会议纪要和竣工验收监理评估报告。

（8）项目后期相关资料。如工程结算审核报告（或决算书）、决算报告（或决算书）、施工单位竣工报告和工程竣工验收报告。

2.2 地方政府专项债券绩效评价的作用

根据61号文等文件，开展地方政府专项债券项目绩效评价旨在"贯彻落实党中央、国务院决策部署，加强地方政府专项债券项目资金绩效管理，提高专项债券资金使用效益，有效防范政府债务风险"。事实上，开展地方政府专项债券项目绩效评价，可以有效管理地方政府专项债券资金，强化支出责任；有利于提高支出效率，更好发挥财政资金的效益；有利于全面实施预算绩效管理；有利于防范系统性风险；有利于促进地方经济社会的高质量发展。

2.2.1 有效管理地方政府专项债券资金，强化支出责任

近些年，地方政府新增专项债券发行额越来越大，地方政府专项债券在地方政府投融资体系中的地位越来越重要，越来越成为地方政府融资的主要手段。截至2022年底，全国发行地方政府专项债券51316亿元，全国地方政府债务余额350618亿元，控制在全国人大批准的限额之内。其中，一般债务143896亿元，专项债务206722亿元；政府债

券348995亿元，非政府债券形式存量政府债务1623亿元。在此背景下，面对数额巨大的地方政府专项债券资金，如何对其进行有效管理，构成了现阶段地方政府专项债券的重大挑战。开展地方政府专项债券项目绩效评价，可有效管理地方政府专项债券资金，规范资金的"借、用、管、还"各环节活动，从资金投向、风险管控和偿债责任等方面强化支出责任，促进地方政府专项债券资金真正发挥补短板、惠民生、稳投资、促发展的作用。

2.2.2 有利于提高支出效率，更好发挥财政资金的效益

61号文提出"建立专项债券项目资金绩效跟踪监测机制，对绩效目标实现程度进行动态监控，发现问题及时纠正并告知同级财政部门，提高专项债券资金使用效益，确保绩效目标如期实现""跟踪专项债券项目绩效目标实现程度，对严重偏离绩效目标的项目要暂缓或停止拨款，督促及时整改。项目无法实施或存在严重问题的要及时追回专项债券资金并按程序调整用途"。可见，开展地方政府专项债券项目绩效评价，有利于责任主体认识到其项目资金、项目过程管理等方面在实施过程中的问题，以便有针对性地采取纠偏措施。因此，开展地方政府专项债券项目绩效评价，有利于提升政府部门的支出效率，加强对责任部门资金使用的监督管理，更好发挥财政资金的效益。

2.2.3 有利于全面实施预算绩效管理

财政是国家治理的基础和重要支撑，全面实施预算绩效管理是建立现代财政制度的重要组成部分。习近平总书记在党的十九大报告中强调，加快建立现代财政制度，建立全面规范透明、标准科学、约束有力的预算制度，全面实施绩效管理。2018年9月，《中共中央 国务院关于全面实施预算绩效管理的意见》发布，提出"力争用3—5年时间基本建成全方位、全过程、全覆盖的预算绩效管理体系""抓紧健全科学规范的管理制度，完善绩效目标、绩效监控、绩效评价、结果应用等管理流程，健全共性的绩效指标框架和分行业领域的绩效指标体系，推动预算绩效管理标准科学、程序规范、方法合理、结果可信"。绩效评价之所以如此重要，究其原因是，通过建立绩效自评和外部评价相结合的多层次绩效评价体系，不仅能够落实部门和资金使用单位的预算绩效管理主体责任，推动提高预算绩效管理水平，而且能够全方位、多维度反映财政资金使用绩效和政策实施效果，促进提高财政资源配置效率和使用效益，使预算安排和政策更好地贯彻落实党中央、国务院重大方针政策和决策部署。可见，开展地方政府专项债券项目绩效评价是完善全覆盖预算绩效管理体系的重要手段，有利于全面实施预算绩效管理。

2.2.4 有利于防范政府债务风险

地方政府专项债券项目资金绩效实行全生命周期管理，坚持"举债必问效、无效必问

责",遵循项目支出绩效管理的基本要求,注重融资收益平衡与偿债风险。因此,运用地方政府专项债券资金开展项目建设,有利于加强建设项目的资金风险管控进而加强地方债券风险的防控,促使建设项目在预算资金范围内完成,以此有效管控建设项目的投资,合理控制项目实施过程中可能产生的不确定性。通过常规地开展地方政府专项债券项目的年度绩效评估,可有效评估地方政府专项债券项目在融资和收益的动态平衡情况,以便采取有针对性的措施进行资金使用计划的调整,进而防止项目投资失控和防范地方政府债务风险。同时,开展地方政府专项债券绩效评价,亦可有效调节地方政府债券的发行规模和发行节奏,便于了解专项债券资金的流动方向及使用情况等,提高地方政专项债券资金的使用效率。

2.2.5 有利于促进地方经济社会的高质量发展

随着我国对地方隐性债务风险的清查和管控力度的逐步加大,地方政府专项债券已逐步成为地方政府融资的主要手段。据统计,2015—2021年,地方政府新增专项债券发行额占新增地方政府债务限额的比例依次为15.98%、34.21%、48.69%、62.06%、69.76%、76.15%和80.19%,即地方政府新增专项债券在地方政府新增债务中所占比例越来越大,地方政府专项债券在地方政府投融资体系中的地位越来越重要。可见,地方政府专项债券是作为稳投资和稳经济的重要政策手段之一,有力支持了地方建设和经济发展,在稳投资、扩内需、补短板等方面具有重要作用。此外,2014年修订的新预算法和《国务院关于加强地方政府性债务管理的意见》(国发〔2014〕43号)构建了地方政府举债融资机制的法律制度框架。2014年修订的新预算法规定,地方政府举债应当在国务院批准的限额内采取发行地方政府债券的方式,除此以外不得通过其他任何方式举借债务。可见,地方政府债券成为现阶段地方政府举债融资的唯一合法渠道。因此,对地方政府专项债券项目开展绩效评价,是推动地方经济社会发展和产业升级的不可或缺的举措。只有加强和规范地方政府专项债券项目的绩效评价,才能有效地甄别真正需要实施的、确需地方政府予以专项债券资金支持的好项目,才能使地方政府专项债券资金流向经济社会发展与产业升级确需的重点行业和重要领域,进而为地方经济社会的高质量、可持续发展提供稳定的资金支持。

2.3 地方政府专项债券绩效评价的类型

按照10号文、61号文的内容,根据地方政府专项债券项目所处的不同阶段,可将地方政府专项债券的绩效评价的类型划分为三种:事前绩效评价、事中绩效运行监控和事后项目绩效评价,即全面实施预算绩效管理改革,做到事前有评估、事中有监控、事后有评价。此外,根据绩效评价实施主体的不同,也可将地方政府专项债券的绩效评价的类型划分为三种：单位自评、部门评价和财政评价。

2.3.1 根据项目所处的不同阶段

1．事前绩效评价

地方政府专项债券的事前绩效评价指申请专项债券资金前，项目单位或项目主管部门开展的绩效评估工作，旨在判断项目申请专项债券资金支持的必要性和可行性。地方政府专项债券的事前绩效评价是项目进入专项债券项目库的必备条件，通过事前绩效评价的项目，应将事前评估情况纳入地方政府专项债券项目的实施方案。事前绩效评价重点论证以下内容：

（1）项目实施的必要性、公益性和收益性；

（2）项目建设投资合规性与项目成熟度；

（3）项目资金来源和到位可行性；

（4）项目收入、成本、收益预测合理性；

（5）债券资金需求合理性；

（6）项目偿债计划可行性和偿债风险点；

（7）绩效目标合理性；

（8）其他需要纳入事前绩效评价的事项。

2．事中绩效运行监控

事中绩效运行监控是指在专项债券资金使用过程中，对专项债券资金预算执行进度和绩效目标实现情况进行"双监控"，查找资金使用和项目实施中的薄弱环节，及时纠正偏差。根据61号文，项目主管部门和项目单位应当建立专项债券项目资金绩效跟踪监测机制，对绩效目标实现情况进行动态监控，发现问题及时纠正并告知同级财政部门，提高专项债券资金使用效益，确保绩效目标如期实现，对严重偏离绩效目标的项目要暂缓或停止拨款，督促其及时整改。项目无法实施或存在严重问题的，要及时追回专项债券资金并按程序调整用途。

根据10号文，地方政府专项债券项目在进行事中绩效运行监控时，应更侧重项目决策、管理和产出：

（1）项目决策。如项目立项批复情况，项目完成勘察、设计、用地、环评、开工许可等前期工作情况；项目符合专项债券支持领域和方向情况；项目绩效目标设定情况；项目申请专项债券额度与实际需要匹配情况等。

（2）项目管理。如专项债券收支、还本付息及专项收入纳入政府性基金预算管理情况；债券资金按规定用途使用情况；资金拨付和支出进度与项目建设进度匹配情况；项目竣工后资产备案和产权登记情况；专项债券本息偿还计划执行情况；项目收入、成本及预期收益的合理性；项目年度收支平衡或项目全生命周期预期收益与专项债券规模匹配情况；专项债券期限与项目期限匹配情况等；专项债券项目信息公开情况；外部监督发现问题整改情况；信息系统管理使用情况；其他财务、采购和管理情况。

（3）项目产出。如项目形成资产情况；项目建设质量达标情况；项目建设进度情况；项目建设成本情况；考虑闲置因素后债券资金实际成本情况；项目建成后提供公共产品和服务情况；项目运营成本情况等。

3. 事后项目绩效评价

根据10号文，地方政府专项债券项目在实施期结束后的绩效评价应更加注重产出和效益。其中，效益方面评价主要包括：项目综合效益实现情况（如项目实施所产生的社会效益、经济效益、生态效益、可持续影响等）；项目带动社会有效投资情况；项目支持国家重大区域发展战略情况；项目直接服务对象满意程度等。

2.3.2 根据绩效评价实施的不同主体

1. 单位自评

根据61号文，地方财政部门负责组织本地区专项债券项目资金绩效评价工作。年度预算执行终了，项目单位要自主开展绩效自评，评价结果报送主管部门和本级财政部门。项目主管部门和本级财政部门选择部分重点项目开展绩效评价。根据10号文，单位自评是指预算部门组织部门本级和所属单位对预算批复的项目绩效目标完成情况进行自我评价。单位自评的对象包括纳入政府预算管理的所有项目支出。单位自评的内容主要包括项目总体绩效目标、各项绩效指标完成情况以及预算执行情况。对未完成绩效目标或偏离绩效目标较大的项目，要分析并说明原因，研究提出改进措施。

在开展单位自评时，必须设置科学的单位自评指标并确定相应的权重。单位自评指标是指预算批复时确定的绩效指标，包括项目的产出数量、质量、时效、成本，以及经济效益、社会效益、生态效益、可持续影响、服务对象满意度等。单位自评指标的权重由各单位根据项目实际情况确定。原则上预算执行率和一级指标权重统一设置为：预算执行率10%、产出指标50%、效益指标30%、服务对象满意度指标10%。如有特殊情况，一级指标权重可做适当调整。二、三级指标应当根据指标重要程度、项目实施阶段等因素综合确定，准确反映项目的产出和效益。单位自评结果主要通过项目支出绩效自评表的形式反映，做到内容完整、权重合理、数据真实、结果客观，如表2-1所示。

2. 部门评价

部门评价是指预算部门根据相关要求，运用科学、合理的绩效评价指标、评价标准和方法，对本部门的项目组织开展的绩效评价。部门评价对象应根据工作需要，优先选择部门履职的重大改革发展项目，随机选择一般性项目。原则上应以5年为周期，实现部门评价重点项目全覆盖。

项目支出绩效自评表　　　　表2-1

项目名称							
主管部门				实施单位			
项目资金（万元）		年初预算数	全年预算数	全年执行数	分值率	执行	得分
	年度资金总额				10		
	当年财政拨款				—		—
	上年结转资金				—		—
	其他资金				—		—
年度总体目标		预期目标			实际完成情况		
绩效指标	一级指标	二级指标	三级指标	年度指标值	实际完成值	分值	得分	偏差原因分析及改进措施

绩效指标	一级指标	二级指标	三级指标	年度指标值	实际完成值	分值	得分	偏差原因分析及改进措施
绩效指标	产出指标	数量指标	指标1					
			指标2					
			……					
		质量指标	指标1					
			指标2					
			……					
		时效指标	指标1					
			指标2					
			……					
		成本指标	指标1					
			指标2					
			……					
	效益指标	经济效益指标	指标1					
			指标2					
			……					
		社会效益指标	指标1					
			指标2					
			……					
		生态效益指标	指标1					
			指标2					
			……					
		可持续影响指标	指标1					
			指标2					
			……					
	满意度指标	服务对象满意度指标	指标1					
			指标2					
			……					
总分						100		

根据10号文，财政和部门绩效评价指标的确定应当符合以下要求：与评价对象密切相关，全面反映项目决策、项目和资金管理、产出和效益；优先选取最具代表性、最能直接反映产出和效益的核心指标，精简实用；指标内涵应当明确、具体、可衡量，数据及佐证资料应当可采集、可获得；同类项目绩效评价指标和标准应具有一致性，便于评价结果相互比较。此外，财政和部门评价指标的权重根据各项指标在评价体系中的重要程度确定，应当突出结果导向，原则上产出、效益指标权重不低于60%。同一评价对象处于不同实施阶段时，指标权重应体现差异性，其中，实施期间的评价更加注重决策、过程和产出，实施期结束后的评价更加注重产出和效益。最后，财政和部门评价结果主要以绩效评价报告的形式体现，绩效评价报告应当依据充分、分析透彻、逻辑清晰、客观公正。

3. 财政评价

财政评价是财政部门对预算部门的项目组织开展的绩效评价。财政评价对象应根据工作需要，优先选择贯彻落实党中央、国务院重大方针政策和决策部署的项目，以及覆盖面广、影响力大、社会关注度高、实施期长的项目。对重点项目应周期性组织开展绩效评价。根据10号文，财政和部门评价的内容主要包括：

（1）决策情况；
（2）资金管理和使用情况；
（3）相关管理制度办法的健全性及执行情况；
（4）实现的产出情况；
（5）取得的效益情况；
（6）其他相关内容。

此外，财政和部门评价工作主要包括以下环节：

（1）确定绩效评价对象和范围；
（2）下达绩效评价通知；
（3）研究制订绩效评价工作方案；
（4）收集绩效评价相关数据资料，并进行现场调研、座谈；
（5）核实有关情况，分析形成初步结论；
（6）与被评价部门（单位）交换意见；
（7）综合分析并形成最终结论；
（8）提交绩效评价报告；
（9）建立绩效评价档案。

2.4 地方政府专项债券绩效评价的重难点

2.4.1 绩效评价指标的筛选

绩效评价指标是指根据评价对象的特点，对绩效目标进行的分解和细化并对绩效目标实现程度进行度量的具体工具，一般采用定量和定性两种方法相结合的方式。根据10号文，地方政府专项债券项目绩效评价定量指标和定性指标的评定方法如下：

1. 定量指标得分按照以下方法评定

与年初指标值相比，完成指标值的，记该指标所赋全部分值；对完成值高于指标值较多的，要分析原因，如果是由于年初指标值设定明显偏低造成的，要按照偏离度适度调减分值；未完成指标值的，按照完成值与指标值的比例记分。

2. 定性指标得分按照以下方法评定

根据指标完成情况分为达成年度指标、部分达成年度指标并具有一定效果、未达成年度指标且效果较差三档，分别按照该指标对应分值区间80%（含）~100%、60%（含）~80%、0~60%合理确定分值。

此外，针对地方政府专项债券项目绩效评价实施主体的不同，绩效评价指标的设置亦有所差别。根据10号文，单位自评指标设置应着重考虑产出数量、质量、时效、成本，以及经济效益、社会效益、生态效益、可持续影响、服务对象满意度等方面。财政和部门的绩效评价指标设置应强调项目决策、项目和资金管理、产出和效益等方面。

绩效评价指标筛选是开展绩效评价工作的关键，也是绩效评价结果的重要依据，更是地方政府专项债券绩效评价的重难点之一。此外，地方政府专项债券资金使用活动和政府支出效率的改善也是通过借助这些指标的评价得以发挥和实现的。同时，地方政府专项债券项目建设方的要求和期望，也是借助这些指标传达给下项目承包商的，并指导承包商来改善和提升项目实施过程和结果。

绩效评价指标筛选时，一般需要遵循清晰、细化、可衡量的原则，用以反映和考核项目绩效目标的明细化情况，并避免过多使用定性指标。

2.4.2 绩效评价指标权重的确定

地方政府专项债券绩效指标筛选完成之后，需要对指标进行分级归类，并设置相应的权重。绩效指标权重的设定体现了地方政府专项债券项目在绩效评价中的重点。在设置地方政府专项债券绩效评价的权重时，应综合考虑指标的性质、地方政府专项债券项目资金管理的工作重点等来确定。如前文所述，10号文对单位自评、财政和部门绩效评价的指标权重进行了引导性规定。其中，单位自评指标的各一级指标权重方面，规定预算执行率权重10%、产出指标权重50%、效益指标权重30%、服务对象满意度指标权重10%；财政和部门绩效评价的指标权重方面，原则上产出、效益指标权重不低于60%，且同一评价对象处于不同实施阶段时，指标权重应体现差异性。

对地方政府专项债券项目绩效评价指标权重的确定，目前有主观赋权法、客观赋权法、定性与定量相结合的方法等多种方法。

1．主观赋权法：德尔菲加权法、序关系分析法

（1）德尔菲加权法。德尔菲加权法来源于管理咨询经典的德尔菲法。德尔菲法（专家调查法）是一种用规定程序对专家进行调查的群体决策方法，要尽量精确地反映出专家们的主观估计能力，是管理咨询中的一种比较科学的方法。德尔菲加权法即借助专家的主观估计能力，聘请相关领域的专家，让其多轮次地对各指标进行赋权重打分，在此基础上进行数据统计整理，得到所有评价指标的最终权重值。具体流程为：①给相关领域的专家发放评价指标权重咨询表并回收；②对各专家对每个评价指标的权重进行统计、汇总；③针对各专家赋权重不一致的评价指标，再次制作评价指标权重咨询表，并再次发放；④对再次发放的评价指标权重进行统计、汇总，直到所有专家对所有评价指标的赋权重一致为止。

（2）序关系分析法。序关系分析法是一种通过主观排序和两两比较赋值来反映指标重要程度的评价指标赋权方法，其具体步骤为：首先，专家按照各级指标的重要性程度确定序关系，并判断和决定相邻两个指标之间的相对重要性；其次，根据已确定的指标间相对重要度及计算公式，计算指标层的各指标相对准则层的权重。这种方法既综合了专家自身实践经验，又减少了计算量，不需要构造判断矩阵和检查一致性，但在一定程度上容易受到专家主观偏好的影响。

2．客观赋权法：熵权法、主成分分析法、权重因子判断表法

（1）熵权法。熵权法是指用熵值的大小来判断指标变异大小的一种指标权重确定方法。根据熵权法确定的熵值越小，体现出来的指标变异程度就越大，意味着该指标占综合评价的权重越大；反之，熵值越大，体现出来的指标变异程度就越小，意味着该指标占综合评价的权重越小。熵权法的理论起源是物理热力学，熵与系统的无序度有关。波尔斯曼熵公式表明，系统的无序度增加时，熵即增加。根据熵的这一性质，在多目标决策评价中，熵权法可以客观地对各指标的权重进行赋值。熵权法是根据数据离散程度确定指标权重的，因其避免人为因素的影响且不需要进行主观赋权，故其更具客观性。

（2）主成分分析法。主成分分析法是将多个变量因子归拢成较少的几个综合性指标形成主成分的一种统计分析方法，是一种降维处理技术。主成分分析法常被作为确定指标权重的定量方法：通过主成分分析法降维，将多个指标转化成少量彼此不存在相互关系的综合指标，提取出不同指标在测量体系中的贡献值，可避免主观赋分法的人为选择性。

3．定性与定量相结合的方法

定性与定量相结合的方法主要是层次分析法（Analytic Hierarchy Process，AHP），又译为"解析递阶过程"，是多目标决策问题的一种分析方法，由美国运筹学家萨蒂于20世纪70年代提出。该方法将有关决策问题的因素分解为目标、准则、方案等层次，而后在此基础上运用定性与定量分析相结合的方法进行决策。层次分析法是最为常用的指标权重确定方法，建立评价指标后，可运用层次分析法将同一层次的指标因素所对应的影响程度两两进行比较，并按照重要程度进行评级，以减少性质不同的诸多因素相互比较的困难，提高准确度。但层次分析法过于依赖专家经验，主观性过强，易对决策结果造成偏差。因此，最新研究多将层次分析法与其他定性、定量方法相结合，对指标的权重做出综合决策，以减少这种方法的不利影响。

2.4.3　绩效评价方法的选择

绩效评价方法是评价部门或机构对评价对象的预算资金执行情况和结果，以及绩效目标的实现情况，运用专门的量化指标及其相应的评价标准，进行测评和估算并出具评价报告的各种方法。科学、合适的绩效评价方法非常重要，因为科学的绩效评价方法可以为企业或项目的利益相关者提供准确、全面的财务信息和项目资金使用信息，故其影响着投资者的决策。根据评价对象的具体情况，可采用一种或多种方法。

| 第3章 |

基础设施类地方政府专项债券项目绩效评价

3.1 基础设施类地方政府专项债券项目绩效评价概述

3.1.1 基础设施建设领域是地方政府专项债券的重点支持方向

基础设施建设是国民经济基础性、先导性、战略性、引领性产业，按其所在地域或使用性质可划分为农村基础设施（通常包含农业生产性基础设施、农村生活基础设施、生态环境建设和农村社会发展基础设施四个子类）和城市基础设施（通常包含生产基础设施、社会基础设施、制度保障机构等子类）。基础设施是经济社会发展的重要支撑，2022年4月26日，中央财经委员会第十一次会议再次强调了全面加强基础设施建设对于全面建设社会主义现代化国家的重要意义，强调要全面加强基础设施建设构建现代化基础设施体系，为全面建设社会主义现代化国家打下坚实基础。究其原因是，基础设施是经济社会发展的重要支撑。加强基础设施建设，既是"补短板"的有效方式，也是提振需求的有力手段。基础设施建设对于畅通国内大循环、促进国内国际双循环以及推动经济社会高质量发展具有重要意义。

此外，面对经济不稳定的压力，2023年政府工作报告明确提出要创新投融资体制机制，预算内投资引导和撬动社会投资成倍增加，增加地方政府专项债券额度，重点支持交通、水利、能源、信息等基础设施和民生工程建设，鼓励社会资本参与建设运营，调动民间投资积极性。同时，提出拟安排地方政府专项债券3.8万亿元用于交通基础设施、能源、保障性安居工程等11大领域的重点项目建设。根据相关统计，2022年地方政府新增专项债券中，有63%的资金流向了基础设施建设领域。可见在当下，稳增长摆在了更加突出的位置，地方政府专项债券作为基础设施建设的重要资金来源，亦是扩大有效投资、改善发展短板、稳定经济增长的主要手段。

3.1.2 基础设施类地方政府专项债券项目绩效评价体亟须完善

为规范管理地方政府债务、防范地方政府债务系统性风险，我国颁布了预算管理、绩效管理等方面的政策文件，如10号文对预算绩效评价工作的方式方法和结果应用等提出了新的要求，对使用政府资金的项目绩效评价的对象和内容、绩效评价指标标准和方法、绩效评价的组织管理与实施、绩效评价结果应用及公开等方面做出了系统性规定。《财政部关于印发〈地方政府专项债务预算管理办法〉的通知》（财预〔2016〕155号）指出，专项债务收入、安排的支出、还本付息、发行费用纳入政府性基金预算管理。61号文在10号文的基础上，对地方政府专项债券项目绩效评价的原则、事前绩效评价、绩效目标管理、绩效运行监控和绩效评价管理等方面进行了专门规定。然而，根据既有政策文件，我国还没有建立完整科学的、可直接适用于实操的地方政府专项债项目绩效评价制度和指标体系，尤其是在基础设施方面更是尚未完整建立。目前，开展基础设施类地方政府专项债券项目绩效评价只能参考一般财政支出项目绩效评价框架，无专门相关研究。因此，亟须完善基础设施类地方政府专项债券项目绩效评价的指标体系。

3.1.3 地方政府专项债券项目事前绩效评价指标体系需重点关注

事前绩效评价是地方政府专项债券项目绩效评价中极为重要的一环。《财政部关于印发〈地方政府专项债务预算管理办法〉的通知》（财预〔2016〕155号）指出，申请专项债券资金前，项目单位或项目主管部门要开展事前绩效评价，并将评估情况纳入专项债券项目实施方案。事前绩效评价主要判断项目申请专项债券资金支持的必要性和可行性。可见，地方政府专项债券项目事前绩效评价是决定拟建项目能否申请和使用地方政府专项债券资金的关键，不仅决定着专项债券项目的成败，更关乎着地方政府财政资源配置的效率和使用的效益。因此，必须重点关注地方政府专项债券项目事前绩效评价指标体系的构建问题，用科学的、有效的、符合专项债券资金"借、用、管、还"各环节规律的事前绩效评价指标体系，规范评估和监管地方政府专项债券项目的立项。

基于上述分析，迫切需要开展基础设施类地方政府专项债券项目事前绩效评价研究，亟须构建并完善此类项目的绩效评价指标体系，为经济社会发展提供有力支撑。

3.2 绩效评价指标体系构建研究设计

3.2.1 绩效评价指标初选研究设计

绩效评价指标的初选关乎着绩效评价指标体系的健全性、适用性和评价结果的科学性。开展基础设施类地方政府专项债券项目事前绩效评价指标的初选，必须设置科学的初选原则，配合有效的初选方法，以确定地方政府专项债券项目事前绩效评价指标的初始集，为后续开展指标优化奠定基础。

1. 绩效评价指标初选研究的原则

（1）"3E"原则。"3E"原则，即"经济性"（Economy）、"效率性"（Efficiency）和"有效性"（Effectiveness）。其中，"经济性"是指尽可能以低成本投入，来提供高质量的公共产品或服务；"效率性"指政府资金投入与产出的比例关系；"有效性"是指预期目标的完成度，通常以产出与效果之间的关系来衡量。遵照经济学原则，在选择地方政府专项债券项目事前绩效评价指标时，应充分对绩效评价指标能否在地方政府专项债券项目建设和运营过程中产生经济效益进行衡量，即能否有效考量地方政府专项债券项目产生的高质量的公共产品或服务，能否衡量地方政府专项债券项目产生的社会效益和提升的公共价值。"效率性"要求绩效评价指标能够衡量政府资金投入与产出的比例关系；而"有效性"

则要求筛选出的绩效评价指标能够准确衡量出地方政府专项债券项目的真实情况，并尽量减少偏差。

（2）定量与定性相结合原则。在确定地方政府专项债券绩效评价指标时，应采用定量与定性相结合原则，合理配置定量与定性指标的比例，做到两种指标互为补充、协调配合。在确定地方政府专项债券绩效评价指标时，应尽量选择可量化的定量指标，以便于专家进行打分给出绩效评价结果。然而，在设置绩效评价指标时，一些特殊问题并不能用定量化的指标去描述，而必须进行定性的分析。因此，可将专项债券的结果划分为两类：一类是定量的，另一类是非定量的。定量指标中，如经济增长情况、环境改善情况、设施增加数量、就业增长人数等，都可以被精确地测量出来；非定量指标中，例如大众幸福感、用户满意程度、社会民主化等，则是无法用特定的数据来测量的。所以，定量与定性相结合原则，是选择基础设施类地方政府专项债券绩效评价指标的基本思路。一般而言，定性指标是判定客体可定量的一个先决条件，它要求有某种主观认识，并为定量化提供依据；而定量指标则可提高研究结果的客观性和准确性，从而促进定性指标的深度和广度。因此，在选择基础设施类地方政府专项债券绩效评价指标时，应遵循定量与定性相结合原则。

（3）全面性与特殊性相结合原则。全面性是指绩效评价指标体系要体现绩效目标的广度，覆盖财政支出评价的所有内容，包括政策制定、政策执行、政策效果三个维度的绩效目标，以全面反映地方政府专项债券资金的使用效果。而特殊性则指绩效评价指标体系要体现财政支出的特殊性，主要包括评价对象的特殊性、评价方法的特殊性等。基础设施类地方政府专项债券项目大多是地方公益建设项目，其种类繁多，内容复杂，涉及经济建设、社会发展、农林水利、生态环保等诸多方面。同时，专项债券的应用范围较广泛且其绩效表现方式繁多，所以要想形成一个科学的、客观的基础设施类地方政府专项债券项目绩效评价体系，就必须充分、精确地考量和衡量各个影响要素。在具体实施中，应注意评价主体、客体、内容、方法和指标等各方面的有机结合，以及影响评价工作的内外要素。此外，由于各种基础设施项目目标不同，其产出与收益呈现出独特的形态，故进行评价时须充分考虑各类项目带来收益的特殊性，并理解各项指标的具体含义。只有将全面性和特殊性相互结合，才能有效地做好地方政府专项债券事前绩效评价指标的初选工作。

2. 绩效评价指标初选研究的方法

基础设施类地方政府专项债券事前绩效评价体系的指标初选方法一般包括问卷调查法、文献勾选法、分析法、交叉法、指标属性分组法和目标层次法等。其中，分析法是最基础的指标初选方法，而指标属性分组法和目标层次法则用于发展和完善绩效评价过程，对以上几种方法进行比较分析，如表3-1所示。

绩效评价指标初选方法对比研究 表3-1

初选方法	基本原理	优点	缺点	适用范围
问卷调查法	采用统一编制的问卷调查，向被调查者掌握相关信息或进行咨询的一种调查方式	可控性强，能对大量对象同时调查，结果可以量化，便于统计处理与分析	调查表的形式较为固定，很难很好地反映顾客的需求，也很难确保调查表的真实性和回答率	适用于大规模调查，可收集到大量资料，用统计方法处理，使其数量化，进行定性、定量分析，推断总体趋势
文献勾选法	对同一研究领域的文献进行对勾处理，统计其频率范围，设置频率范围，完成绩效评价指标的选择	有助于改进指标集合的整体性，并可协助其他方法运用	主观性强，依赖于参考文献的数量和质量，会对结果产生很重要的影响	适用于较为简单且小型的情况
分析法	将评价目的进行分级，直到能够用特定的性能评估指标表示为止	初步选定的绩效评价指标体系具有较好的结构，绩效指标不容易被遗漏	绩效评价指标体系的划分比较困难	适用于绩效考核目标体系划分比较清晰的情况
交叉法	依靠二维或三维以上的交叉维度，能够演化并派生出一系列的绩效评价指标，由此建立出绩效评价指标体系	初步筛选出来的绩效评价指标集比较全面	初筛时，维度的划分和交叉选取比较困难，工作量大	适用于绩效评价覆盖产业较广的情形
指标属性分组法	从绩效评价指标的相同属性角度出发进行归类	为收集后续绩效评价指标的数据减少工作量	形成的绩效评价指标体系系统性不够强	适用于绩效评价指标体系较为简单的情形
目标层次法	将多目标优化问题逐步建立起分目标，形成准则层，然后采用适当的绩效评价指标表示准则层	实现方便、可灵活组合，可以很好地反映绩效评价的目标	目标分层选取相应指标工作量大	适用于绩效评价目标以及评价准则较为明确的情形

以下对与地方政府专项债券项目绩效评价指标初选关联度更强的分析法、交叉法、指标属性分组法、目标层次法进行详细介绍：

（1）分析法。在绩效评价体系中，分析法是一种最基础的指标预选方法，它指的是将绩效评价的目标，根据某种标准或者是某种逻辑关系，分成几个不同的组成部分（即子系统）后，对这些子系统逐一进行分析，直到每一个子系统都可以用具体的统计评价指标来表达的方法。在确定各系统的绩效评价指标时，也可以采用学术研究中常用的问卷调查法和文献勾选法等。

（2）交叉法。交叉法是将不同的指标进行交叉分析，即指通过二维、三维甚至多维进而衍生出一系列指标评价，从而建立评价体系。交叉法可以帮助企业更全面地了解各项指标之间的相互影响和关联性，避免因为单一指标的评价而忽略其他重要的因素。但是，该方法需要收集大量的数据和进行复杂的计算，因此，在实际应用中需要谨慎使用。

（3）指标属性分组法。指标属性分组法是一种将指标按照其属性进行分类的方法，常见的指标属性包括财务、客户、内部流程、学习与成长等。该方法可以帮助管理者将各个指标进行分类，从而更好地组织和管理绩效评价体系。一般来说，对政府投资基础建设工程绩效评价的指标，可以分为"动态指标"和"静态指标"两大类，根据每个类别的属性视角来建立指标体系；还可以将绩效评价指标分为"定性评价指标"和"定量评价指标"等。通过指标属性分组法，相关部门可以更清晰地了解各项指标的属性和重要性，有针对性地进行绩效评价和管理，为后续发展提供有力的支撑。

（4）目标层次法。目标层次法是一种定量分析方法，用于处理复杂的决策问题。该方法基于对多个因素和目标之间的相对重要性进行比较和评估。在使用目标层次法时，首先需要确定要评估的目标和因素，并将其分成不同的层次。随后对每个目标或因素与其他目标或因素进行比较，给出彼此之间的相对重要性，通常采用1~9之间的等级来表示。最后通过构建一个层次结构和计算各层次权重的过程，得出每个目标或因素的最终权重，从而确定最佳决策方案。目标层次法可以帮助人们更好地理解问题，并提供基于数据和事实的决策依据。它适用于许多领域，如企业管理、市场营销、投资决策等。但是，该方法也有一些限制，例如需要专业知识和经验，以及可能存在主观性和不确定性。因此，在使用目标层次法时，需要谨慎分析和评估结果。

通过比较上述几种方法，考虑其优缺点及适用范围，最终决定采用分析法对基础设施类地方政府专项债券事前绩效评价指标进行初选；并结合文献勾选法，根据基础设施类地方政府专项债券项目事前绩效评价的重点，完成指标的整体规划研究，最终获得各项具体指标。

3.2.2 绩效评价指标优化的研究设计

绩效评价指标的初选设计更加强调的是建立众多的指标对其运作流程进行全面的衡量，过多的指标不仅会导致指标间的信息冗余，还会增加评价工作的复杂性。初选时产生的绩效评指标集合只是一套"有可能被使用的评价指标集合"，并非"一组合理、科学、必要的评价指标"。因此，初步选择产生的指标系统的结果未必是有意义的或必需的，有可能会存在重复或出错的情况，因此，需要对初始评价指标集进一步优化，本研究借助专家咨询法完成指标的优化。

3.2.3 绩效评价指标定量化研究设计

为便于绩效评价人员对基础设施类地方政府专项债券项目绩效评价的指标进行打分，需开展绩效评价指标定量化工作。通过研究文献发现，对定性指标通常采用专家打分法进行定量化，即借助经验丰富的专家的打分，得出相应的评价结果。在使用专家打分法时，首先需要确定参与评估的专家人数和其资质背景，以确保评估结果的可靠性和准确性。而评估者需要提供一个评估标准或指标表,以便专家根据这些标准或指标对待评估对象进行打分。在评估过程中,评估者应确保专家之间的交流和讨论,以避免出现不一致的评分结果,并最终得出一致的评价结论。专家打分法适用于各种领域和行业,例如医疗保健、教育、环保、工程等。它可以帮助组织或企业确定其产品、服务或项目的优缺点,并提供改进建议。由于这种方法集中总结了众多专家的经验,在一定程度上确保了主观判断评价指标的正确性,但无法达到最终结果要求的准确性。

在对定性指标进行打分时,应用较为广泛的方法还包括模糊数学法、二元相对比较法、格栅获取法、基于信息熵的多属性决策分析法,以及在此基础上改进的三角模糊数两极比例法等,如表3-2所示。

结合基础设施类地方政府专项债券的项目特点,采用替代指标代替定性指标法来实现绩效评价指标的定量化。

绩效评价指标定量化方法比较 表3-2

方法	基本原理	优点	缺点	适用范围
分级描述法	根据绩效目标,对指标的完成情况进行分级(优秀、良好、一般、及格、不及格),并对各级别的考核标准分别进行描述	简便易懂	没有一个清晰准确的客观数字表示;同级别之间的指标是无法分析评价的内容	发生频率高,并能清楚描述各个级别的特征;有大量数据和信息的支撑
等级评价法	将指标设置成多个等级说明,不同级别对应特定的打分范围	简便易懂	由评估者自己的感觉决定,有一定的主观随意性,存在评估误差	没有或很少有工作任务的先例;缺少数据和资料
非此即彼法	评价结果只提供两个选择,即完成或未完成	简便易懂	适用范围有限	强制性指标
模糊数学法	针对主观评价的一层与多层问题,建立了模糊综合评价的数学模型,并对模糊因子定量化。用隶属度确定定性指标与评价等级之间的映射关系	定量化过程简单,能够快速解决定性指标定量化问题	专家数量对最终定量化结果影响较大	适用于对描述客观事实的定性指标进行量化
集值统计法	用落影函数公式和集值统计原理,得到某一个专家对某指标的综合评价值	结果可靠,客观	每个专家对同一指标的定量化评估结果不同,需要计算方差,计算量很大	适用于定性指标较少的情况
二元相对比较法	将定性指标通过一定级别两两相比,再转换为系统总的排序,即可实现相应评价	能够用数值反映不同指标间的大小	针对性不强,对具体的定性指标量化较为困难	只适用于对较少的定性指标进行量化比较
替代指标代替定性指标法	以结果为导向开发定性指标的终极定量化替代指标	从项目进展过程判断可能出现的结果,比直接判断结果效益显著	选择合理的替代指标有一定的难度	指标较多或难以数量化的情况

3.2.4 绩效评价指标权重确定研究设计

既有绩效评价指标权重的计算方法已有数十种，并可大致划分为主观赋权法和客观赋权法。主观赋权法是根据专家经验或个人主观判断，给予每个因素不同的权重值，包括德尔菲法（专家调查法）、序关系分析法等方法。客观赋权法则是一种解决决策问题的方法，它通过对各因素权重的量化评估，将主观因素减少到最小，从而得出尽可能客观、科学的决策结果。其基本思路是将决策问题中的各种因素和指标量化，并通过数学模型计算出各因素的权重，最终综合考虑各因素对决策结果的影响，从而找到最优解。客观赋权法的应用范围很广，包括但不限于评估项目、选定供应商、制定市场营销策略等方面。在具体实践中，客观赋权法需要依赖于大量的数据和专业知识，同时也需要考虑不同因素之间的相互影响，以及各因素所承担的风险和不确定性，其主要包括主成分分析法、灰色关联度法、广义方差极小法和聚类分析法等，如表3-3所示。

绩效评价指标初选方法对比研究　　　　　表3-3

类别	方法	基本原理	优点	缺点	适用范围
主观赋权法	德尔菲法（专家调查法）	根据相关研究领域专家的知识和经验对指标进行筛选	集思广益，形成最优解	彼此间存在主观差异，知识、阅历无法统一，意见难以服众	定性筛选
客观赋权法	主成分分析法	依靠对变量共性的提取，实现数据降维	筛选时无须考虑指标实际权重，仅依靠数值进行分区，人为因素影响小，有客观性和可信度	要求样本数据量大，且数据量越大，计算结果越科学	定量筛选
	灰色关联度法	因子间的相关度是基于因子间发展趋势的相似性或差异性来测量的	在小样本、少数据的情况下仍可提炼影响体系的主要因素、特征和差异，运算较简单	不适用于指标相对独立的情况，且临界值确定存在争议，有待进一步研究	
	广义方差极小法	计算评价指标协方差	能用区分度表示指标特性	筛选前要考虑清楚指标的个数，且计算过程相对复杂	
	聚类分析法	对绩效评价指标关联度进行划分，从各个类别中选出具有代表性的绩效评价指标	有效减少指标数量，计算过程较为简单	绩效评价指标分类不明确时，易遗漏重要的绩效评价指标	

随着评价指标权重确定研究的深入，单纯地运用主观赋权法或客观赋权法都难以满足绩效评价对项目综合性考核的要求。鉴于此，采用主成分分析法与熵权法相结合的方法，

确定基础设施类地方政府专项债券事前绩效评价指标的权重。

（1）采用主成分分析法确定全部选取指标的主成分。主成分分析法是一种常用的数据降维方法，通过将高维数据映射到低维空间来减少数据的复杂度。其基本思想是找到可以最大限度解释数据方差的线性组合，这些线性组合被称为主成分。第一个主成分是能够解释数据方差最多的方向，第二个主成分是与第一个主成分正交且能够解释剩余方差最多的方向，以此类推。通过计算数据在主成分上的投影，可以将高维数据映射到低维空间，并且保留了原始数据大部分信息。

（2）采用熵权法确定主成分的权重。熵权法是一种常用的多指标综合评价方法，它基于信息熵理论，将不同指标的重要性转化为权重来进行综合评价。熵权法的基本思想是将每个指标的信息熵作为其权重，信息熵越大则对应的指标权重越小，反之亦然。在具体实践中，可以先计算每个指标的熵值，然后计算各个指标的权重，最后将各个指标的加权平均值作为综合评价结果。熵权法的优点在于能够考虑到各个指标之间的相互影响关系，同时避免了主观赋权的问题。此外，其还具有较好的数学性质和可解释性，易于应用于实际问题中。需要注意的是，在计算过程中需要对指标数据进行归一化，以确保各个指标的量纲和数量级相同，从而避免因指标单位不同而导致的误差。

将两种方法相互结合，利用主成分分析法确定全部选取指标的主成分，然后结合熵权法对确定的主成分进行权重计算，能够弥补彼此间短板，最终建立绩效评价指标体系，完成本研究内容。

3.3 基础设施类地方政府专项债券项目绩效评价指标初选

3.3.1 事前绩效评价一级指标初选

61号文从"事前绩效评价、绩效目标管理、绩效运行监控、绩效评价管理、评价结果应用"五方面给出了构建专项债券项目事前绩效评价体系的指导性意见和规范。专项债券项目事前绩效评价主要判断项目申请专项债券资金支持的必要性和可行性，重点论证以下方面：项目实施的必要性、公益性、收益性；项目建设投资合规性与项目成熟度；项目资金来源和到位可行性；项目收入、成本、收益预测合理性；债券资金需求合理性；项目偿债计划可行性和偿债风险点，以及绩效目标合理性等。此外，基础设施类地方政府专项债券事前绩效评价指标体系的构建，应以《中共中央 国务院关于全面实施预算绩效管理的意见》中要求的"立项必要性、投入经济性、绩效目标合理性、实施方案可行性、筹资合规性"五个方面为基本遵循，对项目建设前的投入阶段进行绩效评价。基础设施类项目的公益性特征决定了其与其他营利性项目不同，它的核心目标是创造社会价值和保护环境，即社会效益。因此，在开展基础设施类地方政府专项债券项目事前绩效评价中，应涵盖预期效益一级指标。

由此得出，事前绩效评价指标体系的一级指标最终选择为项目决策、项目管理和项目预期效益。在此基础上，结合专项债券发行要求及其自身特点，搭建出一套较科学的专项债券事前绩效评价指标体系。

3.3.2 事前绩效评价二级指标初选

就前述选定的三个一级指标，开展二级指标的构建。基于专项债券的特殊性，分别从项目决策、项目管理及项目预期效益三个方面依次建立二级指标。

1. 项目决策

在该一级指标下，将从立项指标、目标指标、平衡指标及风险指标四个方面构建二级指标。

（1）立项指标。立项指标用以判断项目是否符合申请专项债券基本条件。地方政府专项债券在国家中既有明确的运用领域和基本要求，亦有清晰的禁止性清单，只有符合该基本条件的项目才允许发行专项债券。这与传统的"项目立项"存在区别。

（2）目标指标。目标指标用以判断绩效目标是否合理。根据财政部要求，绩效目标是在申请专项债券资金需求时一并设定的，并作为项目建设和运营期间的评价基准。绩效目标应以项目产出的数量、质量、时效及成本为重点，对其进行合理判断，还包括经济、社会、生态、可持续影响、服务对象满意度等效益性指标。

（3）平衡指标。平衡指标用以判断举债需求是否合理。对于专项债券项目而言，最大特点是能够实现项目预期收益与融资的自平衡，这也是专项债券项目运作的基本逻辑。这既需要对项目收入成本进行准确预测，亦需要考虑项目预期收益与专项债券规模间的匹配程度。

（4）风险指标。风险指标用以判断偿债风险是否可控。专项债券的"还"是关键，重点评估项目的偿债计划安排是否明确，项目全生命周期内的各类风险是否做到全面识别，是否有相应的风险应对措施。

综上所述，在该一级指标下，最终选择项目合规性、绩效目标合理性、需求合理性及风险可控性作为其二级指标。

2. 项目管理

10号文建议在项目实施阶段使用资金管理和组织实施两个二级指标。据此，在一级指标项目管理下设筹资可行性和实施准备性两项二级指标。

（1）筹资可行性指标。筹资可行性指标用以判断资金落实阶段，即筹资阶段，融资结构与来源是否可行。这是作为项目合理的融资结构及可靠的资金来源足额的重要保障。究其原因是，专项债券资金不应作为项目的唯一来源。

（2）实施准备性指标。实施准备性指标用以判断项目实施准备阶段专项债券项目的设计是否合理，安全性是否在可控范围内。同时，还对项目招标投标组织实施进行合理规划安排。

3．项目预期效益

地方政府专项债券项目事前绩效评价从经济效益、社会效益、生态效益及可持续影响四个角度展开，并将其作为二级指标。

3.3.3 事前绩效评价三级指标初选

结合10号文、61号文，以及《财政部关于印发〈中央部门项目支出核心绩效目标和指标设置及取值指引（试行）〉的通知》（财预〔2021〕101号），完善基础设施类地方政府专项债券事前绩效评价的三级指标。

1．项目决策

在项目立项阶段，项目已经达到了获得补助的基本要求后，项目方可以根据项目的基本状况、项目计划、预计效益报告等项目需要递交的立项材料为依据，通过相关部门的审核，最终将其列为资金扶持计划，并按照具体的补助数额、经费拨款时间等，再将项目的正式审批申请材料递送至有关部门。在进行事前绩效评价时，应首先对项目的资料进行全面的审查，判断其是否存在多报、虚报、假报等现象。因此，在项目合规性二级指标下，设置立项依据充分性、流程规范性、项目可行性及必要性、项目公益性及收益性、项目投资合规性五个三级指标。

项目方案制定后，则需考察项目申请资金是否合理、预期目标是否明确、资金来源是否可行等情况。因此，在绩效目标合理性二级指标下，设置绩效目标明确性和绩效目标合理性两个三级指标；在需求合理性二级指标下，设置财务分析合理性、债券资金需求合理性、资金使用计划合理性三个三级指标。在风险可控性二级指标中，项目的偿债能力、风险控制能力是专项债券项目重点考察的内容。因此，在风险可控性二级指标下，设置偿债计划可行性、偿债风险可控性两个三级指标。

2．项目管理

在资金落实阶段，即筹资可行性二级指标下，设置资金来源可行性、资金到位可行性、资金到位及时性三个三级指标。

在实施准备阶段，项目实施单位要建立项目管理、验收及信息通报等制度，使项目每个阶段的管理工作都有可比性。因此，在实施准备性二级指标下，设置项目勘察设计、项目安全可控性、招标投标组织实施三个三级指标。

3．项目预期效益

根据项目预计建成后的资源整合效果、资源利用效果、环境美化程度、人口环境容量等，设置三级指标。因此，在经济效益二级指标下，设置本息覆盖倍数、还本付息及时率、投资收益率、项目预期收益与项目本息是否平衡四个三级指标；在社会效益二级指标下，设置五个三级指标；在生态效益二级指标下，设置水电能源节约率、空气质量计划改良率和废水废气排放达标率三个三级指标；在可持续影响二级指标下，设置对本行业未来可持续发展的影响一个三级指标。

根据上述分析，初步建立起基础设施类地方政府专项债券事前绩效评价的三级指标体系，包括项目决策、项目管理、项目预期效益三个维度，如表3-4所示。

基础设施类地方政府专项债券项目事前绩效评价的指标体系　　　表3-4

一级指标	二级指标	三级指标	评估要点
项目决策	项目合规性	立项依据充分性	（1）项目是否属于"社会经济效益明显、群众期盼、早晚要干"的实体政府投资项目； （2）项目是否纳入国家和地方"十四五"规划； （3）项目是否纳入国家重大区域发展战略以及省、市级重点项目
		流程规范性	（1）项目申请流程的合规合法性； （2）申报审批过程的合规合法性； （3）项目前期文件、手续的齐全程度； （4）项目立项过程的合规合法性
		项目可行性及必要性	（1）项目适用于地方政府专项债券资金的程度； （2）项目是否属于在建项目； （3）新开工的项目，是否已经取得立项批复、是否具备在要求时限内的开工条件且能够形成实务工作量和拉动有效投资
		项目公益性及收益性	（1）项目的公益性程度； （2）项目是否有明确的收入来源； （3）项目收入来源的合规合法性； （4）项目收入的可靠性
		项目投资合规性	项目建设投资的合规合法性
	绩效目标合理性	绩效目标明确性	（1）项目设计的质量标准、项目施工质量目标、项目的整体使用功能、项目设备的先进性； （2）是否与地方长期规划目标、年度工作目标一致； （3）项目收益定位是否明确； （4）绩效目标是否设置明确
		绩效目标合理性	（1）绩效目标与项目预计解决的问题是否匹配； （2）绩效目标与实现需求是否匹配； （3）绩效目标是否具有一定的前瞻性和挑战性； （4）绩效指标是否细化、量化，指标值是否合理、可考核； （5）绩效目标和指标设置是否与项目高度相关

续表

一级指标	二级指标	三级指标	评估要点
项目决策	需求合理性	财务分析合理性	（1）拟定的项目各方责任、合同条款的科学性和完整性； （2）财政的债务承受力合理性； （3）项目收入预测是否合理； （4）项目成本预测是否合理； （5）项目收益预测是否合理
		债券资金需求合理性	（1）专项债券申报额度是否经过科学论证； （2）预计项目收益对融资成本覆盖倍数（本息覆盖倍数）； （3）申报额度测算依据是否充分； （4）分年度资金需求是否与项目建设工期和年度建设任务匹配
		资金使用计划合理性	（1）专项债券资金是否有明确的使用计划； （2）使用计划与项目进度是否匹配
	风险可控性	偿债计划可行性	（1）项目是否有明确的偿债计划； （2）偿债计划是否具备可行性
		偿债风险可控性	（1）项目是否制定了详细的偿债计划； （2）偿债计划是否可行； （3）是否制定了项目风险指标体系； （4）项目风险是否可控； （5）申请单位对偿债风险认识是否全面； （6）是否针对预期风险设定应对措施； （7）应对措施是否可行、合理、有效
项目管理	筹资可行性	资金来源可行性	（1）项目资金来源是否合法合规、真实可靠； （2）项目资金来源是否存在违规举债融资行为
		资金到位可行性	（1）财政资金、配套资金到位流程是否合规、科学； （2）财政资金、配套资金是否有明确的到位时间
		资金到位及时性	财政资金、配套资金到位时间是否及时
	实施准备性	项目勘察设计	（1）项目设计方案是否可行； （2）设计变更应对措施是否有效； （3）勘察工作流程是否合规； （4）是否有不利物质条件引起的工程索赔； （5）是否有合理的应对方案
		项目安全可控性	安全监管机构、安全施工责任分工是否完善有效
		招标投标组织实施	招标投标工作流程、开标评标规则是否合规

续表

一级指标	二级指标	三级指标	评估要点
项目预期效益	经济效益	本息覆盖倍数	本息覆盖倍数=专项收入的现金流收入/专项债券还本付息
		还本付息及时率	还本付息是否及时
		投资收益率	对项目的盈利能力进行评价
		项目预期收益与项目本息是否平衡	（1）项目预期收益与融资平衡方案是否科学可行； （2）项目资金来源是否存在违规举债融资行为
	社会效益	与政策方针符合性	项目是否符合相关的政策方针
		与法律法规相符性	项目是否符合相关的法律法规
		带动社会有效投资	项目带动社会投资的投资金额
		新增就业率	新增就业率=（当时就业人数/之前就业人数）×100% －100%（计算为正数，即为增长率）
		拆迁投诉率	拆迁投诉率=（投诉次数/当前人口总数）×100%
	生态效益	水电能源节约率	对工程项目利用能源是否节约进行判断
		空气质量计划改良率	空气质量优良的天数占全部监测天数的百分比
		废水废气排放达标率	废水废气排放达标率=（工业废水废气排放达标量/工业废水废气排放量）×100%
	可持续影响	对本行业未来可持续发展的影响	对本行业未来可持续发展的影响是否积极，是否可全面提高项目所在地居民的生活水平

3.4 基础设施类地方政府专项债券项目绩效评价指标定量化

3.4.1 基础设施类地方政府专项债券项目绩效评价指标定量化的原则

在项目施工前阶段，有很多定性指标是不能通过数量计算得到结果的，只能采用客观描述法，即对评价对象进行客观的描述和分析从而完成结果性评价。定性指标的描述是否具有合理性，直接关系到绩效评估系统是否能够进行项目的评价。由于各个项目部门存在主观性，很难对其做到精确、高效的评估，所以，基于前文介绍的基础设施类地方政府专项债券项目绩效评价指标，对其在建设项目执行中的效果进行分析，并使用定量的绩效评估指标来代替定性指标。为使指标之间存在可比性，将以下四个原则作为定量化指标的替代原则，从而使政府部门能够在此基础上，完成对基础设施类项目绩效的自我评估。

1. **全面性原则**

在对基础设施类地方政府专项债券项目绩效评价定性指标进行定量化替代时，首先应遵循全面性原则，评价指标应该尽可能涵盖被评价对象的各个方面和维度，反映出其多层次、多角度的情况，充分考虑每个项目的共性和自身存在的特性，保证指标是一个系统，各个指标之间应该相互关联、相互配合，反映出被评价对象的内部机制和关系。指标选取全面性原则是评价指标设计的基本原则，为评价结果的准确性和可信性提供了保障。

2. **相关性原则**

相关性原则是指在选择绩效评价指标时，应该选择具有相关性的指标，以确保评价结果的准确性和有效性。相关性可以分为正相关、负相关和无相关。正相关表示两个指标的变化趋势相同，负相关表示两个指标的变化趋势相反，无相关表示两个指标之间没有明显关系。选择具有相关性的指标可以避免出现评价结果与实际情况不符的情况。例如，在企业绩效评价中，如果只选择了营业收入这一指标，而忽略了利润、市场份额等其他指标，那么评价结果可能会失真，无法全面反映企业的真实情况。因此，在选择绩效评价指标时，应该考虑指标之间的相关性，选取具有代表性和全面性的指标进行评价，以便更好地反映被评价对象的绩效水平。同时，在评价过程中还需要注意指标之间的权重关系，以确保评价结果的公正性和客观性。

3. **可控性原则**

可控性原则是指在选择绩效评价指标时，应该选择受到被评价对象掌控和影响的指标，以便更好地反映被评价对象的表现和能力。选择具有可控性的指标可以确保评价结果的公正性和客观性。如果选取的指标与被评价对象无关或难以控制，那么评价结果可能会受到外部因素干扰，导致评价结果不准确或不公正。例如，在企业绩效评价中，如果将行业市场份额作为评价指标，而不考虑企业所处的市场竞争环境和其他因素，那么评价结果可能会失真。而如果选取利润率、销售额等与企业内部经营管理相关的指标，则更能反映企业的经营水平和能力。因此，在选择绩效评价指标时，应该考虑指标的可控性，选取与被评价对象相关且可控的指标进行评价，以确保评价结果的准确性和公正性。同时，在评价过程中还需要注意指标之间的权重关系，以确保评价结果的客观性。

4. **结果导向原则**

结果导向原则是指在制定和使用指标时，应该以实现预期的结果为导向，而不是单纯地追求指标本身的表现。这要求制定指标时应该根据项目目标、项目规划、实施等确定需要达到的结果，并从中提取出可量化的指标。从项目本身出现的结果考虑其目的和价值，进而对事前绩效评价的决策、管理和效益三个方面的指标进行替代。

3.4.2 基础设施类地方政府专项债券项目绩效评价指标定量化的过程

1. 项目决策相关指标

在对决策阶段的定性指标进行绩效评价时，由于定性指标不能充分反映建设项目的真实状况，且无法直接度量，只能通过项目最终的绩效结果来评价其对基础设施类专项债券建设项目的绩效影响，因此，需要用一定的结果性指标来替代该阶段的定性指标。

2. 项目管理相关指标

与决策阶段不同，项目管理一级指标所在阶段，通常根据项目建设过程中可能产生的结果进行评价，既反映了绩效评价的时效性，亦得出了项目管理和实施中的需要改进之处。例如，在项目实施准备阶段，项目质量可控性、项目安全可控性指标，无法直接用于体系评价中。故应遵循定量化替代原则，结合国家目前管理制度的要求及行业标准，以工程优良率和交验合格率为指标对工程质量进行度量，实现以结果为导向的定量化替代指标。

3. 项目预期效益相关指标

在效果阶段，本研究构建事前绩效评价指标体系，通过对效益进行提前预测，判断项目带来的是否为正效益。例如，项目促进当地经济、社会、生态及可持续影响这四类指标无法直接用数量衡量，对社会、经济、环境造成的影响需要一个能够度量的指标进行替代。

3.4.3 基础设施类地方政府专项债券项目绩效评价"一票否定"式指标

通过分析基础设施类地方政府专项债券项目绩效评价指标定量化的过程，可以发现，不能保证全部的定性指标都能找到相符的定量化替代指标，有些指标仍存在无法采用定量化指标进行替代的情况，此时应根据定性指标的具体属性并按照相应评价方法进行绩效评价。

"一票否定"式指标是指在项目建设中交易双方必须达到或遵守的要求。其意味着如果特定的条件不满足，那么整个项目或计划将被否决或终止。也就是说这个条件如果没有得到满足，其他任何条件的优劣都将无关紧要。这种指标通常用于需要满足关键要求的项目或决策，以确保必要的条件得到满足，而不会出现任何妥协。例如，在招聘过程中，"一票否定"式指标可能是某些必须具备的技能或资格证书，如果应聘者缺乏这些条件，那么他们将被排除在外，而不考虑其他因素。

3.4.4 基础设施类地方政府专项债券项目绩效评价"降档评级"式指标

通过分析基础设施类地方政府专项债券项目绩效评价指标定量化的过程，亦可发现立项依据充分性、申报流程规范性、项目可行性等需要根据项目具体特性进行分析的指标，不能用定量的指标来替代。"降档评级"式指标是一种衡量标准，通常用于评估项目或计划的质量或风险。根据这种指标，项目或计划将被分成不同的等级或档次，并根据其在每个等级或档次中的表现进行评估和排名。如果项目或计划未能达到某个等级或档次的要求，则将被降级或下调评级。根据我国基础设施建设项目的特点，如果在此基础上还存在一些不符合要求的因素，则也可以进行下一阶段的工作，这类指标则无法归入"一票否定"式，因此，引入"降档评级"式指标，但必须结合工程的实际情况进行分析。

这类指标分为"优秀""良好""一般""较差"四个档次。根据表3-4给出的评估要点，对此类指标予以降档评级分析，并做出如下规定：

（1）如果项目存在1~2个要点没有达到要求，且不影响项目整体施工进度，可评判为无影响，即不予降档。

（2）如果项目存在3~4个指标没有达到相关规定，则进行降一档处理，即如果原先的基础设施类地方政府专项债券项目绩效评价等级为"优秀"，在进行降档处理后，最终的绩效评价等级为"良好"。

（3）如果全部评估要点都没有达到要求，将按照"一票否定"式指标的处理方式，需要补齐相关资料及手续之后，才能继续开展项目。

通过上述分析，得出基础设施类地方政府专项债券项目绩效评价的定量化指标，如表3-5所示。

基础设施类地方政府专项债券项目绩效评价的定量化指标　　　表3-5

一级指标	二级指标	三级指标	结果性指标	代码	指标说明	指标属性
项目决策	项目合规性	立项依据充分性	"降档评级"式指标	—	所提交的文件、资料是否合理完整	正向
		流程规范性	"降档评级"式指标	—	项目是否按照规定的程序申请设立	正向
		项目可行性及必要性	"一票否定"式指标	—	是否符合《房屋建筑和市政基础设施工程竣工验收备案管理办法》和《地方政府债券发行管理办法》	正向
		项目公益性及收益性	预期收益偏差率	A_1	1－（年当前实际收益率/年预期收益率）	正向
		项目投资合规性	"一票否定"式指标	—	项目建设投资是否合规、是否符合国家确定的专项债券资金投向领域	正向
	绩效目标合理性	绩效目标合理性	建设标准合格率	B_1	（达标的单位工程数量/交验单位工程数量）×100%	正向
		绩效目标明确性	目标完成情况偏差率	B_2	预期完成目标与实际完成情况的偏差	正向
	需求合理性	财务分析合理性	投资收益偏差率	C_1	预期投资收益率与实际投资收益率的偏差	正向
		债券资金需求合理性	"一票否定"式指标	—	专项债资金需求是否科学合理	正向
		资金使用计划合理性	资金使用目标达成率	C_2	（实际完成额度/任务目标）×100%	正向

续表

一级指标	二级指标	三级指标	结果性指标	代码	指标说明	指标属性
项目决策	风险可控性	偿债计划可行性	"一票否定"式指标	—	专项债资金需求是否科学合理	正向
		偿债风险可控性	"降档评级"式指标	—	偿债计划、风险评估指标体系、风险应对措施合理有效	正向
项目管理	筹资可行性	资金来源可行性	资金利用率	D_1	资金使用计划与项目进度的匹配度	正向
		资金到位可行性	专项资金到位率	D_2	（及时到位专项资金/应到位专项资金）×100%	正向
		资金到位及时性	配套到位及时率	D_3	（及时到位配套资金/应到位配套资金）×100%	正向
	实施准备性	项目勘察设计	设计变更率、不利物质条件引起的工程索赔率	E_1	（设计变更引起的价款调整/合同总价款）×100%	负向
				E_2	（不利物质条件引起的工程索赔额/合同总价款）×100%	负向
		项目安全可控性	安全措施达标合格率	E_3	现场安全措施最终达标合格情况	正向
		招标投标组织实施	"一票否定"式指标	—	是否满足《中华人民共和国招标投标法实施条例》及相关法律法规	正向
项目预期效益	经济效益	本息覆盖倍数	本息覆盖倍数	F_1	项目收益合计/债券还本付息合计	正向
		还本付息及时率	还本付息及时率	F_2	及时还本付息金额/应还本付息金额	正向
		投资收益率	投资收益率	F_3	投资所获得的收益与投资成本之比	正向
		项目预期收益与项目本息是否平衡	"降档评级"式指标	—	项目预期收益与融资平衡方案是否合理、是否虚增或扩大了项目收入收益	正向
	社会效益	与政策方针符合性	"一票否定"式指标	—	是否符合相关政策方针	正向
		与法律法规相符性	"一票否定"式指标	—	是否符合相关法律法规	正向
		带动社会有效投资	带动社会有效投资额	G_1	带动社会有效投资额度	正向
		新增就业率	新增就业率	G_2	新增就业率=（当时就业人数/之前就业人数）×100%－100%（计算为正数，即为增长率）	正向
		拆迁投诉率	拆迁投诉率	G_3	拆迁投诉率=（投诉次数/当前人口总数）×100%	负向

续表

一级指标	二级指标	三级指标	结果性指标	代码	指标说明	指标属性
项目预期效益	生态效益	废水废气排放达标率	废水废气排放达标率	H_1	废水废气排放达标率=（工业废水废气排放达标量/工业废水废气排放量）×100%	正向
		水电能源节约率	水电能源节约率	H_2	目前国家项目约为50%	正向
		空气质量计划改良率	空气质量计划改良率	H_3	（空气质量优良天数/全年监测总天数）×100%	正向
	可持续影响	对本行业未来可持续发展的影响	对本行业未来可持续发展的影响 积极/良好/不优秀	I_1	积极为80分，良好为60分，不优秀为30分	正向

3.5 基础设施类地方政府专项债券项目绩效评价指标权重

3.5.1 绩效评价指标权重计算原理

1. 绩效评价指标权重计算原则

选用主成分分析法与熵权法相结合的方法，并考虑以下几个方面的原则：

首先，对于上述不能进行定量化替代的定性指标，例如项目可行性及必要性、债券资金需求合理性等指标，划归为"一票否定"式指标，立项依据充分性、流程规范性、偿债风险可控性指标则按照"降档评级"式指标进行处理，即基于最终的基础设施类地方政府专项债券绩效评价结果进行比较。故这些指标并不参与综合权重的计算，在最终结果中以"零"的形式出现。

其次，本次研究是以事前为中心构建评价体系，更加注重项目建设前的决策阶段，故在最终权重分配上，应当以项目决策为主要内容，且权重占比大于另外两部分。但最终结果以现实计算为标准。

2. 主成分分析法——熵权法组合权重计算模型

1）选取适合指标

根据《2022年河南省政府一般债券和专项债券信息披露文件》，对第16期的其中10个关于基础设施建设的工程项目进行整合（项目建设期均在2020—2022年），并根据其披露报表选取上述21个结果性指标作为分析的起点，分别为：预期收益偏差率、建设标准合格率、目标完成情况偏差率、投资收益偏差率、资金使用目标达成率、资金利用率、专项资金到位率、配套到位及时率、设计变更率、不利物质条件引起的工程索赔率、安全措施达标合格率、本息覆盖倍数、还本付息及时率、投资收益率、带动社会有效投资额、新增就业率、拆迁投诉率、废水废气排放达标率、水电能源节约率、空气质量计划改良率、对本行业未来可持续发展的影响。

2）利用SPSS27.0统计分析软件对分析指标、降维等进行计算，检验数据是否适合进行主成分分析，并选取主成分

对主成分分析的数据进行KMO检验和Barlett（巴特利特）球形检验。当$KMO>0.7$，$Sig<0.05$时，表明数据支持主成分分析。同时，按照特征值大于1的原则，提取累计方差贡献率达到85%以上的主成分。

3）计算各主成分的得分及综合得分

公式为：

$$F_i = w_{i1}X_1 + w_{i2}X_2 + \cdots + w_{ij}X_j \tag{3-1}$$

$$F = \alpha_1 F_1 + \alpha_2 F_2 + \cdots + \alpha_j F_j \tag{3-2}$$

式中，$w_{ij} = \dfrac{\theta_j}{\sqrt{\lambda_i}}$，表示主成分中变量的权重；$\theta_j$为成分矩阵中指标对应系数；而$\sqrt{\lambda_i}$表示对第$i$个主成分对应的特征值开根号。

4）数据归一化法处理（数据标准化）

设有m个评价对象，n个评价指标，原始数据为X_{ij}（$i=1,\cdots,m; j=1,\cdots,n$）。在使用熵权法计算权重之前，如果数据方向不一致，需要提前进行数据处理，通常采用正向化或者逆向化两种处理方法（数据归一化处理）。

$$X_{ij} = \dfrac{X_{ij} - X_{\min}}{X_{\max} - X_{\min}} \quad (X_{ij}\text{为效益型指标}) \tag{3-3}$$

$$X_{ij} = \dfrac{X_{\max} - X_{ij}}{X_{\max} - X_{\min}} \quad (X_{ij}\text{为成本型指标}) \tag{3-4}$$

式中，$X_{\max}$和$X_{\min}$分别为第j项指标的最大值和最小值；X_{ij}为处理后的数据。

对上述各主成分因子的数据进行标准化处理，消除不同指标数据间属性与量纲的差异。

5）计算第i个评价对象和第j项指标出现的概率

公式为：

$$P_{ij} = \dfrac{X_{ij}}{\sum\limits_{i=1}^{m} X_{ij}} \tag{3-5}$$

6）计算第j项指标的信息熵

公式为：

$$e_j = -\dfrac{1}{\ln m} \sum_{i=1}^{m} P_{ij} \ln P_{ij} \tag{3-6}$$

7）计算j项指标的权重

公式为：

$$w_j = \frac{1-e_j}{\sum_{j=1}^{n}(1-e_j)} \quad (3-7)$$

8）计算第j项指标的组合权重

公式为：

$$w_j = \beta w_1 + (1-\beta) w_2 \quad (3-8)$$

本研究中，假设两种赋权方法具有相同的重要性，取$\beta=0.5$。

3.5.2 绩效评价指标权重计算过程

将10个项目的21个结果性指标进行整合，并导入SPSS27.0统计分析软件中，通过描述统计将原始数据进行标准化规范，最终得到21个标准化定量因子，然后对标准化定量进行降维处理，得出一系列所需数据。

1. KMO检验和Barlett（巴特利特）球形检验

根据表3-6可知，所选取的指标，其$KMO=0.759>0.7$，显著性<0.001，低于通用的最低可接受标准0.05，即检验的结果为显著，说明检验数据适合进行主成分分析，可以对其选取主成分。

KMO检验和Barlett（巴特利特）球形检验　　　　表3-6

KMO 检验取样适切性量数		0.759
Barlett（巴特利特）球形检验	近似卡方	49.835
	自由度	6
	显著性	<0.001

2. 指标主成分确定

利用SPSS27.0统计分析软件，选择主成分分析方法，采用正交旋转法将因子荷载矩阵实行方差最大旋转，得到表3-7和表3-8的结果。

根据表3-7，判断出21个指标的主成分，可供选取的有三个：第一主成分特征根为$Total=16.375$，第二主成分特征根为$Total=1.866$，第三主成分特征根为$Total=1.475$。虽然21个指标均有特征值，但除上述三个之外，其余特征值均小于1，不符合选取主成分要求。并且，所选取的三个主成分的累计方差贡献率和为93.882%，满足主成分提取要求。

总方差解释 表3-7

成分	初始特征值			提取载荷平方和		
	总计	方差百分比	累计（%）	总计	方差百分比	累计（%）
1	16.375	77.975	77.975	16.375	77.975	77.975
2	1.866	8.884	86.859	1.866	8.884	86.859
3	1.475	7.023	93.882	1.475	7.023	93.882
4	0.695	3.312	97.194			
5	0.297	1.413	98.607			
6	0.149	0.708	99.315			
7	0.120	0.572	99.886			
8	0.020	0.097	99.983			
9	0.004	0.017	100.000			
10	1.145×10^{-15}	5.455×10^{-15}	100.000			
11	5.778×10^{-16}	2.751×10^{-15}	100.000			
12	4.688×10^{-16}	2.232×10^{-15}	100.000			
13	4.158×10^{-16}	1.980×10^{-15}	100.000			
14	2.228×10^{-16}	1.061×10^{-15}	100.000			
15	1.171×10^{-16}	5.576×10^{-16}	100.000			
16	-2.968×10^{-17}	-1.414×10^{-16}	100.000			
17	-1.780×10^{-16}	-8.477×10^{-16}	100.000			
18	-2.475×10^{-16}	-1.179×10^{-15}	100.000			
19	-3.899×10^{-16}	-1.856×10^{-15}	100.000			
20	-5.889×10^{-16}	-2.804×10^{-15}	100.000			
21	-1.265×10^{-15}	-6.022×10^{-15}	100.000			

根据表3-8，通过对旋转后因子成分矩阵进行分析，找到每个主成分中最具代表性的数值。第一个主成分对带动社会有效投资额，拆迁投诉率，废水及废气排放达标率，不利物质条件引起的工程索赔率、新增就业率、资金利用率、水电能源节约率、投资收益率有绝对值较大的负荷系数；第二个主成分对本息覆盖倍数、专项资金到位率、预期收益偏差率、资金使用目标达成率、投资收益偏差率、设计变更率、目标完成情况偏差率、还本付息及时率、配套到位及时率、建设标准合格率、对本行业未来可持续发展的影响有绝对值较大的负荷系数；第三个主成分对安全措施达标合格率、空气质量计划改良率有绝对值较

大的负荷系数。

根据每个指标的具体含义，对主成分进行归类命名，所归类的类别与上述体系构建的指标保持一致。因此，第一主成分可归为项目预期效益，第二主成分归为项目决策，第三主成分则归为项目管理。

旋转后的成分矩阵　　　　　　　　　　　　　表3-8

指标	成分		
	1	2	3
带动社会有效投资额	0.979	0.036	0.144
拆迁投诉率	-0.875	-0.389	0.216
废水及废弃排放达标率	0.810	0.278	0.372
不利物质条件引起的工程索赔率	-0.773	-0.578	-0.102
新增就业率	0.760	0.413	0.428
资金利用率	0.755	0.447	0.381
水电能源节约率	0.738	0.437	0.459
投资收益率	-0.731	-0.574	-0.025
本息覆盖倍数	-0.136	0.940	0.060
专项资金到位率	0.453	0.858	0.217
预期收益偏差率	-0.349	-0.845	-0.072
资金使用目标达成率	0.442	0.838	0.198
投资收益偏差率	0.525	0.789	0.258
设计变更率	-0.572	-0.778	-0.097
目标完成情况偏差率	-0.605	-0.767	-0.170
还本付息及时率	0.575	0.723	0.356
配套到位及时率	0.625	0.686	0.300
建设标准合格率	0.595	0.670	0.415
对本行业未来可持续发展的影响	0.609	0.618	0.484
安全措施达标合格率	0.041	0.054	0.953
空气质量计划改良率	0.540	0.526	0.603

根据上述计算模型，利用因子得分系数和原始变量的标准化值计算各个主成分得分，并依据前文公式得出综合得分：

1）计算$\sqrt{\lambda_i}$与θ_j

$$\sqrt{\lambda_1}=\sqrt{16.375}=4.047$$
$$\sqrt{\lambda_2}=\sqrt{1.866}=1.366$$
$$\sqrt{\lambda_3}=\sqrt{1.475}=1.214$$

根据上述结果计算出各个指标的W_{ij}，如表3-9所示。

各个指标的W_{ij}　　　　　　　　　　　　　　　表3-9
（资料来源：SPSS27.0统计分析软件获取）

指标	w_{1j}	w_{2j}	w_{3j}
Zscore预期收益偏差率	0.242	-0.063	0.075
Zscore建设标准合格率	0.241	-0.014	0.114
Zscore目标完成情况偏差率	-0.241	0.109	0.076
Zscore投资收益偏差率	0.241	-0.031	0.016
Zscore资金使用目标达成率	0.241	0.034	0.161
Zscore资金利用率	0.238	-0.141	0.017
Zscore专项资金到位率	0.234	-0.218	0.010
Zscore配套到位及时率	-0.233	-0.056	0.181
Zscore设计变更率	-0.232	0.145	0.120
Zscore不利物质条件引起的工程索赔率	0.230	0.186	0.100
Zscore安全措施达标合格率	0.229	0.173	0.035
Zscore本息覆盖倍数	0.228	-0.216	-0.001
Zscore还本付息及时率	0.228	0.202	0.070
Zscore投资收益率	0.222	0.076	0.273
Zscore带动社会有效投资额	-0.219	-0.024	0.225
Zscore新增就业率	0.209	0.287	0.012
Zscore拆迁投诉率	-0.204	0.287	0.065
Zscore废水及废弃排放达标率	-0.195	-0.143	0.454
Zscore水电能源节约率	0.180	0.451	-0.214
Zscore空气质量计划改良率	0.138	-0.560	0.086
Zscore对本行业未来可持续发展的影响	0.086	0.174	0.705

2）计算各指标系数得分及综合系数得分

根据表3-7可以得出 α_j，并代入 $F=\alpha_1 F_1+\alpha_2 F_2+\cdots+\alpha_j F_j$，可得出：$F=0.780F_1+0.089F_2+0.070F_3$，具体结果如表3-10所示，各个项目的综合得分如表3-11所示。

各项目主成分得分　　　　　　　　　　　　　　　　表3-10

项目	F_1	F_2	F_3
1	1.287	-0.451	0.195
2	1.078	0.157	0.772
3	-3.030	1.218	-1.582
4	-2.696	1.499	-1.906
5	-0.817	0.356	-0.402
6	0.837	-0.378	0.923
7	0.221	-1.160	-0.747
8	1.665	-0.333	0.558
9	0.097	-0.742	0.496
10	1.357	-0.166	1.692

各个项目的综合得分　　　　　　　　　　　　　　　表3-11

项目	综合得分F
8	1.308
10	1.162
1	0.977
2	0.909
6	0.684
9	0.044
7	0.017
5	-0.634
4	-2.103
3	-2.366

3.5.3 熵权法计算指标权重

1. 一级指标的权重计算

根据主成分分析法已得出各个项目的主成分得分数,对其进行数据的标准化处理,以消除指标间属性与量纲的差异。由于项目决策、项目管理、项目预期效益作为一级指标属性正向性指标,所以进行标准化处理时,选取公式(3-3)。

主成分数据的标准化结果如表3-12所示,一级指标的权重结果如表3-13所示。

主成分数据的标准化结果　　　　　　表3-12

项目	项目预期效益	项目决策	项目管理
1	5.623	1.633	3.148
2	5.497	2.039	3.489
3	3.030	2.746	2.097
4	3.231	2.934	1.906
5	4.359	2.171	2.795
6	5.353	1.682	3.578
7	4.983	1.160	2.591
8	5.850	1.712	3.362
9	4.908	1.439	3.326
10	5.665	1.823	4.032

一级指标的权重结果　　　　　　表3-13

	项目预期效益	项目决策	项目管理	合计
信息熵	0.9909	0.9840	0.9899	
权重	0.2603	0.4495	0.2902	1

2. 二、三级指标的权重计算

二级指标的权重计算过程与一级指标计算步骤一致,对原始数据做归一化处理,并计算其权重分配。需要特别注意的是,在进行熵值求权数时,采用的公式存在对数运算,负值无法参与运算,所以需要对负值数据进行归零化处理。归零化处理的数据将不参与熵值求权数过程。三级指标的权重计算过程为:先对三级指标进行权重分配,再对三级指标进行二级指标归类，求出同类指标的权重和，最后计算出三级指标占同类指标权重和的比例即可算出三级指标的权重。

根据以上步骤，得出基础设施类地方政府专项债券项目绩效评价指标体系的权重，结果如表3-14所示。

基础设施类地方政府专项债券项目绩效评价指标体系的权重　　　　表3-14

一级指标		二级指标		三级指标		结果性指标	
项目决策	0.4495	项目合规性	0.4654	立项依据充分性	0	"降档评级"式指标	0
				流程规范性	0	"降档评级"式指标	0
				项目可行性及必要性	0	"一票否定"式指标	0
				项目公益性及收益性	1	预期收益偏差率	1
				项目投资合规性	0	"一票否定"式指标	0
		绩效目标合理性	0.3794	绩效目标合理性	0.0084	建设标准合格率	0.0084
				绩效目标明确性	0.9916	目标完成情况偏差率	0.9916
		需求合理性	0.1552	财务分析合理性	0.5449	投资收益偏差率	0.5449
				债券资金需求合理性	0	"一票否定"式指标	0
				资金使用计划合理性	0.4551	资金使用目标达成率	0.4551
		风险可控性	0	偿债计划可行性	0	"一票否定"式指标	0
				偿债风险可控性	0	"降档评级"式指标	0
项目管理	0.2902	资金落实	0.2303	资金来源可行性	0.0145	资金利用率	0.0145
				资金到位可行性	0.7299	专项资金到位率	0.7299
				资金到位及时性	0.2556	配套到位及时率	0.2556
		实施准备性	0.7697	项目勘察设计	0.4650	设计变更率	0.4650
					0.5350	不利物质条件引起的工程索赔率	0.5353
				项目安全可控性	0	安全措施达标合格率	0
				招标投标组织实施	0	"一票否定"式指标	0
项目预期效益	0.2603	经济效益	0.2865	本息覆盖倍数	0.1993	本息覆盖倍数	0.1993
				还本付息及时率	0.0292	还本付息及时率	0.0292
				投资收益率	0.7715	投资收益率	0.7715
				项目预期收益与项目本息是否平衡	0	"降档评级"式指标	0

续表

一级指标		二级指标		三级指标		结果性指标	
项目预期效益	0.2603	社会效益	0.4483	与政策方针符合性	0	"一票否定"式指标	0
				与法律法规相符性	0	"一票否定"式指标	0
				带动社会有效投资	0	带动社会有效投资额	0
				新增就业率	0.5575	新增就业率	0.5575
				拆迁投诉率	0.4425	拆迁投诉率	0.4425
		生态效益	0.2832	废水废气排放达标率	0.1617	废水废气排放达标率	0.1617
				水电能源节约率	0.0042	水电能源节约率	0.0042
				空气质量计划改良率	0.8341	空气质量计划改良率	0.8341
		可持续影响	0	对本行业未来可持续发展的影响	1	积极/良好/不优秀	1

| 第4章 |

新基建类地方政府专项债券项目绩效评价

4.1 新基建类地方政府专项债券项目绩效评价概述

新基建,即新型基础设施建设。2018年的中央经济工作会议确定2019年重点工作任务时提出"加强人工智能、工业互联网、物联网等新型基础设施建设"。这是新基建首次出现在中央层面的会议中。2019年7月,中共中央政治局召开会议,提出"加快推进信息网络等新型基础设施建设"。2020年1月,国务院常务会议确定促进制造业稳增长的措施时,提出"大力发展先进制造业,出台信息网络等新型基础设施投资支持政策,推进智能、绿色制造"。2020年3月,中共中央政治局常务委员会召开会议,强调"要加大公共卫生服务、应急物资保障领域投入,加快5G网络、数据中心等新型基础设施建设进度"。2020年4月,习近平总书记强调,要抓住产业数字化、数字产业化赋予的机遇,加快5G网络、数据中心等新型基础设施建设,抓紧布局数字经济、生命健康、新材料等战略性新兴产业、未来产业,大力推进科技创新,着力壮大新增长点、形成发展新动能。概括来说,新基建主要包括5G基站建设、特高压、城际高速铁路和城市轨道交通、新能源汽车充电桩、大数据中心、人工智能、工业互联网七大领域,涉及诸多产业链,是以新发展为理念、以技术创新为驱动、以信息网络为基础,面向高质量发展需要,提供数字转型、智能升级、融合创新等服务的基础设施体系。

新基建将会构建支撑中国经济新动能的基础网络,给中国的新经济带来巨大的加速度,同时也会带动形成短期及长期的经济增长点。由于新基建项目与传统基建项目相比其投资规模更大、工期更久,故新基建对中国经济的影响周期更长、范围更广。据相关统计,2020年新基建七个主要领域的投资规模约1.2万亿元,预计"十四五"时期,新基建投资规模将超过15万亿元。可见,新基建领域面临着较大的资金需求。为此,《国务院关于印发扎实稳住经济一揽子政策措施的通知》(国发〔2022〕12号)指出,要加快地方政府专项债券发行使用并扩大支持范围,在前期确定的交通基础设施、能源、保障性安居工程等九大领域基础上,适当扩大专项债券支持领域,优先考虑将新型基础设施、新能源项目等纳入支持范围。此外,2022年8月30日,财政部发布了上半年中国财政政策执行情况报告。报告指出,按照国务院部署要求,研究合理扩大专项债券使用范围,在现有交通基础设施、能源、生态环保、保障性安居工程等领域基础上,明确将新能源、新基建领域符合条件的政府投资项目纳入地方政府专项债券支持范围,助力新兴产业发展。因此,新基建类地方政府专项债券项目属于地方政府专项债券的一种。可见,开展新基建类地方政府专项债券项目绩效评价的研究工作,具有迫切的现实意义。

然而,新基建类地方政府专项债券项目绩效评价存在以下问题:

(1)新基建类地方政府专项债券项目绩效评价指标体系尚未完全建立,相关指标体系和评价流程不健全。为加强地方政府专项债券项目资金绩效管理,提高专项债券资金使用效益,有效防范政府债务风险和更好地发挥地方政府专项债券的重要作用,国务院、财政部等部门印发了一系列加强地方政府专项债券发行和绩效管理相关办法，如《中共中央办公厅 国务院办公厅印发〈关于做好地方政府专项债券发行及项目配套融资工作〉的通知》，以及《关于印发〈地方政府债券发行管理办法〉的通知》（财库〔2020〕43号）和前文提及的61号文等。然而，对于新建类地方政府专项债券项目，目前尚无可借鉴的、成熟的绩效评价体系。面对纳入新基建投资资金范围的地方政府专项债券资金，如何规范资金的使用、管理和提高专项资金的使用效益，是目前新基建类地方政府专项债券项目面临的现实问题。

（2）传统的政府支出项目绩效评价指标体系难以满足新基建类地方政府专项债券项目绩效评价的现实需要。根据《财政部关于印发〈地方政府专项债券发行管理暂行办法〉的通知》（财库〔2015〕83号），地方政府专项债券期限为1~10年。各地综合考虑项目建设、运营、回收周期和债券市场状况等合理确定，但一般周期在7~10年。可见，地方政府专项债券的回报期较一般项目更长，既有政府投资项目绩效评价指标体系难以满足新基建类地方政府专项债券项目绩效评价的长周期需要。

基于此，亟须开展新基建类地方政府专项债券项目绩效评价的相关研究，为我国深化预算管理制度改革提供支撑，为地方有效运用政府专项债券资金投资、合理开展新基建项目建设和管理提供指引。

4.2 绩效评价指标体系构建研究设计

4.2.1 绩效评价指标初选研究设计

随着我国新基建类地方政府专项债券项目的投资规模逐渐加大，新基建类地方政府专项债券项目的绩效评价工作受到社会各方的密切关注。但是由于新基建类地方政府专项债券项目的多样性以及周期长的特点，导致目前还没有一套完整统一的新基建类地方政府专项债券绩效评价指标体系。基于此，本节将对新基建类地方政府专项债券绩效评价指标集的选取进行研究设计。在进行指标的初选时，根据新基建类地方政府专项债券项目的特点和研究背景，本研究主要使用分析法与文献勾选法，在指标的优化与完善时，主要借助专家访谈法对指标进行选定。

1. 绩效评价指标的初选

绩效评价指标的初选设计的主要目的是构建出绩效评价指标的大致框架，尽可能列出完整的绩效评价指标体系，为后续的研究工作打下基础。为了使指标更为全面，因此，可使选取的指标具有重复性，"只求最全不求最优"，在后续的指标的优化与完善以及指标的确定阶段可将这些指标剔除。传统的指标初选方法主要有分析法、综合法、交叉法、指标属性分组法，此外还有文献勾选法和专家咨询法等。

1）分析法

分析法是指将绩效评价体系的研究对象和目标分解成若干个不同的方面，逐步进行细分，直到每一个方面都可以用绩效评价指标进行描述，这是指标初选最基本也是最常用的方法。在运用该方法时，可以对具体的参考文献或参考办法进行分析并选出绩效评价指标。该方法建立出的指标比较系统且层次分明，但是局限性大，选取的指标可能不太完整，该方法适用于层次较为分明的指标体系的构建。

2）综合法

综合法是将现有的某些因素按照一定的标准进行分类，并将其系统化，由此建立起绩效评价指标体系。对于绩效评价指标已经成熟的情况，可以省略掉中间环节，直接进行指标的初建，如可以在科研院所拟定的绩效评价指标体系的基础上，进行分类整理，使之条理化以后形成绩效评价指标体系。该方法构建出的指标较为完整，且方法简单，但是指标间的关系不够明确，适用于绩效评价指标体系较为完善的情况。

3）交叉法

交叉法是指将绩效评价指标通过多维交叉，最终得到相应的绩效评价指标的方法。例如想要获得"经济效益指标"时，可以用"产出指标"和"投入指标"进行二维的交叉，交叉点为"经济效益指标"。交叉法的属性分类清晰，逻辑关系强，但是工作量大，当指标处于初级阶段时使用该方法较为合适。

4）指标属性分组法

绩效评价指标有不同的表现形式，也有不同的属性。因此在绩效评价指标的初选时，可以先将指标分类，例如分析"动态指标"和"静态指标"，或者"定性指标"和"定量指标"，或者"正向指标"和"负向指标"等，从不同属性角度以及结合的方法构建绩效评价指标体系。该方法指标的性质比较清晰，但是没有系统性，适用于绩效评价指标较为简单的情况。

5）文献勾选法

文献勾选法是指对相似研究方向的文献进行整理并用打对勾的方法，对指标进行分类整理并记录频数，选取出绩效评价指标体系。在选取过程中，应注意对资料的整理，要全面且完整，这个过程相对复杂。因此，若要运用文献勾选法，就应该在对文献进行整理时开始这类工作。该方法选取出的绩效评价指标相对完整，但是该方法主观性较强，有时候选取出的指标会有重复或者无法使用，对于复杂的指标体系不适用。

6）专家咨询法

专家咨询法是对相关领域的专家进行访谈，对指标的选取给出一定的建议，从而获得绩效评价指标体系的方法。该方法通常选取出的指标不完整且没有说服力，因此为了使选取的指标更加全面，该方法经常与其他方法进行结合。该方法虽然操作起来简单，但是主观性太强，一般不建议单独使用。

以上各种方法的优缺点及适用范围如表4-1所示。

绩效评价指标初选方法对比   表4-1

方法	优点	缺点	适用范围
分析法	指标比较系统且层次分明	选择的指标局限性大，可能使得指标不完整	目标系统划分较为明确的情况
综合法	构建出的指标比较完整，且操作简单	绩效评价指标之间的相互关系不易分清楚	在已有完善的绩效评价指标体系的基础上
交叉法	绩效评价指标的属性分类清晰，逻辑关系强	工作量大且指标的局限性较大	绩效评价指标处于初步阶段
指标属性分组法	指标的性质比较清晰，容易构建指标体系	指标没有系统性，缺乏科学可行性	绩效评价指标较为简单的情况
文献勾选法	可与其他方法进行辅助，该方法构建出的绩效评价指标更为全面，一般不会遗漏重要指标	工作量大，主观性较强，会受研究者水平的影响	绩效评价指标体系较为简单的情况
专家咨询法	操作简单，容易获取信息	主观性较强，获取的信息不完整	绩效评价指标体系较为简单的情况
问卷调查法	可以发挥被调查者的主观能动性，集思广益	在绩效评价指标比较复杂时，不容易获得相对好的观点	概念性的绩效评价指标提出或假设时

本研究是根据61号文构建绩效评价指标，并在《项目支出绩效评价管理办法》附件中的指标框架的基础上对指标进一步选取和完善。综合上述方法的优缺点和适用范围，确定本研究对绩效评价指标的初选方法为分析法和文献勾选法。分析法和文献勾选法相结合不易遗漏绩效评价指标，从而可以初步构建出新基建类地方政府专项债券绩效评价指标体系。

2．绩效评价指标的优化与完善

绩效评价指标初选完成后，并不意味着指标选取工作已经完成。指标初选只是确定了指标的全部可能性，但是仍有很多指标相互之间具有重复性或者不可使用性。因此，新基建类地方政府专项债券项目绩效评价的初选指标并不是"最优可行集"，仍要采取一些方法筛选和确定最终的指标。

评价指标优化与完善的方法有定性的方法和定量的方法。常见的定性的方法有专家访谈法、问卷调查法和经验总结法，定量的方法主要有平均方差法、离差法、聚类分析法以及主成分分析法等。具体介绍如下：

1）专家访谈法

专家访谈法主要是通过对相关领域的专家或教授进行访谈，将初步得出的绩效评价指标通过见面或者发邮件的形式传递给专家或教授，让他们给出一定的意见，研究者将教授或专家给出的意见整合起来形成最终的绩效评价指标体系。该方法虽然操作简单，指标的优化与完善比较容易实现，但是主观性较强，适用于客观优化方法受限的情况。

2）问卷调查法

问卷调查法是指将所需要的研究以问卷调查的形式发送给相关领域的工作人员，可以将所有的指标进行分类，分批发送给一定的人群进行指标的优化与完善。该方法将所有人的想法整合到一起，集思广益，可得性高，但是受被调查人的经验影响较大，适用于指标体系比较完善的情况。

3）经验总结法

经验总结法是通过自己的经验对初步指标进行总结并优化完善，从而得出自己的结论，达到对绩效评价指标优化与完善的目的。该方法由于主要依靠调查者的经验和能力，因此主观性较强，缺乏说服力，适用于绩效评价指标处于初级阶段的情况。

4）平均方差法

平均方差法是计算初步确定的绩效评价指标的离散程度，对于离散程度较小的绩效评价指标进行剔除，得出最终的绩效评价指标。计算过程简单易操作，但是对数据的要求较高，会因为个别数据影响结果，适用于数据较全的绩效评价指标。

5）离差法

离差法是计算初步确定的绩效评价指标的数值差异，将差异值较小的绩效评价指标剔除，确定出绩效评价指标。该方法计算过程简单，对数据要求较高，适用于有统一量纲的绩效评价指标。

6）聚类分析法

聚类分析法是在绩效评价指标的类别确定的条件下，对每类指标选取一个或若干个有代表性的绩效评价指标，最后构建出绩效评价指标体系。该方法能够有效地减少绩效评价指标的数量，但也容易遗漏一些重要指标，适用于绩效评价指标类别划分明确的情况。

以上各种方法的优缺点及适用范围如表4-2所示。

绩效评价指标优化与完善的方法对比　　表4-2

类别	方法	优点	缺点	适用范围
定性筛选方法	专家访谈法	操作简单，指标的优化与完善比较容易完成	主观性较强，受专家或教授的经验影响较大	适用于客观优化条件受限的情况
定性筛选方法	问卷调查法	集思广益，可得性较高	受被调查人的经验影响大，主观性较强	适用于已有完善的绩效评价指标体系的基础上
定性筛选方法	经验总结法	对指标的优化与完善确定非常容易实现	主观性较强	适用于绩效评价指标体系处于初步的阶段
定量筛选方法	平均方差法	计算过程简单易操作	对数据的准确性要求较高，可能会因为个别数据的误差而影响总体	适用于数据较全的绩效评价指标
定量筛选方法	离差法	数据的计算过程简单易操作	要求数据有统一的量纲，对数据的要求较高	适用于有统一的量纲、绩效评价指标的数量比较稳定等情况

续表

类别	方法	优点	缺点	适用范围
定量筛选方法	聚类分析法	有效地减少绩效评价指标的数量，计算过程较为简单	在绩效评价指标分类不确定的情况下，容易漏掉重要的绩效评价指标，结果不准确	适用于绩效评价指标类别划分明确的情况

根据上述分析，定量筛选方法过于依赖计算结果且计算结果易有误差，根据新基建类地方政府专项债券项目的绩效评价指标的特点，确定指标的优化与完善的方法为专家访谈法与经验总结法相结合的方法。为减少主观性强带来的误差，选取多个专家进行同步优化，并根据专家意见进行总结，形成最终的绩效评价指标体系。

4.2.2 定性指标定量化研究设计

前序步骤确定的绩效评价指标几乎都为定性指标，直接根据定性指标进行绩效评价，过于主观化。而由于没有完整的数据，也没有具体的评价依据，在实际操作中相对困难，也易造成最终评价结果的不科学。因此，要对定性指标进行定量化，以根据定量化的结果得出具体的绩效评价结果（得分）。

常见的定性指标定量化的方法主要有专家打分法、二元相对比较法、模糊数学法、格栅获取法以及指标替代法等。具体介绍如下：

1. 专家打分法

专家打分法是指专家在一定的规定和规范下，运用打分的方式，得出最终的评价结果。该方法虽然对数据的要求低且操作简单，但是主观性太强，受专家的经验影响较大，适用于已有评分标准，且对精确度要求不高的评价指标。

2. 二元相对比较法

二元相对比较法是指将定性指标两两比较，再转换为系统的总排序，从而实现定量化评价的方法。该方法能够用数值来反映不同指标的大小，针对性较差，适用于较少的定性指标的定量化设计。

3. 模糊数学法

模糊数学法是指在某一条件下，通过对每个指标进行评价，然后对每个指标赋予权重，最后运用模糊矩阵综合计算绩效评价结果，进而实现指标的量化。该方法操作简单，但是会受专家数量的影响，适用于描述客观事实的指标定量化分析。

4. 格栅获取法

一个格栅是由元素或属性组成，每一个元素都可以被属性描述，对各指标的实现程度进行打分，最终得到完整的格栅。该方法方便、快捷，但是主观性大，结果不一定准确，适用于可以使用程度性描述的指标。

5. 指标替代法

指标替代法指的是通过项目的进展过程，预测最终可能出现的结果，通过这些结果选择量化指标，在最终评价时，通过这些量化后的指标进行综合评价。该方法具有针对性，但是太容易遗漏重要的替代指标，适用于大多工程项目的指标定量化。

以上各种方法的优缺点及适用范围如表4-3所示。

绩效评价定性指标的定量化的方法对比　　　　　　表4-3

方法	优点	缺点	适用范围
专家打分法	对数据的要求不高，且运用起来相对容易实现指标的定量化评价	主观性太强，受专家或教授的经验影响较大	适用于已有相应的评分标准，且对精确度要求不高
二元相对比较法	能够用数值反应不同指标间的大小	针对性较差	适用于较少的定性指标定量化设计
模糊数学法	对指标定量化非常容易实现	会受到专家数量的影响	适用于描述客观事实的定性指标定量化
格栅获取法	对指标的实现程度进行分档评价，方便、快捷	受评价者的主观影响较大，评价结果不一定准确	适用于可以使用程度性描述的指标
指标替代法	较为简单，对数据有针对性，结果较准确	容易遗漏重要的替代指标	适用于工程项目的绩效评价指标定量化

基于上述分析，结合新基建类地方政府专项债券项目的特点，较为合适的方法有专家打分法和指标替代法。然而，专家打分法主观性过于强，对评价结果会产生极大的影响，故不宜使用专家打分法。其他的方法过程较为繁琐、计算量大。因此，优先考虑指标替代法。然而，指标替代法要求研究者有一定的经验，需要对相关项目有足够的了解。因此，本研究将使用分析法与指标替代法相结合的方法，以结果为导向，找出替代指标。

4.2.3 绩效评价指标权重确定研究设计

构建一套完整的新基建类地方政府专项债券绩效评价指标体系，必须对指标的权重进行赋值计算。由于指标的重要程度不同，如果没有对指标进行权重的计算，每个指标重要程度都相同，将会因某些指标的得分相对过高或过低而对评价结果产生影响。因此，必须对指标的权重进行计算，以保障评价结果的可信性。

国内外对绩效评价指标的权重计算的方法有很多，主要包括客观赋权法和主观赋权法。客观赋权法是指通过收集数据，对这些数据进行分析，从而得到指标权重的方法；主观赋权法是指凭借研究者或者相关领域的专家或教授的经验对指标进行赋权。常见的主观赋权法有专家咨询法、层次分析法、序关系分析法等，常见的客观赋权法有熵权法、主成分分析法等。

1. 专家咨询法

专家咨询法主要是通过对专家进行咨询的方式确定指标的权重，该方法主观性较强，一般与客观赋权法相结合使用。该方法适用于已有评分标准，且对权重结果精确度要求不高的评价指标。

2. 层次分析法

层次分析法首先将一些复杂的因素按照规定分解成递阶层次结构，将指标进行两两对比，对指标进行排序，根据一定的规则，对两个指标间的相对重要程度进行赋值，通过计算合理地给出各个指标的权重，再通过检验最终的结果是否准确，若准确，计算结束；若不准确，循环之前的步骤进行计算。该方法不需要搜集大量数据，但在一致性检验时比较难以实现，适合较少指标权重的确定。

3. 序关系分析法

序关系分析法是一种既有主观赋权又有客观计算的方法，该方法摒弃了层次分析法的缺点，是一种改进型的方法，不需要构造矩阵也不需要最终一致性的判断。该方法相对来讲比较简单，精确度较高，适合与其他方法相结合进行指标的赋权。

4. 熵权法

熵权法主要依靠数据的离散程度，即将所有数据集合起来，计算离散程度，并根据数据下相应的指标计算权重。该方法可以使用软件进行计算，对数据的要求较高，对软件的使用要求也较高，适用范围较广。

5. 主成分分析法

主成分分析法主要是通过对指标进行降维，将相关性较强的大量指标用一种或少量指标替代从而达到简化的目的，进而对指标进行权重的确定的一种方法。在使用该方法前，应先计算相关系数矩阵R，满足条件可使用。该方法能够消除指标间的相关性，但是在降维过程中变量的含义就变得模糊，适用于指标统计的数据间具有强相关性的指标。

以上各种方法的优缺点及适用范围如表4-4所示。

绩效评价指标的权重计算方法对比　　　　　　　表4-4

类别	方法	优点	缺点	适用范围
主观赋权法	专家咨询法	不需要搜集过多的数据，比较容易完成	主观性太强，受专家或教授的经验影响较大	适用于已有相应的评分标准，且对权重的精确度要求不高的情况
	层次分析法	不需要搜集数据，计算快捷且具有科学性	检验时绩效评价指标的权重通常难以满足要求	适用于较少定性指标的定量化设计
	序关系分析法	指标权重的计算简单且方便	权重计算的结果容易受到专家经验和知识的影响	适用于和客观赋权法相结合的绩效评价指标的权重计算

续表

类别	方法	优点	缺点	适用范围
客观赋权法	熵权法	可以剔除绩效评价指标中不重要的指标，客观性较强	适用范围有限，解决的问题有限，只适合在权重的计算过程中使用	适用于任何绩效评价指标的权重计算
	主成分分析法	能够消除指标间的相关性，评估结果是真实可靠的	对数据要求较高，且在降维过程中变量的含义没有那么清楚	适用于统计的相关评价指标的数据间具有较强相关性的绩效评价指标

新基建类地方政府专项债券项目的绩效评价能够有效推进政府的财政管理向精细化、科学化的方向前进。因此，绩效评价指标的权重确定也必须要有较高的精确度。根据上述分析，专家咨询法带有主观性，容易影响最终结果的科学性。因此，在对新基建类地方政府专项债券项目绩效评价指标的权重确定中，明显不适合单独使用该方法。此外，层次分析法在检验时相对复杂，客观赋权法要求大量的数据，因而工作量较大，计算出的研究结果与实际可能不符。序关系分析法计算的过程相对简单，且计算出的精度相对较高，权重的确定时也使用了数据的计算，结果具有一定的说服力。因此，序关系分析法比较适用于本研究的指标权重确定。然而，将所有指标一起计算相对复杂。因此，根据新基建类地方政府专项债券绩效评价指标体系的特点，本研究采取序关系分析法和专家咨询法对绩效评价指标的权重进行确定，从而使得权重计算结果更加合理科学。

4.3 新基建类地方政府专项债券项目绩效评价指标初选

4.3.1 绩效评价指标选取的原则及依据

1．绩效评价指标选取的原则

1）完整性原则

根据61号文以及相关参考文献对指标进行选取和完善，按照"决策—过程—产出—效益"的逻辑方式构建指标体系。在这个过程中，要求指标的选取尽可能完整没有遗漏，否则会导致评价结果不准确。

2）科学性原则

绩效评价指标的选取要有科学性，即要根据项目的特点，选取相关的指标。根据文献随意选取指标或是增加指标，都是不合理以及不科学的，选取的指标在理论上要有充分的依据，符合新基建地方政府专项债券项目的特点。

3）完备性原则

选取出的绩效评价指标一般会存在不可重复或者不可行的指标，要保证最终选取出的绩效评价指标是"最优可行集"。因此，要对绩效评价指标进行反复筛选，从而确定最终的绩效评价指标集。

4）重要性原则

绩效评价指标的范围很广，但是应该选取同类型中重要程度相对较高的绩效评价指标，要在此类型中具有代表性。

2．绩效评价指标选取的依据

1）一级指标的选取依据

一级指标根据《项目指出绩效评价指标体系框架》进行选取，并根据61号文进行确定，一级指标尽可能完善，并酌情添加"可持续"指标。

2）二、三级指标的选取依据

二、三级指标的选取主要根据相关文献采用文献勾选法进行选取和完善，并根据现有研究成果、专家的意见以及新基建地方政府专项债券项目的特点来确定。

4.3.2 新基建类地方政府专项债券项目绩效评价指标集的初步选取

1．一级指标的初步选取

根据一级指标的选取依据，初步的一级指标可以确定为"决策—过程—产出—效益—可持续"。

2．二、三级指标的初步选取

根据二、三级指标的选取依据，通过对框架的研究、相关办法和文献的分析研究，进行指标的初步选取，对于二、三级指标的初选，本研究采用文献勾选法，具体勾选结果如表4-5所示。

4.3.3 指标的初选结果

根据上述的勾选结果，可以发现大多数的指标统计数集中在3~11之间，为了保证初选的绩效评价指标的完全性，保证指标不被遗漏，将这些所有指标作为初步确定的指标，有些统计数为1、2的指标，是根据最新要求确定的指标，将这些指标也选取在内。综上所述，可以得出决策、过程、产出、效益以及可持续阶段的二、三级指标开发结果。

1．决策的二、三级指标开发结果

对一级指标决策开发出四个二级指标，包括事前评估、项目立项、资金投入和举债决策。其中，根据二级指标事前评估开发出两个三级指标，包括申请债券资金必要性和申请债券资金可行性；项目立项开发出四个三级指标，包括项目立项批复情况、符合专项债券支持领域和方向情况、绩效目标合理性以及实施准备情况；资金投入开发出四个

二、三级指标确定过程

表4-5

	指标来源	61号文	新基建可行性研究报告	框架中指标说明	徐军伟	温来成	张平	张晓庆	吴瑞珠	陈鸿	庞立红	张俊杰	韦小泉	李兰霞	祝光德	合计
决策的二级指标	事前评估	√	√		√	√					√		√	√		7
	项目立项	√	√	√					√				√			5
	资金投入		√	√									√			3
	举债决策	√	√		√							√				4
过程的二级指标	财务管理	√	√		√				√						√	5
	组织管理			√	√								√			3
	信息公开	√		√									√			3
	业务管理									√						1
产出的二级指标	产出成本	√		√		√	√	√	√				√			7
	产出时效	√		√	√		√	√	√							6
	产出数量	√		√	√			√	√				√			6
	产出质量	√		√	√			√	√	√	√		√			8
效益的二级指标	经济效益	√		√	√	√	√			√	√		√			8
	社会效益	√	√	√	√	√			√	√	√		√			9
	生态效益	√	√	√	√	√				√	√		√			8
	综合效益	√										√				2
	满意度	√	√	√					√		√	√	√			7

续表

指标来源		61号文	新基建可行性研究报告	框架中指标说明	徐军伟	温来成	张平	张晓庆	吴瑞珠	陈鸿	庞立红	张俊杰	韦小泉	李兰霞	祝光德	合计
可持续的二级指标	项目及资金可持续性	√														2
	可持续影响	√														2
	申请债券资金必要性	√	√		√	√		√						√		6
	申请债券资金可行性	√	√		√	√		√					√	√		7
	绩效目标合理性	√	√	√					√		√	√	√	√		8
	实施准备情况	√	√	√								√				4
决策的三级指标	项目立项批复情况	√	√		√											3
	资金额度匹配性	√						√	√		√	√		√		5
	债务计划合理性		√		√			√	√			√	√			5
	资金落实	√							√	√	√					3
	符合专项债券支持领域和方向的情况	√			√			√				√	√	√		4
	资金筹集		√													1
	绩效目标清晰、一致性	√		√	√				√							4

续表

指标来源		61号文	新基建可行性研究报告	框架中指标说明	徐军伟	温来成	张平	张晓庆	吴瑞珠	陈鸿	庞立红	张俊杰	韦小泉	李兰霞	祝光德	合计
过程的三级指标	债券资金使用合规性	✓			✓						✓	✓	✓			6
	资产备案和产权登记情况	✓														1
	资金管理有效性	✓		✓				✓							✓	5
	偿债能力	✓										✓		✓		3
	项目资金管理		✓	✓		✓					✓					4
	债务与项目进度资金匹配性	✓	✓													2
	制度执行有效性			✓		✓			✓	✓						4
	问题整改情况	✓														1
	专项债券信息公开	✓			✓							✓				3
	信息系统管理	✓														1
	项目安全								✓					✓	✓	3

续表

指标来源		61号文	新基建可行性研究报告	框架中指标说明	徐军伟	温来成	张平	张晓庆	吴瑞珠	陈鸿	庞立红	张俊杰	韦小泉	李兰霞	祝光德	合计
产出的三级指标	项目运营成本	✓						✓					✓			3
	完成项目成本	✓				✓		✓						✓	✓	5
	债券资金实际成本	✓			✓											2
	项目完成率	✓		✓	✓				✓	✓			✓	✓	✓	8
	完成及时性	✓		✓				✓	✓				✓	✓		6
	提供公共产品和服务情况	✓										✓				2
	项目完成质量	✓				✓		✓	✓	✓		✓	✓	✓		8
效益的三级指标	财务效益	✓									✓	✓	✓			4
	支持国家重大区域发展战略情况	✓										✓	✓			3
	带动社会有效投资的情况	✓								✓			✓			3
	绿化情况								✓							1
	污染排放情况								✓							1

续表

指标来源		61号文	新基建可行性研究报告	框架中指标说明	徐军伟	温来成	张平	张晓庆	吴瑞珠	陈鸿	庞立红	张俊杰	韦小泉	李兰霞	祝光德	合计
效益的三级指标	节能效果	√														1
	项目直接服务对象满意度		√		√	√		√	√	√	√	√	√			11
可持续的三级指标	资金可持续性				√	√								√		3
	项目可持续必要性				√	√					√					3
	项目所处区域影响的可持续性			√		√			√							3

三级指标，包括资金额度匹配性、债务计划合规性、资金落实和资金筹集；举债决策开发出一个三级指标，绩效目标清晰、一致性。具体指标如图4-1所示。

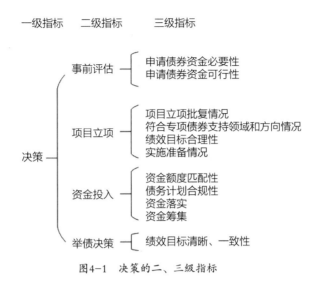

图4-1 决策的二、三级指标

2．过程的二、三级指标开发结果

对一级指标过程开发出四个二级指标，包括财务管理、组织管理、信息公开和业务管理。其中，根据二级指标财务管理开发出五个三级指标，包括债券资金使用合规性、资金管理有效性、偿债能力、项目资金管理和债券与项目进度资金匹配性；组织管理开发出三个三级指标，包括项目安全、制度执行有效性和问题整改情况；业务管理开发出两个三级指标，包括信息系统管理、资产备案和产权登记情况；信息公开开发出一个三级指标，专项债券信息公开。具体指标如图4-2所示。

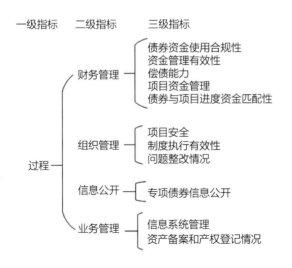

图4-2 过程的二、三级指标

3. 产出的二、三级指标开发结果

对一级指标产出开发出四个二级指标，包括产出成本、产出时效、产出数量和产出质量。其中，根据二级指标产出成本开发出三个二级指标，包括完成项目成本、债券资金实际成本和项目运营成本；产出时效开发出一个三级指标，即完成及时性；产出数量开发出两个三级指标，包括项目完成率及提供公共产品和服务情况；产出质量开发出一个三级指标，即项目完成质量。具体指标如图4-3所示。

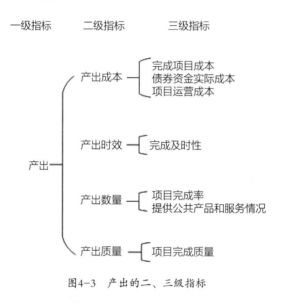

图4-3 产出的二、三级指标

4. 效益的二、三级指标开发结果

对一级指标效益开发出五个二级指标，包括经济效益、社会效益、生存效益、综合效益和满意度。其中，根据二级指标经济效益开发出财务效益和支持国家重大区域发展战略情况两个三级指标；社会效益开发出带动社会有效投资的情况一个三级指标；生态效益开发出三个三级指标，包括绿化情况、污染排放情况和节能效果；满意度开发出项目直接服务对象满意度一个三级指标。具体指标如图4-4所示。

5. 可持续的二、三级指标开发结果

对一级指标可持续开发出两个二级指标，包括项目及资金可持续性以及可持续影响。其中，根据二级指标项目及资金可持续性，开发出两个三级指标，包括资金可持续性和项目可持续必要性；针对可持续影响，开发出项目所处区域影响的可持续性这一个三级指标。具体指标如图4-5所示。

综上所述，新基建地方政府专项债券绩效评价三级指标的初步确定结果如表4-6所示。

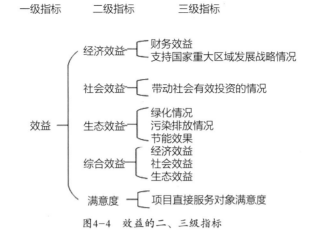

图4-4 效益的二、三级指标

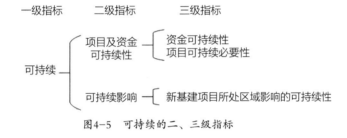

图4-5 可持续的二、三级指标

新基建类地方政府专项债券项目绩效评价指标初选结果　　表4-6

一级指标	二级指标	三级指标
决策	事前评估	申请债券资金必要性
		申请债券资金可行性
	项目立项	项目立项批复情况
		符合专项债券支持领域和方向情况
		绩效目标合理性
		实施准备情况
	资金投入	资金额度匹配新
		债务计划合规性
		资金落实
		资金筹集
	举债决策	绩效目标清晰、一致性
过程	财务管理	债券资金使用合规性

第4章　新基建类地方政府专项债券项目绩效评价　· 075

续表

一级指标	二级指标	三级指标
过程	财务管理	资金管理有效性
		偿债能力
		项目资金管理
		债券与项目进度资金匹配性
	组织管理	项目安全
		制度执行有效性
		问题整改情况
	信息公开	专项债券信息公开
	业务管理	信息系统管理
		资产备案和产权登记情况
产出	产出成本	完成项目成本
		债券资金实际成本
		项目运营成本
	产出时效	完成及时性
	产出数量	项目完成率
		提供公共产品和服务情况
	产出质量	项目完成质量
效益	经济效益	财务效益
		支持国家重大区域发展战略情况
	社会效益	带动社会有效投资的情况
	生态效益	绿化情况
		污染排放情况
		节能效果
	综合效益	经济效益
		社会效益
		生态效益
	满意度	项目直接服务对象满意度
可持续	项目及资金可持续性	资金可持续性
		项目可持续必要性
	可持续影响	新基建项目所处区域影响的可持续性

4.3.4 绩效评价指标的优化与完善

由于初选时考虑的仅仅是绩效评价指标的完整性,并未考虑指标的"最优集",可能存在指标缺失、重复或者不可行的情况。因此,本研究选取专家访谈法,通过询问相关领域的教授或研究人员,并将得出的结果通过自己的经验进行总结并筛选,从而得出最终的新基建类地方政府专项债券绩效评价指标集。

为了确保优化与完善出的新基建类地方政府专项债券项目绩效评价指标的准确性与科学性,本研究通过分析相关文献,对指标集进行修改或删除,并邀请三位在相关领域已有十年及以上工作经验的专家进行访谈,根据专家的意见,得出最终的绩效评价指标集。

1. 决策及相关指标的优化与完善

一级指标决策的二级指标"举债决策"中,仅有一个三级指标,即绩效目标清晰、一致性。然而,该指标与二级指标"项目立项"中的三级指标"绩效目标合理性"重复。因此,删除"举债决策"指标;根据专家建议,在"项目立项"中增加"绩效指标明确性"指标,保证指标的完整性。

2. 过程及相关指标的优化与完善

一级指标过程的二级指标"财务管理"中的三级指标"项目资金管理"与"资金管理有效性"重复。因此,删除"项目资金管理"指标;此外,根据专家建议,在"业务管理"指标中加入与新基建类项目因素有关的指标"数字化管理水平"。

3. 产出及其相关指的标优化与完善

一级指标产出的二级指标"产出质量"中增加与新基建类因素有关的指标,即"技术要求满足程度""创新要求满足程度"和"数字化要求满足程度"。

4. 效益及其相关指标优化与完善

一级指标效益的二级指标"综合效益"与"经济效益""社会效益"和"生态效益"重复。因此,删除"综合效益"指标,并在"经济效益"指标中增加"推动国家数字经济发展情况"指标。

5. 可持续及其相关指标优化与完善

一级指标可持续的"项目及资金可持续性"指标与"可持续影响"指标均是所要求的指标,因此不用删除或增加。

综合上述优化与完善过程,可以得出新基建类地方政府专项债券绩效评价指标,如表4-7所示。

新基建类地方政府专项债券项目绩效评价指标优化与完善结果　　　　表4-7

一级指标	二级指标	三级指标
决策	事前评估	申请债券资金必要性
		申请债券资金可行性

续表

一级指标	二级指标	三级指标
决策	项目立项	项目立项批复情况
		符合专项债券支持领域和方向情况
		绩效目标合理性
		实施准备情况
		绩效指标明确性
	资金投入	资金额度匹配性
		债务计划合规性
		资金落实
		资金筹集
过程	财务管理	债券资金使用合规性
		资金管理有效性
		偿债能力
		债券与项目进度资金匹配性
	组织管理	项目安全
		制度执行有效性
		问题整改情况
	信息公开	专项债券项目信息公开
	业务管理	信息系统管理
		数字化管理水平
		资产备案和产权登记情况
产出	产出成本	完成项目成本
		债券资金实际成本
		项目运营成本
	产出时效	完成及时性
	产出数量	项目完成率
		提供公共产品和服务情况
	产出质量	项目完成质量
		技术要求满足程度
		创新要求满足程度
		数字化要求满足程度

续表

一级指标	二级指标	三级指标
效益	经济效益	财务效益
		推动国家数字经济发展情况
		支持国家重大区域发展战略情况
	社会效益	项目带动社会有效投资的情况
	生态效益	绿化情况
		污染物排放情况
		节能效果
	满意度	项目直接服务对象满意度
可持续	项目及资金可持续性	资金可持续性
		项目可持续必要性
	可持续影响	新基建项目所处区域影响的可持续性

4.4 新基建类地方政府专项债券项目绩效评价指标定量化

4.4.1 定性指标定量化替代的原则与方法

1. 定性指标定量化替代的原则

1）科学性原则

定性指标定量化替代时，应根据实际情况和科学方法，且要有一定的依据，不能根据自己的意愿随意替代，同时应符合相应指标的特点与最终评价结果的特点。

2）相关性原则

定性指标定量化替代后的指标应与定性指标具有强相关性，例如"项目完成程度"可用"项目完成率"来替代，即实际完成项目的数量与应该完成项目的数量之比。

3）结果导向性原则

以结果导向为基础的项目绩效评价要求将项目各阶段的规划、实施、检测及评估结合起来综合分析，并从相关项目的最可能出现的结果出发，考虑对项目的长远影响和效益，对新基建地方政府专项债券绩效评价各阶段指标进行定量化替代。

4）最优性原则

最优性原则是指在进行定量化替代时，可能会出现多个可以定量化替代的指标，这些指标中有相对更加全面且更符合项目本身的指标，这些指标就是最优指标，在替代过程中应选取最优的指标进行替代。

2. 定性指标定量化替代的方法

根据第3章的研究设计可知，定性指标定量化的方法有多种，但是最合适的是运用定量指标对定性指标进行替换，为了确保替代结果的科学性与实际性，研究者将进行实地调研，获取更多的项目信息。此外，在替代的过程中，有一些指标无法进行定量化替代，但这些指标又很重要，对评价结果会产生巨大的影响，本研究对这些指标采用"一票否定"式指标替代以及"降档评级"式指标替代，使这些指标不参与指标的权重计算。

1）"一票否定"式指标替代

"一票否定"一般有两种意思，一是指在投票或选举中，有一个人投了反对票，该候选人将被淘汰；二是指在工作中，一个部门的工作有一项不合格，那么该部门的所有工作都为不合格。借助此方法，可对一些决定性指标采用"一票否定"式指标替代，即在该阶段，若某一"一票否定"式指标的结果是"否"，那么该阶段评分为0，也不可进入下一阶段。若是在决策阶段有"否"的"一票否定"式指标，该项目就不可进行。

2）"降档评级"式指标替代

并不是所有无法定量化的指标都可以替换为"一票否定"式指标，还有一些指标评价结果为"否"时，可以通过纠正变为"是"，从而继续下一步的工作。这些指标就要用到"降档评级"式指标替代。本文规定：若某一阶段有1个或者2个"降档评级"式指标替代结果为"否"，但可以通过修正或补全手续而达到合格，则认为这些指标对新基建类地方政府专项债券项目绩效评价结果没有影响，评价结果可不做降档处理。若某一阶段有3个或者4个"降档评级"式指标替代结果为"否"，且可以通过修正达成合格，则在最终的绩效评价结果中进行"降档评级"处理，即评价结果为"优[90分（含）以上]"阶段的分数，那么该阶段评价结果将降为"良[80（含）~90分]"阶段的分数；若该阶段的评价结果为"良[80（含）~90分]"阶段的分数，该阶段的评价结果将降为"中[60（含）~80分]"阶段的分数，以此类推。若某一阶段有5个及以上"降档评级"式指标替代结果出现不合格的情况，该项目就不可以继续进行。

4.4.2 定性指标定量化替代结果

1. 决策及其相关定性指标定量化替代过程

一级指标决策中，申请债券资金必要性指标和申请债券资金可行性指标为事前评估指标，若事前评估无法通过，那么该项目就不能进行，因此这两个指标为"一票否定"式指标。"降档评级"式指标是当指标不合格时，可将该指标的内容进行重新复盘并修正通过后，项目可继续进行，因此项目立项批复情况，符合专项债券支持领域和方向情况，绩效目标合理性，绩效目标清晰、一致性，资金额度匹配性，债务计划合规性以及资金筹集指标为"降档评级"式指标。项目实施准备涉及完成项目的勘察、设计、用地、环评、开工许可等前期工作，因此量化后指标为实施工作准备完成率。资金落实指标主要是指资金是否能够及时到位，因此量化后指标为资金到位率和资金到位及时率。

2. 过程及其相关定性指标定量化替代过程

一级指标过程中，债券资金使用合规性、问题整改情况以及资产备案和产权登记情况指标均为改正后可以继续进行项目的指标，为"降档评级"式指标；资金管理有效性可用资金利用率指标定量化替代；偿债能力是指政府到期偿还债务的能力，因此可以用当期偿债率指标定量化替代；债券与项目进度资金匹配性是指资金拨付和支出进度与项目建设进度的匹配情况，因而用资金匹配率指标定量化替代；项目安全是指安全措施的最终达标合格情况，可以用安全措施达标合格率进行替代；制度执行有效性是指管理人员在制度的执行方面是否有效，因此可以用制度落实达标合格率进行定量化替代；信息系统管理是指使用信息系统的情况，因此可用信息系统管理使用率进行替代；数字化管理水平是指在实施过程中通过统计技术量化管理对象的程度，因此可以用数字化管理程度进行定量化替代；项目信息公开是指专项债券的发行、后期使用等全流程信息纰漏管理情况，可用信息公开程度进行定量化替代。

3. 产出及其相关定性指标定量化替代过程

一级指标产出中，节约成本可以量化为完成项目成本的节约率；债券资金实际成本可以量化为债券资金成本情况，可用债券资金利用率作为量化指标；项目完成数量用项目完成率指标替代；完成及时性用项目完成及时率指标替代；提供公共产品和服务情况，新基建地方政府专项债券项目中，项目提供的公共产品和服务用提供率指标替代；完成质量用工程质量达标率指标替代；项目完成率、技术要求满足程度和数字化要求满足程度均为量化指标。

4. 效益及其相关定性指标定量化替代过程

一级指标效益中，项目符合国家政策是看新基建地方政府专项债券项目是否涉及和支持国家政策领域，可用国家政策完成量化指标替代；财务效益可用投资收益率指标完成量化指标替代；经济效益用数字经济增长率指标定量化替代；项目带动社会有效投资情况可用投资拉动率指标定量化替代，即社会购买新基建地方政府专项债券的数量；社会效益用社会满意率指标定量化替代；污染物排放情况用减排率替代，即新基建地方政府专项债券项目污染物的减排效果；节能效益用节能率指标替代；项目直接服务对象满意度用项目直接服务对象好评率替代。

5. 可持续及其相关定性指标定量化替

一级指标可持续中，项目可持续必要性是指项目可持续进行以及项目建成后项目是否可以可持续运营，资金可持续性是指项目资金是否能够可持续供给，这两项指标均可通过修正成功后合格，因而是"降档评级"式指标；新基建项目所处区域影响的可持续性可用当地新基建行业就业率代替。

综上所述，新基建地方政府专项债券项目绩效评价定性指标定量化替代指标的结果如表4-8所示。

新基建地方政府专项债券项目绩效评价定量化结果　　　　　　　　表4-8

一级指标	二级指标	三级指标	量化后结果指标	指标解释
决策	事前评估	申请债券资金必要性	"一票否定"式指标	申请新基建类专项债券资金是否必要
		申请债券资金可行性	"一票否定"式指标	申请新基建类专项债券资金是否可行
	项目立项	项目立项批复情况	"降档评级"式指标	项目立项是否符合相关规定并审计通过，若未通过，经过更改合格后，可继续进行项目
		符合专项债券支持领域和方向情况	"降档评级"式指标	项目是否符合专项债券重点支持领域和方向
		实施准备情况	实施工作准备完成率	项目完成勘察、设计、用地、环评、开工许可等前期工作情况 实施工作准备完成率=（实际完成实施准备工作量/应完成实施准备工作量）×100%
		绩效目标合理性	"降档评级"式指标	绩效目标依据是否充分、绩效目标是否可行
		绩效目标清晰、一致性	"降档评级"式指标	各绩效指标是否明确合理
	资金投入	资金额度匹配性	"降档评级"式指标	项目申请专项债券额度与实际需要是否匹配
		债务计划合规性	"降档评级"式指标	债务计划是否合规
		资金落实	资金到位率、资金到位及时率	资金到位率=（实际到位资金/应到位资金）×100% 资金到位及时率=（及时到位资金/应到位资金）×100%
		资金筹集	"降档评级"式指标	资金审核工作是否合规
过程	财务管理	债券资金使用合规性	"降档评级"式指标	债券资金是否按规定用途使用
		资金管理有效性	资金利用率	资金利用率=实际用于项目的支出总额/实际拥有的总资金×100%
		偿债能力	当期偿债率	政府到期偿还到期债务的能力 当期偿债率=（实际偿债数额/应偿债数额）×100%
		债券与项目进度资金匹配性	资金匹配率	资金拨付和支出进度与项目建设进度的匹配情况 资金匹配率=（拨付资金/项目进度实际需要要求资金）×100%
	组织管理	项目安全	安全措施达标合格率	安全措施的最终达标合格情况，单项工程完成后进行统计情况，整个工程竣工后再一次统计情况
		制度执行有效性	制度落实达标合格率	项目在实行过程中制度的执行情况 制度落实达标合格率=[相关活动实际到位人数（设备等）/相关活动应到位人数（设备等）]×100%

续表

一级指标	二级指标	三级指标	量化后结果指标	指标解释
过程	组织管理	问题整改情况	"降档评级"式指标	外部监督发现问题后是否按要求整改
	业务管理	信息系统管理	信息系统管理使用率	信息系统管理使用率=（实际使用信息系统管理次数/应使用信息系统管理次数）×100%
		数字化管理水平	数字化管理程度	在实际中利用计算机等通过统计技术量化管理对象的程度
		资产备案和产权登记情况	"降档评级"式指标	项目竣工后资产备案和产权登记的情况
	信息公开	专项债券项目信息公开	信息公开程度	专项债券的发行、后期使用等全流程信息纰漏管理专项债券项目信息公开情况
产出	产出成本	完成项目成本	完成项目成本的节约率	完成项目成本的节约率=[（项目完成后计划成本－项目完成后实际成本）/项目完成后计划成本]×100%
		债券资金实际成本	债券资金利用率	项目在进行过程中债券资金的使用情况 债券资金利用率=（实际使用债券资金数额/总的债券资金数额）×100%
		项目运营成本	项目运营成本的节约率	项目运营成本的节约率=[（项目计划运营成本－实际运营成本）/项目计划运营成本]×100%
	产出时效	完成及时性	项目完成及时率	项目完成及时率=（项目实际完成时间/项目计划完成时间）×100%
	产出数量	项目完成率	项目完成率	项目完成率=（实际完成项目的数量/应该完成项目的数量）×100%
		提供公共产品和服务情况	提供率	在同期的新基建类地方政府专项债券项目中，项目提供的公共产品和服务情况 提供率=（项目提供公共产品和服务的数量/总的提供公共产品和服务的数量）×100%
	产出质量	项目完成质量	工程质量达标率	工程质量达标率=（达标的工程数量/总工程数量）×100%
	产出质量	技术要求满足程度	技术要求满足程度	新基建专项债券项目竣工后满足技术要求的程度，根据实际情况进行打分
		创新要求满足程度	创新要求满足程度	新基建专项债券项目竣工后满足创新要求的程度，根据实际情况进行打分
		数字化要求满足程度	数字化要求满足程度	新基建专项债券项目竣工后满足数字化要求的程度，根据实际情况进行打分
效益	经济效益	财务效益	投资收益率	投资收益率=（投资收益/投资成本）×100%
		推动国家数字经济发展情况	同期国家数字经济增长率	推动同期国家数字经济发展情况 同期国家数字经济增长率=（该项目推动同期国家数字经济发展指数/当地项目同期国家数字经济发展指数）×100%
		支持国家重大区域发展战略情况	"降档评级"式指标	项目是否涉及和支持国家重大区域发展战略情况

续表

一级指标	二级指标	三级指标	量化后结果指标	指标解释
效益	社会效益	项目带动社会有效投资的情况	社会投资率	社会购买新基建类地方政府专项债券的数量占总专项债券数量的比例 社会投资率=(新基建类地方政府专项债券的数量占/专项债券数量)×100%
	生态效益	绿化情况	绿化率	绿化率=(新基建项目绿化面积/总的绿化面积)×100%
		污染物排放情况	减排率	相对于传统的基础设施,新基建地方政府专项债券项目污染物的减排效果,例如二氧化碳等有害气体的排放减少率 减排率=(新基建专项债券项目排放污染物的量/传统同类型项目排放污染物的量)×100%
		节能效果	废物再利用率	废物再利用率=(废物再利用量/产生废物的总量)×100%
	满意度	项目直接服务对象满意度	项目直接服务对象好评率	项目直接服务对象好评率=(被调查者好评的人数/总的被调查人数)×100%
可持续	项目及资金可持续性	项目可持续必要性	"降档评级"式指标	项目是否能够可持续进行,项目建成后是否能够可持续运营
		资金可持续性	"降档评级"式指标	项目资金是否可持续供给
	可持续影响	新基建项目所处区域影响的可持续性	当地新基建行业就业率	当地新基建行业就业率=(当地新基建行业就业人数/当地总就业人数)×100%

4.5 新基建类地方政府专项债券项目绩效评价指标权重

4.5.1 权重计算的原则

1. 针对性原则

对不同指标进行权重的确定,应遵循针对性原则,即要根据指标的不同设置权重,根据项目的不同设置指标的权重。例如同一指标医疗化程度在医院建设项目中占比就应该多一点,然而在一般公司的建设中占比相对较少。

2．系统优化原则

在确定指标的权重时，不能太过片面化，应从系统的角度看待，要看所有的指标，分析它们之间的关系，合理处理好各指标之间的关系，遵循系统优化原则，对这些指标进行权重的确定。

3．主观与客观相结合原则

对指标权重进行确定时，大多是根据确定者的主观意识，即确定者根据指标的重要程度与特点对指标的权重进行确定。然而这样会使结果很不准确，应该根据实际情况，应用数据，对指标的权重进行确定。

4．逐层计算原则

本研究主要是运用序关系分析法进行指标权重的确定，要按照不同等级的指标进行权重的确定，可以通过这种方法使计算更为清晰、简单，大大减少计算的工作量，同时可以让重要指标不容易被忽视，计算结果更加准确。

4.5.2 权重确定的方法及步骤

权重计算的方法有很多，根据研究设计，本研究主要使用序关系分析法，逐层对指标进行权重的确定。此外会辅助专家咨询法，即在对指标的顺序按照重要程度进行比较时，询问专家，根据专家的意见对指标进行排序。同时为了保证最终结果的准确性，邀请六位在相关领域有十年及以上工作经验的专家，通过邮件的方式，对专家进行咨询。

序关系分析法确定指标的权重，计算步骤主要有三步，包括确定指标之间的序关系、确定指标之间的相对重要程度的比值，以及绩效评价指标权重的确定。

1．确定指标之间的序关系

序关系分析法的第一步就是确定指标之间的序关系，即确定指标间的重要程度。

定义1 在某一评价规定下，若评价指标X_i与某一评价指标X_j相比，X_i的重要程度不小于X_j的重要程度，则记为$X_i \geq X_j$。

定义2 在某一评价规定下，若评价指标$X_1, X_2, \cdots, X_m$的重要程度排序满足：

$$X^*_1 \geq X^*_2 \geq \cdots \geq X^*_m \tag{4-1}$$

则$X^*_1, X^*_2, \cdots, X^*_m$表示按照重要程度排序后的绩效评价指标。

此外，本研究是按照逐层的序关系分析法对指标的权重进行确定的，因而在对指标的重要程度进行排序时，仍采用分级以及分层的方式。

2．确定指标之间的相对重要程度的比值

序关系分析法的第二步就是确定指标之间的相对重要程度的比值，具体赋值方法为：评价指标X^*_{k-1}与X^*_k的重要程度之比W^*_{k-1}/W^*_k的理性判断结果用r_k表示。当指标X^*_{k-1}与指标X^*_k具有同样重要性时，r_k取值为1.0；当指标X^*_{k-1}比指标X^*_k稍微重要时，r_k取值为1.2……以此类推，可以得到r_k的值，具体如表4-9所示。

重要程度之比r_k值参照表　　　　　　　　　　　　　表4-9

r_k	说明
1.0	指标X^*_{k-1}与指标X^*_k具有同样重要性
1.2	指标X^*_{k-1}比指标X^*_k稍微重要
1.4	指标X^*_{k-1}比指标X^*_k明显重要
1.6	指标X^*_{k-1}比指标X^*_k强烈重要
1.8	指标X^*_{k-1}比指标X^*_k极端重要

3．绩效评价指标权重的确定

序关系分析法的最后一步就是确定指标的权重，这也是最重要的一步，具体方法为：若已经给出了r_k的值，则可以计算w_m，w_m的计算公式如下：

$$w_m = \left(1 + \sum_{k=2}^{m} \prod_{i=k}^{m} r_i\right)^{-1} \quad (4-2)$$

此时根据该公式以及r_k即可计算出w_{m-1}的取值，再根据w_{m-1}的取值计算出w_{m-2}的取值，以此类推，即可计算出所有的w_{k-1}的值，具体计算公式如下：

$$w_{k-1} = r_k w_k \quad (k = m, m-1, m-2, \cdots, 3, 2) \quad (4-3)$$

为简化计算量，采取逐层的序关系分析法，按照等级和层次对指标进行权重的确定，同时将计算出的结果保留小数点后两位。

4.5.3　权重的计算

根据逐层的序关系分析法的基本计算步骤，可得出新基建类地方政府专项债券项目绩效评价指标的权重，计算结果如表4-10所示。

六位专家对r_2, r_3, r_4, r_5的赋值　　　　　　　　　　表4-10

专家	r_2	r_3	r_4	r_5
专家一	1.4	1.6	1.4	1.0
专家二	1.0	1.2	1.6	1.0
专家三	1.4	1.4	1.4	1.0
专家四	1.2	1.4	1.2	1.0
专家五	1.2	1.2	1.4	1.0
专家六	1.0	1.6	1.4	1.0
平均值	1.2	1.4	1.4	1.0

需要说明的是,"一票否定"式指标和"降档评级"式指标权重为0。"一票否定"式指标的特殊性在于当该指标不通过时,项目就不可以继续进行;"一票否定"式指标需要根据最终判断结合绩效评价分数来确定最终的绩效评价结果。

对于一级指标,根据相关文献的分析以及专家的意见,具体计算过程为:

1. 效益类指标

新基建类地方政府专项债券项目是公共类项目,主要是为人民服务的,比较注重相关项目为国家、地区和人民带来的好处,因而在所有阶段指标中,最重要的指标是效益类指标,效益类指标可以体现出经济、社会、生态和满意度的情况,能够更好地体现出新基建类地方政府专项债券项目所带来的好处。

2. 产出类指标

除了效益类指标外,新基建类地方政府专项债券项目更加注重产出类指标。新基建类地方政府专项债券项目是政府专项债项目的一种,由政府借入并由政府还,因此,应该考虑资金的成本以及完成情况。

3. 过程类指标

该指标也是管理类指标。对于新基建类地方政府专项债券项目来说,要想使资金能够有效地利用,使人员配备更加完善,就要注重管理,包括资金管理、安全管理、制度管理、问题的管理和数字化管理等。

4. 决策类指标和可持续类指标

除了上述指标外,一般项目通用的指标,项目立项、资金的筹集和可持续的考察,在新基建类地方政府专项债券项目中也是很重要的指标。这些指标大多数是"一票否定"式指标和"降档评级"式指标,主要是通过最终的绩效评价的得分和具体情况对最终的结果进行评级,因而在绩效评价的过程中占比相对较少。

根据上述分析,可以得出一级绩效评价指标的排序为:效益≥产出≥过程≥决策=可持续;据此确定出相邻指标的重要程度之比。此外,邀请六位专家对r_2, r_3, r_4, r_5进行赋值。

根据专家给出的相对重要程度之比,计算出平均值,可得一级指标的相对重要程度之比:$r_2=1.2$,$r_3=1.4$,$r_4=1.4$,$r_5=1.0$;再根据公式(4-3)确定出w_4,即可得决策类指标和可持续类指标的权重;根据w_4依次确定可持续类指标(决策类指标)、过程类指标、产出类指标和效益类指标的权重。

按照上述方法分级分层确定各指标的权重,具体计算结果如表4-11所示。

新基建地方政府专项债券项目绩效评价指标的权重确定结果　　表4-11

一级指标	权重	二级指标	权重	三级指标	量化后结果指标	权重
决策	0.13	事前评估	0.00	申请债券资金必要性	"一票否决"式指标	0.00
				申请债券资金可行性	"一票否决"式指标	0.00
		项目立项	0.69	项目立项批复情况	"降档评级"式指标	0.00
				符合专项债券支持领域和方向情况	"降档评级"式指标	0.00
				实施准备情况	实施准备完成率	1.00
				绩效目标清晰、一致性	"降档评级"式指标	0.00
		资金投入	0.31	资金额度匹配性	"降档评级"式指标	0.00
				债务计划合规性	"降档评级"式指标	0.00
				资金落实	资金到位率、资金到位及时率	1.00
				资金筹集	"降档评级"式指标	0.00
过程	0.18	财务管理	0.36	债券资金使用合规性	"降档评级"式指标	0.00
				资金管理有效性	资金利用率	0.28
				偿债能力	当期偿债率	0.49
				债券与项目进度资金匹配性	资金匹配率	0.23
		组织管理	0.30	项目安全	安全措施达标合格率	0.58
				制度执行有效性	制度落实达标合格率	0.42
				问题整改情况	"降档评级"式指标	0.00
		业务管理	0.21	信息系统管理	信息系统管理使用率	0.50
				数字化管理水平	数字化管理程度	0.50
				资产备案和产权登记情况	"降档评级"式指标	0.00
		信息公开	0.13	专项债券项目信息公开	信息公开程度	1.00
产出	0.25	产出成本	0.19	完成项目成本	完成项目成本节约率	0.40
				债券资金实际成本	债券资金利用率	0.33
				项目运营成本	项目运营成本节约率	0.27
		产出时效	0.15	完成及时性	项目完成及时率	1.00
		产出数量	0.36	项目完成率	项目完成率	0.58
				提供公共产品和服务情况	提供率	0.42

续表

一级指标	权重	二级指标	权重	三级指标	量化后结果指标	权重
产出	0.25	产出质量	0.30	项目完成质量	工程质量达标率	0.37
				技术要求满足程度	技术要求满足程度	0.21
				创新要求满足程度	创新要求满足程度	0.21
				数字化要求满足程度	数字化要求满足程度	0.21
效益	0.31	经济效益	0.38	财务效益	投资收益率	0.62
				推动国家数字经济发展情况	数字经济增长率	0.38
				支持国家重大区域发展战略情况	"降档评级"式指标	0.00
		社会效益	0.27	项目带动社会有效投资的情况	社会投资率	1.00
		生态效益	0.19	绿化情况	绿化率	0.26
				污染物排放情况	减排率	0.31
				节能效果	废物再利用率	0.43
		满意度	0.16	项目直接服务对象满意度	项目直接服务对象好评率	1.00
可持续	0.13	项目及资金可持续性	0.62	项目可持续必要性	"降档评级"式指标	0.00
				资金可持续性	"降档评级"式指标	0.00
		可持续影响	0.38	新基建项目所处区域影响的可持续性	当地"新基建"行业地业率	1.00

4.5.4 根据权重确定绩效评价结果

最终根据量化后指标计算出来的结果，联系实际情况，按照统一的标准，对指标进行分数计算，将该阶段的所有指标的分数乘指标权重并相加，即可得到该阶段的分数。例如计算可持续阶段的分数，根据三级指标的得分情况分别乘权重并相加，即可得到各二级指标的分数，再根据二级指标的得分，乘指标相对应的权重，将这些数值相加，即可得到可持续阶段的得分情况；最终的绩效评价结果由决策阶段、过程阶段、产出阶段、效益阶段以及可持续阶段的得分情况乘相应阶段的权重并相加，再根据"一票否定"式指标和"降档评级"式指标的具体要求，得出最终的绩效评价的分值。

最终绩效评价结果按照61号文中的要求进行评级：绩效评价结果按照百分制进行，并将百分制进行分级，得出具体结果。根据绩效评价结果可以对项目进行综合分析，使项目带来更好的效益。具体评级标准如表4-12所示。

绩效评价结果评级标准　　　　　　表4-12

绩效评价分数	等级
90分（含）以上	优
80（含）~90分	良
60（含）~80分	中
60分以下	差

| 第5章 |

公路类地方政府专项债券项目绩效评价指标体系

5.1 公路类地方政府专项债券项目绩效评价概述

5.1.1 预算管理制度改革进入深水区和攻坚期

党的十八大以来,预算制度改革已成为我国现行财政体制的一项重要组成内容,各省纷纷开展了此方面的改革工作并取得突破,特别是在强化地方政府债务管理、深化政府采购制度改革、全面实行预算绩效管理和建立政府综合财务报告制度等方面。预算可以反映出一个国家的战略和政策,也可以反映出政府的活动范围和发展方向,在推进国家治理体系和治理能力现代化方面发挥着重要作用,亦是宏观调控的主要工具。2017年,党的十九大明确提出"建立全面规范透明、标准科学、约束有力的预算制度,全面实施绩效管理",标志着预算绩效管理制度受到国家重视。我国预算绩效管理制度起始于2003年,至今已全面建成预算绩效管理体系。然而,在预算管理制度取得成就的同时,也应注意到在新时代新发展格局下,预算管理制度改革亦面临着新的问题,亟须解决以下问题:

(1)预算资源统筹能力有限。受前几年新冠疫情的影响,全球经济下行幅度远超出一般意义上的经济周期下行,全球经济复苏的前景依然暗淡,中国经济仍会在较长一段时间内处于财政紧运行状态。例如收入承压,财政收入增长压力过大,但筹集财力手段不足;支出固化,如财政支出刚性增长,存在结构固化问题等;统筹缺乏,如财政资金统筹使用不足,未形成有效合力。

(2)预算管控和绩效机制不完善。目前,许多项目部门还未将"预算即法"作为管理部门理念。许多企业仍沿袭过时的传统预算管理理念和手段,预算编制方法不科学,在进行资源配置时主观性判断因素占主导地位,未能有效地考察业务预算的外部市场环境因素发生的重大变化。同时,企业的预算管理系统效率低,部分企业只注重预算的编制工作,而忽略了预算实施过程管理,预算执行能力与控制方法脱节,盲目模仿其他行业、其他企业的预算管理模式。在实际执行中,缺少相关预算监督管理的审核机构,使预算控制投资未能得到全面落实。

(3)预算协同管理水平存在瓶颈。例如协同不够,部门的管理水平无法与预算制度相互协同,传统管理方式已无法适应新时期的要求;基础不牢,各级预算信息系统对接匹配不顺,存在"信息孤岛"现象。

上述新问题亦表明,当前预算绩效管理改革已经进入深水区和攻坚期,预算绩效管理广度仍需扩大。推进预算管理的全面规范,完善预算监督机制,强化各职能部门之间的协作,形成监督合力,带动预算绩效管理改革向更深更广层次发展,是建设国家治理体系和治理能力现代化目标早日实现的重要内容。

5.1.2 公路类地方政府专项债券是落实积极财政政策的重要抓手

公路类地方政府专项债券是落实积极财政政策的重要工具,它在推动有效投资的扩大和保持宏观经济的稳定等方面扮演着重要角色。地方政府专项债券的发行为地方政府提供了一种有效的融资方式，以支持公路建设和改善基础设施状况。通过发行公路类地方政府专项债券，地方政府可以募得用于修建新公路、完善现有道路和提高交通运输网络水平的建设资金。公路类地方政府专项债券的发行还有助于扩大有效投资。通过投资公路建设项目，政府能够刺激相关行业的发展，例如建筑、运输和材料供应等领域。这将带动经济增长，增加就业机会和提升国内生产总值。此外，公路类地方政府专项债券的发行也有助于稳定宏观经济。公路建设不仅可以改善基础设施，还可以促进区域间的连接和经济活动。这有助于促进贸易和商业发展，提升地区的竞争力和吸引力。同时，通过增加公共支出，公路类地方政府专项债券也有助于缓解经济下行压力，稳定经济增长，为国家和地区的可持续发展提供坚实的基础。

此外，2014年8月，《中华人民共和国预算法》（2014年修正）正式发布，赋予了地方政府了依法举债权利，规定了地方政府债券为地方政府举债融资的唯一合法渠道。同年9月，《国务院关于加强地方政府性债务管理的意见》（国发〔2014〕43号）将地方政府专项债券正式推上历史舞台。地方政府专项债券管理机制的不断完善，将充分发挥政府债务限额资源的使用效益，不仅有利于为政府财政提供稳定且持续的资金进而迅速投入到相关的政府投资建设项目，改善基本公共服务供给质量，而且其作为政府加大对内需投资的手段，也为区域经济结构布局的优化发挥了支撑基础设施建设作用，促进了宏观总量的平衡和结构调整。可见，通过地方专项债券融资，开展公路类项目的建设和改善工作，是当前阶段地方政府开展经济建设的重要选择。据相关统计，2022年收费公路类专项债券发行额达1252.6亿元，占2022年地方政府债券主要发行品种总额的1.7%。

综上所述，公路类地方政府专项债券在推动扩大有效投资和维护宏观经济稳定方面具有重要作用。它为地方政府提供了资金支持，促进了公路建设和基础设施改善，同时也带动了相关行业发展和经济增长。可见，公路类地方政府专项债券是落实积极财政政策的重要抓手。

5.1.3 地方政府专项债券项目的监管措施不完善

近年来，地方政府专项债券的发行规模越来越大，地方政府专项债券资金支持的建设领域也不断扩大。但作为一种新兴的地方政府投融资模式，地方政府专项债券的发行、管理面临着一些问题，易导致一些项目进展缓慢、资金闲置、资金绩效不佳、防范化解风险机制不完善和工作不到位等问题，影响了财政政策积极效应的发挥，也使地方政府专项债券的优势得不到充分体现。因此，加强地方政府专项债券管理绩效监管尤为重要。

为了强化财务管理，防止专项债券资金的浪费，财政部门出台了一系列政策。首先，财政部出台各项政策，严格把关项目的审核，确保专项债券项目的合理性和可行性。通过审查项目计划、预算和资金需求等，财政部对项目进行全面评估，防止无效、低效或潜在风险较大的项目获得专项债券资金支持。其次，财政部推广穿透式监测，实现对专项债券资金使用情况的全方位监测和监控。通过建立信息系统和数据接口，实时获取项目的资金流向、使用情况和账务记录，有效监控资金的流动和使用情况。再次，财政部实施支出进度通报预警制度，确保专项债券项目的资金使用按照预期进度进行。通过及时通报项目进展情况和支出进度，财政部能够预警并协调解决可能存在的资金闲置、拖延或挪用等问题，确保资金的正常流转和使用。最后，为确保地方政府专项债券项目资金使用情况的合规性和发挥资金的效益，财政部门加强对地方政府专项债券项目资金使用情况的全面了解，通常组织各地监管机构开展专项债券资金使用情况审查工作。通过定期核查和评价，及时了解项目资金的使用情况和绩效情况，如发现问题则及时采取相应的监管和改进措施，提高专项债券资金的安全性、规范性以及高效性，从而推动专项债券资金得到更好的使用。

总体而言，财政部的相关政策措施旨在加强专项债券资金管理，确保资金的安全、规范和高效使用。这些措施包括严格项目审核、常态化组织资金使用情况核查和推动绩效评价全覆盖等。这将有助于提高专项债券资金的利用效率，推动经济和社会的可持续发展。然而，由于地方政府专项债券项目发行数额巨大、发行主体众多、发行方式多样，对其开展监管仍极为复杂。现阶段，地方政府专项债券项目的监管措施仍不完善。

5.1.4 公路类地方政府专项债券项目的绩效评价指标体系亟须健全

目前，我国各地在专项债券项目绩效评价方面的探索已取得了阶段性成果。在国家层面，财政部颁布了10号文和61号文两项指引性文件。然而，现阶段地方政府专项债券的发行、管理，以及问责制度，难以匹配现阶段公路类地方政府专项债券项目绩效评价的现实需求，亟须开展此方面的相关研究。首先，对责任主体的问责机制不完善会导致绩效评价的结果缺乏约束性。由于发行规模大、发行频次高等客观情况，加之现阶段地方政府专项债券绩效评价机制不完善、评估责任不明、评估专业性不强等因素的制约，易导致地方政府专项债券项目事前绩效评价工作难以有效开展。其次，在地方政府专项债券的发行和使用过程中，现有的绩效评价模式难以准确衡量地方政府专项债券实现绩效目标的偏差，由此削弱了绩效评价结果的应用价值。最后，既有地方政府专项债券绩效评价相关研究构建起的绩效评价指标体系存在着评价机制不完善、绩效评价标准缺乏严谨的数据分析过程、评价手段相对单一、评价结果的应用性较为有限等棘手问题。因此，既有地方政府专项债券绩效评价体系难以满足当前专项债券项目绩效评价的迫切需求。

在公路类地方政府专项债券方面，为进一步规范地方政府融资行为，财政部门和交通运输部在2017年7月联合印发了《地方政府收费公路专项债券管理办法（试行）》，这是继土地储备专项债券之后的第二个专项债品种，无论是对公路行业发展，还是地方政府融资机制的转变，均有重要的现实意义。公路类地方政府专项债券不仅仅是为了填补地方政府的融资缺口，更大程度上是为了促进投资体制的变革。然而，既有研究对公路类地方政府专项债券项目的关注度甚微、相关研究甚少，对其开展绩效评价更是处于起步阶段。

基于此，本研究将围绕公路类地方政府专项债券项目事前绩效评价指标体系的构建展开研究，从该类项目的立项、绩效目标、资金投入、资金管理、组织实施、产出数量、产出质量、产出时效、产出成本、社会效益指标分析、经济效益、可持续影响和社会满意度等指标出发，逐步构建该类项目的事前绩效评价指标体系。事前评价是预算管理体系中非常重要的一环，它是专项债券项目发行的关键前提，同时也是决定项目能否成为"预算内项目"的关键。事前评价是财政项目支出绩效管理的关键起点，主要关注项目的必要性、可行性、合理性、安全性以及经济社会价值等方面，旨在及时、准确地发现问题，决定该项目是否能够纳入预算管理。只有通过事前评价的项目，才能成为"预算项目"并获得地方政府专项债券资金的支持。通过细致、全面的事前评价，政府可以更好地掌握项目情况，控制项目风险，确保项目在安全、有效、经济、可持续的前提下进行，同时也为社会的经济发展以及进步做出贡献。简而言之，事前绩效评价在地方政府专项债项目绩效管理中扮演着重要角色，能够为政府更好地规划项目、控制风险、优化决策提供重要依据，从而确保项目的成功、顺利实施，并为经济社会发展做出贡献。

5.2 绩效评价指标体系构建研究设计

5.2.1 绩效评价指标初选研究设计

由于影响绩效评价指标的因素错综复杂，不同的评价指标也能体现项目的效益、效率等各方面的能力，其评价结果易受指标的权重以及定性定量指标的影响。因此，需要从众多指标中初步选出适用于公路类地方政府专项债券项目的绩效评价指标，为后续对各项指标赋予合理权重奠定基础。常用的指标初选的方法有分析法、交叉法、综合分析方法、指标属性分组法、文献勾选法等。

1. 分析法

分析法是指将绩效评价的目标按照一定的标准或者逻辑关系划分为若干个不同的组成部分（即子系统），然后对子系统以此进行逐步细分，直至每一个子系统都能够用具体的统计评价指标进行表述的方法。这种研究方法可以帮助评估人员了解各个系统的实际表现情况，明确可靠的绩效评价指标，进而提高绩效评估的准确性和科学性。

2. 交叉法

交叉法是一种通过二维、三维甚至更多维的交叉，从而演化派生出一系列的绩效评价指标的方法。在绩效评价指标初选阶段，通常采用交叉法进行初步分析。此外，交叉法可以适用于其他绩效评价层面，如社会效益、环保效益等。通过交叉法演化出的评价指标体系，在后续评价指标优化和筛选过程中可以继续完善和优化。绩效评价指标体系的设计需要综合考虑多重目标和多方利益，交叉法的运用有助于更全面地识别出适合不同系统和目标的评价指标，为绩效评价提供科学的、可靠的依据，进而为项目实施和绩效管理提供有力保证。

3. 综合分析法

综合分析法是指对已经存在的绩效评价指标按一定的标准或原则进行聚类，从而构建出绩效评价指标体系的一种方法，也被称为多指标综合评价方法或综合评价体系。针对比较成熟的绩效评价指标体系，综合分析法可以省略掉聚类研究的中间环节，而可以使用目标层次法或者分析法的绩效评价指标初选结果。综合评价不仅仅是一种方法，而是一系列有效方法的总称，这些方法可用于对多指标同时进行综合评价。综合评价方法可广泛应用于各领域，它可以帮助研究人员建立起综合的评价指标体系，进而通过特定方法或模型来分析资料，最终对被评价对象做出定量判断。综合分析法的优点不仅在于提高评价结果的准确性和可靠性，而且能全面地反映被评价事物的整体情况，从而保证评价的科学性和系统性。

4. 指标属性分组法

指标属性分组法是选取绩效评价指标的一种方式，其中评价指标可按动态或静态、定性或定量等属性进行划分，以便建立完整的绩效评价指标体系。这些方法有助于评估人员全面、准确地评估公路类地方政府专项债券项目的绩效，充分考虑各指标的重要性和研究对象的特征。实际操作时，可以先确定需要评价的对象和评价的目的，然后根据项目性质、评价标准等因素选择适合的指标属性组别进行划分，将相应指标分组后，再在各组别中选取重要指标进行评价。通过指标属性分组法，可以较好地综合不同指标的特点，深入掌握被评价项目的绩效表现，提高评价的准确性和有效性。指标属性分组法能充分考虑各个指标的重要性和研究对象的特征，从而更加准确、全面地评价项目绩效。

5. 文献勾选法

文献勾选法是指对相似研究方向的文献进行整理并用打对勾的方法，对指标进行分类整理并记录频数，选取出绩效评价指标体系。具体内容介绍可见前文。

通过对以上绩效评价指标初选方法的对比，发现采用分析法建立起的绩效评价指标体系结构较为合理，且不易遗漏绩效评价指标，该方法适用于绩效评价目标系统划分较为明确的公路类地方政府专项债券项目。因此，本研究选用分析法初选公路类地方政府专项债券项目绩效评价指标，并结合文献勾选法，完成对公路类地方政府专项债券项目绩效评价指标的筛选。

5.2.2 绩效评价指标优化研究设计

从项目绩效评价指标的初选结果来看，项目绩效评价指标初选只是初步选出了可能有效的相关指标，但其结果并不一定是完全有效的，可能会漏评某些重要的指标，或者评价的指标不准确或不全面，这种情况可能会影响绩效评价的准确性和可信度，进而影响对被评价对象的考核和反馈。因此，本研究将运用定性的分析方法，对初选出的绩效评价指标进行优化，从而提高评价结果的针对性和可靠性。常见的评价指标优化方法包括定性的指标优化方法和定量的指标优化方法。定性绩效评价指标优化方法通常包括专家咨询法和频数统计法等方法，定量绩效评价指标优化方法通常包括平均方差法、极大不相关法、主成分分析法、聚类分析等。

1. 专家咨询法

专家咨询法是指在评价过程中请相关领域的专家给予意见、建议或者验证。专家可以是在学术界、行业中或实践中拥有丰富经验并具备相关知识和技能的人士。通过专家的帮助，可以使评价过程更加全面、准确，减少因自身主观因素而导致的误差。在确定评价指标、建立绩效评价指标体系、开展绩效评价分析等不同环节中，都可以采用专家咨询法以增强绩效评价的科学性和可靠性。

2. 频数统计法

频数统计法是指变量值中代表某种特征的数（标志值）出现的次数。按分组依次排列的频数构成频数数列，用来说明各组标志值对全体标志值所起作用的强度。各组频数的总和等于总体的全部单位数。频数的表示方法，既可以用表的形式，也可以用图形的形式。

3. 平均方差法

平均方差法是一种用于计算数据集中趋势的方法。它通过计算各数据项与平均数之间的差异来衡量数据的离散程度。平均方差是指每个数据项的差异平方值之和与样本大小之比。平均方差越大，数据集的离散程度就越高。公路类地方政府专项债券项目各指标之间存在一定的关联，其共同构成了该类项目的绩效评价指标体系。因此，在对公路类地方政府专项债券项目的绩效评价指标进行优化时，可以考虑剔除离散程度较高的指标。

4. 极大不相关法

极大不相关法是一种特征选择技术，其基本思想是通过计算各指标之间的相关系数，从而识别出对于评价信息而言不必要且存在不可忽视的重叠的指标，进而删除它们，从而确定最佳的评价指标子集。通过极大不相关法的特征选择，数据集中存在的不必要的信息和重叠指标被剔除，留下一组能够全面反映原数据集所包含的评价信息的指标集合。

5. 主成分分析法

主成分分析法是一种将多个变量转换为较少数量的主成分的统计方法。这些主成分由原始变量的线性组合构成，并提取最大的可解释方差。主成分分析的目的是通过降低维数来简化数据集，并提高对数据的解释性。在主成分分析中，首先计算原始数据集的协方差或相关系数矩阵，然后对这个矩阵进行特征值分解，得到主成分。每个主成分代表原始数据集中的一个方向，并且排在前面的主成分对方差的解释更多。最终，主成分可以用于描述原始数据集中的大部分变化，且对数据的解释性更强。

6. 聚类分析

聚类分析是一种无监督学习技术，它用于将相似的对象归为一类。聚类分析的主要目的是将一组数据分成具有相似特点的几个群体或类别。在聚类分析中，以某个指标为基础，通过计算每个指标之间的相似性和距离来确定数据的相似性程度，并将这些数据分组，形成具有代表性的聚类中心，从而达到对数据的聚类的目的。

综合以上分析，本研究在开展公路类地方政府专项债券项目绩效评价指标的优化时，将采用定性分析方法完成。究其原因是，这种方法可借助专业领域内的专家的专业意见和经验来完成指标的筛选工作。相比于定量的方法，定性分析并不需要使用具体的量化数据，而是依靠专家们对公路类地方政府专项债券项目绩效的整体观感和判断来进行指标的优化工作。专家在开展指标优化时，可基于其在该领域的专业知识和经验，根据项目的实际情况和目标制定情况，挑选出最合适和必要的指标。通过采用定性分析方法，可以确保评价指标的适用性和可行性，并且减少可能对数据和分析结果的错误解释。

5.2.3 绩效评价指标定量化研究设计

在构建项目绩效评价指标体系时，一些定性指标难以用精确的数值或数据进行分析，这种情况下通常需要耗费较长的时间和资金来完成评价工作，而且评价结果也可能存在不可信等问题。因此，为了更好地进行绩效评价分析，需要对这些不能被直接量化的指标进行定量化处理。这种方法可以将定性指标转化为可量化的指标，从而方便分析和比较。定量化的方法有很多种，例如将定性指标转化为二元变量，将多项指标转化为指标权重等。通过采用定量化的方法，可以更加准确地分析绩效评价指标，并更好地基于评价结果制定合适的行动计划。绩效评价指标定量化的常见研究方法有格栅获取法、二元相对比较法、基于信息熵的多属性决策方法分析、模糊数学法等。

1. 格栅获取法

格栅获取法（Grid Sampling）由凯勒（Kelly）于1955年提出，其最初是个人结构理论中的一种人类判断思考模型。该方法是一种参数优化的方法，其基本思想是在给定的参数空间内通过均匀划分的方法生成一组候选参数值的组合，然后依次对每组候选参数进行训练和评估，最终选择表现最佳的参数组合作为最终模型的参数。简单来说，就是一个元素的属性可以用一个线性的尺度来表达，每一个元素都可以被属性的一极或另一极描述，对各指标的实现程度进行判断打分，得到完整的格栅。

2. 二元相对比较法

二元相对比较法是一种常用的评估方法，用于比较两个备选方案之间的差异性。在这种方法中，决策者会被给予两个备选方案，然后被要求判断哪个方案更优。然后，这个判断过程会被记录下来，并且与所有其他可能的备选方案进行比较。通过多次比较，可以建立一个二元比较矩阵，这个矩阵描述了所有备选方案的相对优劣性。最终，根据矩阵内容，可以推断出哪个备选方案的总体优劣性最高。二元相对比较法通常简单易行、耗时短，可实现快速决策和评估备选方案的优劣性。

3. 基于信息熵的多属性决策方法分析

在科学决策中，多属性决策方法分析是一种重要的决策方法。在决策问题中，为了找出最佳的备选方案或对备选方案进行排序，需考虑多种因素的影响。多属性决策方法为此提供了一种有效的解决方案，可以处理这些属性之间的相互关系，帮助决策者进行综合决策。多属性决策方法不仅适用于公共政策领域，也广泛应用于商业、金融、工程等各个行业。它是一个涵盖了多个方面的综合决策过程，需要综合考虑不同因素来确定最优方案，具有广泛的应用前景。

4. 模糊数学法

模糊数学法是由于模糊数学的诞生而开创的一种一般科学方法。模糊数学自创立以来，发展相当迅速，已在模糊控制、模糊识别、模糊决策、聚类分析等方面显示出特有的功能，尤其是为人文社会科学的定量研究展示了可喜的前景。模糊数学法作为一种一般科学方法，常在以下几种情况下使用：①对于典型的模糊性问题，只有用模糊方法能够进行适当的定量分析处理；②有些复杂问题尚未找到精确方法时，模糊方法可作为权宜之法使用；③有些复杂问题虽有精确的处理方法，但代价过高；④某些紧急情况下，可先用模糊方法粗略处理，以解燃眉之急，待条件许可后再进一步做精确的测量、分析和处理。可见，采用模糊数学法可以对绩效评价指标进行定量化，可克服定性指标的主观性局限，并可减少人为主观因素对绩效评价结果的影响，有助于得到较为科学、客观的公路类地方政府专项债券项目的绩效评价结果。

综上所述，针对定性指标定量化，需要采用精细的处理方法来确保定性指标的量化过程的科学性和可靠性。因此，本研究在对初选和优化后的指标进行定量化时，将根据不同的条件和方法选择合适的替代性指标，从而实现对定性指标的定量化替代。这种方法可以提高指标评价的科学性和精确性，进而完成公路类地方政府专项债券项目绩效评价指标的定量化过程。

5.2.4 绩效评价指标权重确定的研究设计

在公路类地方政府专项债券项目绩效评价中，绩效评价指标的权重对最终的绩效评价结果非常重要。绩效评价指标权重确定的方法主要包括主观赋权法和客观赋权法两种，由于采取数据的来源有所不同，因此在进行权重计算时，应酌情选择合适的方法。

主观赋权法通常依据专家的经验与判断来确定相对权重；客观赋权法则着重于利用统计或者数学方法来对指标的权重进行量化分析，从而提高权重的客观性和可信度。各种权重确定方法各具特点，适用不同的情况和场合，可以根据不同的需求和目的进行选择。常用的主观赋权法有序关系分析法、层次分析法、德尔菲加权法等。由于这些方法中的判断矩阵是由专家依靠经验确定的，故由此确定的指标权重的科学性与合理性易受到专家的主观影响。主观赋权法是依据专家经验的主观判断来确定各指标权重，其求解过程比较简单，但精度不高，可能会导致评价结果存在偏差。相比之下，客观赋权法可以依据方案中的数据的真实性来计算。因此，运用客观赋权法得到的绩效评价指标权重相对客观，可以降低评价主体主观因素对评价指标权重的影响。需要注意的是，客观赋权法虽然具有确定指标权重客观、不受人为因素干扰等优点，但据其得到的各指标权重不一定能体现各指标自身价值的重要性，且指标的权重依赖于样本数据。此外，客观赋权法对数据的要求较高。熵权法和主成分分析法是两种最常见的客观赋权法方法，它们都是通过对指标之间关系的量化来确定指标权重的。对绩效评价指标权重确定的主要方法介绍如下：

1. 层次分析法

层次分析法（Analytic Hierarchy Process，AHP）是一种用于处理具有多个因素的复杂问题的方法。基于对决策问题的内在本质因素及其关系进行的深入分析，层次分析法利用较少的定量信息把决策者的经验和思路数学化，是针对多目标、多准则或无结构特性的复杂问题而提出的一种简便可行的决策方法。这种方法可以应用于各种决策分析场景，如市场营销、人力资源管理、供应链管理等。层次分析法的操作流程如下：

（1）确定目标及其层级结构。明确需要做出决策的问题，并确定该问题的目标和相应的层级结构，每个层级对应着不同的因素和标准。

（2）列出决策因素矩阵。将每个因素的重要性用数量标度表示出来，组成因素对比矩阵。

（3）计算层次权重矩阵。通过使用特征向量法或逆矩阵法，计算出每一层的权重矩阵，即各个因素的权重。

（4）计算综合得分。将目标层下一级的各个因素的权重和对应的子因素的得分加权求和，得出总得分，选出最优方案。

（5）敏感性分析：检查所得结果的合理性，通过改变一些因素的权重，评估新的决策结果。

2. 德尔菲加权法

德尔菲法（专家调查法）是一种用规定程序对专家进行调查的群体决策方法，要尽量精确地反映出专家们的主观估计能力，是管理咨询中的一种比较科学的方法。德尔菲加权法即借助专家的主观估计能力，聘请相关领域的专家，让其多轮次地对各指标进行赋权重打分，在此基础上进行数据统计整理，得到所有评价指标的最终权重值。德尔菲加权法的具体操作流程为：

（1）给相关领域的专家发放评价指标权重咨询表并回收。

（2）对各专家对每个评价指标的权重进行统计、汇总。

（3）针对各专家赋权重不一致的评价指标，再次制作评价指标权重咨询表，并再次发放。

（4）对再次发放的评价指标权重进行统计、汇总，直到所有专家对所有评价指标的赋权一致为止。

3. 熵权法

熵权法主要依靠数据的离散程度，即将所有数据集合起来，计算离散程度，并根据数据下相应的指标计算权重。该方法可以使用软件进行计算，对数据的要求较高，对软件的使用要求也较高，适用范围较广。熵权法的具体操作流程为：

（1）构造指标值矩阵。将各个指标的观测值按照样本逐行记录成一个矩阵。

（2）标准化指标值矩阵。因不同指标的量纲和量级可能不同，故需将各指标标准化为无量纲的形式。

（3）计算每个指标的权重。计算每个指标对应的信息熵，再计算其权重。

（4）检验指标体系的可靠性和科学性。包括重复性检验、一致性检验和有效性检验等。

4. 主成分分析法

主成分分析法是一种用于将多个变量转换为较少数量的主成分的统计方法。在主成分分析中，首先计算原始数据集的协方差或相关系数矩阵，然后对这个矩阵进行特征值分解，得到主成分。每个主成分代表原始数据集中的一个方向，并且排在前面的主成分对方差的解释更多。最终，主成分可以用于描述原始数据集中的大部分变化，且对数据的解释性更强。主成分分析法的具体操作流程为：

（1）标准化处理原始数据。

（2）计算相关系数矩阵R的特征值与特征向量。

（3）结合贡献率筛选出主成分。贡献率为主成分方差与总方差的百分比，以贡献率大小为参考，选择前k个主成分，然后计算主成分对各原始指标的载荷。

公路类地方政府专项债券项目绩效评价应建立在科学严谨的定量分析基础上。运用层次分析法确定绩效评价指标权重，缺点是过于依赖评估专家的人为判断，主观性过强，故该方法不适合用于确定公路类地方政府专项债券项目绩效评价指标的权重。此外，公路类地方政府专项债券项目绩效评价涉及多个阶段、多个层级的评价指标，指标之间相关性也较强。因此，主成分分析法在公路类地方政府专项债券项目绩效评价研究中亦不适用。如前所述，由于序关系分析法是在层次分析法的基础上对其进行改进而来的，且序关系分析法可以简化计算流程，具有操作的便易性。基于此，本研究将采用序关系分析法来确定公路类地方政府专项债券项目绩效评价指标的权重。

5.3 公路类地方政府专项债券项目绩效评价指标体系构建

5.3.1 绩效评价指标初选的原则

1. 确保绩效评价指标选取的科学性和完备性

本研究是在10号文规定的项目支出绩效评价指标体系框架的基础上，并结合61号文，对公路类地方政府专项债券项目绩效评价指标进行补充。因此，选取公路类地方政府专项债券项目绩效评价指标时，需确保绩效评价指标的科学性和完备性。

2. 确保绩效评价指标的可行性与可测性

公路类地方政府专项债券项目周期较长、绩效评价涉及内容复杂，为确保绩效评价指标的准确性和科学性，必须保证指标数据值的可测性和可行性。对于定量指标，可以通过项目内数据资料直接获取，或者通过特定的计算公式进行计算。但是，对于定性指标而言，由于难以直接获取数据值，需要明确定义指标的评价内容，并规定量化的区间范围，以减少评价结果的主观随意性。

5.3.2 公路类地方政府专项债券项目绩效评价指标的初选

公路类地方政府专项债券项目绩效评价指标体系的科学性、合理性首先体现在绩效评价指标框架上。因此，本研究基于公路类地方政府专项债券项目绩效评价的发展现状，结合公路类地方政府专项债券项目的特点，以10号文规定的项目支出绩效评价指标体系框架为基础，对公路类地方政府专项债券项目绩效评价指标进行选取。由此，确定一级指标为：决策、过程、产出和效益。此外，本研究将采用文献勾选法来选取一级指标下的二级指标和三级指标。据此，得到的公路类地方政府专项债券项目绩效评价初始指标如表5-1所示。

5.3.3 公路类地方政府专项债券项目绩效评价指标的优化

如前所述，本研究在开展公路类地方政府专项债券项目绩效评价指标的优化时，将采用定性分析方法完成。究其原因是，这种方法可借助专业领域内的专家的专业意见和经验来完成指标的筛选工作，以确保绩效评价指标的适用性和可行性，并且减少可能对数据和分析结果的错误解释。

本研究旨在建立公路类地方政府专项债券项目绩效评价指标体系，而初选后的指标体系中对"公路类"和"专项债"的相关指标选取相对匮乏。在专家的建议下，本文决定对产出质量二级指标下的三级指标进行完善，增添"桥梁工程完成率"来体现项目相关内容；对产出成本二级指标下的三级指标增添一项"债资金实际成本"来对专项债券的成本进行绩效评价；在二级指标社会效益下的三级指标增添一项"提升路网连通"来反映公路类专项债券项目的社会效益方面绩效；对二级指标经济效益下的三级项目增

公路类地方政府专项债券项目绩效评价初始指标

表5-1

一级指标	二级指标	三级指标	指标来源	10号文	61号文	温来成	叶小玲	闫汉基	马直萍	申建红	彭霖	张媛媛	刘秀娜	韩海锋	合计
	决策指标	项目立项		√	√	√		√	√		√		√	√	8
		绩效目标		√	√	√									3
		资金投入		√		√		√					√		4
	过程指标	资金管理		√	√	√		√							4
		组织实施		√		√		√							3
	产出指标	产出数量		√			√	√	√	√		√			6
		产出质量		√		√	√	√	√			√			6
		产出时效		√		√	√	√	√			√			6
		产出成本				√	√	√	√	√		√			6
	效益指标	社会效益					√	√	√	√	√	√			6
		生态效益					√		√		√				3
		经济效益				√	√	√	√	√	√				6
		可持续效益				√	√	√	√	√		√			6
		满意度				√	√	√	√			√			5
	决策指标	项目公益性、必要性		√		√		√							3
		立项依据充分性		√		√		√							3
		立项程序规范性		√	√	√		√					√		5
		绩效目标合理性		√	√	√							√		4
		绩效指标明确科学性		√											1
		预算编制科学性		√									√		2
		资金分配合理性		√		√		√							3
	过程指标	资金到位率		√		√		√							3
		预算执行率		√					√						2
		资金使用合规性		√				√					√		3
		管理制度健全性		√				√					√		3
		制度执行有效性		√				√					√		3

续表

指标来源		10号文	61号文	温来成	叶小羚	闫汉基	马宜萍	申建红	彭霖	张媛媛	刘秀娜	韩海锋	合计
三级指标							参考文献						
产出指标	实际完成率	√		√									2
	质量达标率	√		√							√		3
	完成及时率	√		√			√						3
	桥隧工程完成率					√							1
	竣工验收合格率					√			√			√	3
	项目通车及时性					√							1
	成本节约率	√		√			√						3
效益指标	实施效益		√	√		√	√				√		4
	带动沿线就业提升					√	√				√		2
	带动沿线经济发展					√	√				√		3
	项目运营可持续影响	√				√	√				√		3
	社会公众或服务对象满意度					√	√	√			√		4
	生态环境						√	√					2

添一项"还本付息及时率"来评价公路类地方政府专项债券项目的偿债情况。此外，结合10号文的规定，完成了公路类地方政府专项债券项目绩效评价指标的优化，如图5-1所示。

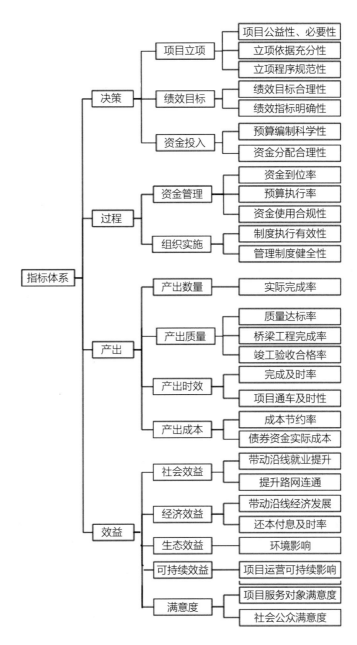

图5-1 优化后的公路类地方政府专项债券项目绩效评价指标

5.3.4 绩效评价指标定量化

在构建绩效评价指标体系的过程中，存在某些无法通过客观的方式对评价对象进行研究和分析的指标，但这些定性指标的分析往往对绩效评价指标体系的有效实施起着至关重要的作用。由于定性指标可能会受到评价者主观判断的影响，所以定性指标的评价效果的客观性和有效性都有所限制。因此，需对公路类地方政府专项债券项目绩效评价各一级指标下的定性指标进行分析，用定量化的项目绩效评价指标替代定性指标。

1．定量化指标的替代原则

1）全面性原则

在开展定性指标定量化工作时，首先要遵循的是全面性原则，即替代后的指标能够反映项目总体情况和实际情况，全面、有效地反映原定性指标的内在要求。

2）相关性原则

为确保公路类地方政府专项债券项目绩效评价结果的客观性和科学性，需要采用一些可定量化的替代指标来反映定性指标，以实现评价结果的准确性和可靠性。这些替代指标应该从客观的角度出发，能够反映该类项目绩效评价的各个方面，确保评价结果的准确性和一致性，为相关决策提供更实际有效的依据。这些指标应该以客观的态度来反映项目绩效，从而实现对公路类地方政府专项债券项目的评价结果的科学、准确、全面的描述。

3）可控性原则

在开展公路类地方政府专项债券项目绩效评价定量化工作时，绩效评价指标必须能够反映公路类地方政府专项债券项目绩效的特有属性，且定量化指标所需数据应方便收集和具有可控性。

4）导向性原则

构建以结果为导向的公路类地方政府专项债券项目绩效评价体系，需要从项目结果的长远效益出发，对可能出现的各种结果进行全面考量。因此，在进行公路类地方政府专项债券项目绩效评价指标定量化时，需遵循导向性原则。

2．定性指标定量化替代

1）一级指标决策

由于本研究旨在构建公路类地方政府专项债券项目的事前绩效评价指标，此时项目未实施、数据不全。在对一级指标的相关二、三级指标进行定量化时，由于可能无可用的数据、无法全面反映项目建设的实际情况，因此，需要使用相关的指标来对一级指标决策的相关指标进行替代。例如，绩效目标中项目绩效目标的合理性和明确性两个指标，在对其进行评价时，无法直接度量。根据替代指标的相关原则，在公路类地方政府专项债券项目绩效评价指标的一级指标决策中，以"收费公路、收费桥隧立项批复"指标来替代"立项依据充分性"指标，对项目立项情况进行评价。通过引入基于结果导向的绩效评价指标，可对公路类地方政府专项债券项目进行科学评价。

此外，对于无法直接度量的决策阶段的定性指标，应考虑采用可量化指标代替，并结合定性指标最终可能产生的绩效结果进行评价。对于公路类地方政府专项债券项目，也应参照相应的指标替代原则，基于最终的定量化结果指标进行绩效评价。这样做有助于提高绩效评价的科学性和准确性，有效规范政府投资项目管理，推动项目的持续发展。

2）一级指标过程

在公路类地方政府专项债券项目实施过程中，对可能出现的结果进行评价，以便及时纠偏和吸取经验教训。采用阶段性、可定量化的指标替代，能够更客观地反映项目施工过程的绩效评价情况。这样做不仅有助于及时发现和解决问题，也有助于优化项目管理和提高绩效效益。

3）一级指标产出

一级指标产出的二、三级指标相对来说较为简单，可以根据公路类地方政府专项债券项目的实际生产情况进行评价，在产出阶段对指标进行分析。这样可以采用指标的替代原则，对定性指标进行定量化替代，以全面客观地评价项目的绩效结果。这种方法简便易行，同时也有助于提高绩效评价的科学性和准确性，推动项目的持续发展。如项目的"实际完成率"指标没有具体的量化数据。因此，可以采用"桥梁工程完成率""房屋工程完成率"来替代。

4）一级指标效益

在一级指标效益下，公路类地方政府专项债券项目的绩效评价主要基于项目所带来的各种效益，例如项目对于当地经济、生态、可持续性发展等的影响。由于项目建成对社会、生态以及一些潜在的影响无法采用定性指标进行量化，故在公路类地方政府专项债券项目的绩效评价过程中，需要采用能够度量的指标进行替代。其中，应该重点考虑项目对生态环境的影响。究其原因是，公路类项目建设完成后，对生态环境的影响较为突出。基于此，本研究选用"废水排放达标率"来体现公路类项目建设所带来的生态环境影响。在公路类地方政府专项债券项目的一级指标效益下，除生态环境指标外，其他指标也需要按照定性指标定量化替代原则进行相应的替代，进而为管理者提供科学的参考依据。

公路类地方政府专项债券项目绩效评价定量化指标如表5-2所示。

公路类地方政府专项债券项目绩效评价定量化指标   表5-2

一级指标	二级指标	三级指标	结果指标
决策	项目立项	项目公益性、必要性	项目公益性
			项目必要性
		立项依据充分性	收费公路、收费桥隧立项批复
		立项程序规范性	立项程序规范性

续表

一级指标	二级指标	三级指标	结果指标
决策	绩效目标	绩效目标合理性	绩效目标合理性
		绩效指标明确性	绩效指标明确性
	资金投入	预算编制科学性	预算编制科学性
		资金分配合理性	资金分配合理性
过程	资金管理	资金到位率	资金到位率
		预算执行率	预算执行率
		资金使用合规性	资金使用合规性
	组织实施	管理制度健全性	管理制度健全性
		制度执行有效性	制度执行有效性
产出	产出数量	实际完成率	桥隧工程完成率
			房屋工程完成率
	产出质量	质量达标率	质量达标率
		竣工验收合格率	竣工验收合格率
	产出时效	完成及时率	完成及时率
		项目通车及时性	项目通车及时性
	产出成本	成本节约率	成本节约率
		债券资金实际成本	债券资金实际成本
效益	社会效益	带动沿线就业提升	带动沿线就业提升
		提升路网连通	提升路网连通
	生态效益	生态环境	废水排放达标率
	经济效益	带动沿线经济发展	带动沿线经济发展
		还本付息及时率	还本付息及时率
	可持续效益	项目运营可持续影响	项目运营可持续影响
	满意度	项目服务对象满意度	项目服务对象满意度
		社会公众满意度	社会公众满意度

5.4 公路类地方政府专项债券项目绩效评价指标权重

5.4.1 指标权重的确定原则

本研究在确定公路类地方政府专项债券项目绩效评价指标权重时，将采用序关系分析法。在运用该方法确定公路类地方政府专项债券项目绩效评价指标权重时，本研究着重考虑以下几个方面的原则：

首先，政府部门还本付息的重要来源是公路类地方政府专项债券项目的收益。公路类专项债券项目绩效评价的关键在于考察申请公路类专项资金支持的必要性和科学性。因此，在绩效评价时，应着重考虑公路类地方政府专项债券项目的事前评价，即着重关注项目决策阶段的相关指标。

其次，公路类地方政府专项债券项目绩效评价的效益相关指标是衡量项目还本付息能力的重要指标。因此，本研究将效益指标设置为第二层次。

再次，公路类地方政府专项债券项目绩效评价的产出相关指标，例如桥隧工程完成率、竣工验收合格率、项目通车及时性、完成及时率及房屋工程完成率、质量达标率、债券资金实际成本等，可作为第三层次的指标。

最后，对于公路类地方政府专项债券项目绩效评价的过程相关指标，这些指标扮演着基础和辅助性的角色，用于衡量项目过程阶段的基本情况，如资金到位率、预算执行率、资金使用合规性，以及制度执行有效性等，可作为第四层次的指标。

5.4.2 绩效评价指标权重的确定过程

如前所述，序关系分析法是一种决策分析方法，它用于确定各个绩效评价指标之间重要程度的大小。在进行计算时，序关系分析法采用特定的计算公式，计算出每个绩效评价指标的权重，以便在项目实施过程中确定每个指标的重要性和权重，为公路类地方政府专项债券项目的管理者提供决策依据和实施方案。

此外，本研究构建起的公路类地方政府专项债券项目绩效评价指标数量繁多，而采用序关系分析法对指标进行权重赋值时，专家对这些指标的重要程度进行排序难以达成一致的意见，即难以形成一致性的专家意见。此外，采用简单的序关系分析法也存在评估流程繁琐的问题。因此，需要对序关系分析法进行优化。而基于递阶层次的序关系分析法在计算环节与计算维度方面相对简单，具有一定优势。其主要优点在于能够避免专家在不同时间对大量绩效评价指标进行排名难以达成一致的问题。此外，基于递阶层次的序关系分析法还能够更加准确地反映各个指标之间的重要程度，并提高指标权重计算的精度。因此，在公路类地方政府专项债券项目绩效评价指标的权重确定时，采用基于递阶层次的序关系分析法能够为科学决策和开展科学的绩效评价工作提供支持。

基于此，本研究采用基于递阶层次的序关系分析法对公路类地方政府专项债券项目绩效评价指标的权重进行赋值。为避免专家凭经验决断带来的误差，本研究邀请了相关专业领域的专家、学者、政府工作人员来对指标的重要程度进行评定，最终根据专家评定的各层次指标权重，计算得出一个综合的权重值。各专家对公路类地方政府专项债券项目绩效评价指标中一级指标权重的计算流程如下：

1．明确绩效评价指标的序关系

为明确绩效评价指标集中所有指标之间的重要程度，专家需要在指标$\{X_1, X_2, \ldots, X_n\}$集中，选出其认为最重要的一个指标记为$X^*_1$，然后在余下的（$n-1$）个指标中，选出专家认为最重要的一个指标记为$X^*_2$，依次类推，最终经过多次挑选后，剩下的绩效评价指标记为X^*_n，这样就唯一确定了绩效评价指标间的序关系：

$$X^*_1 > X^*_2 > \cdots > X^*_n \tag{5-1}$$

为了书写方便且不失一般性，以下仍记X^*_i为X_i（$i=1,2,3,\cdots,n$），公式（5-1）改写为：

$$X_1 > X_2 > \cdots > X_n \tag{5-2}$$

根据上述绩效评价指标序关系的确定方法，本研究在绩效评价指标X_i相对于公路类地方政府专项债券项目绩效评价的重要程度大于绩效评价指标X_j时，将这一关系记为$X_i > X_j$。若绩效评价指标X_i与X_j对于公路类地方政府专项债券项目绩效评价的重要程度相同时，将这一关系记为$X_i = X_j$。

根据绩效评价指标权重排序原则，专家对公路类地方政府专项债券项目绩效评价的四个一级指标按照其重要程度进行排序，最终确定出绩效评价指标序列，如决策＞效益＞产出＞过程。

2．为指标的重要程度赋值

根据上述公路类地方政府专项债券项目绩效评价一级指标的序关系，本研究将计算出绩效评价指标X_{k-1}与绩效评价指标X_k的重要程度之比，即$r_k = w_{k-1}/w_k$。其中，r_k为各指标的重要程度之比，其取值代表的含义如表5-3所示。本研究在确定出绩效评价指标的序关系之后，将根据表5-3的相关数值进一步确定绩效评价指标之间的重要程度之比。

r_k赋值说明　　　　　　　　　　　　　　　表5-3

r_k	赋值说明
1	绩效评价指标X_{k-1}与绩效评价指标X_k具有同样重要性
1.2	绩效评价指标X_{k-1}比绩效评价指标X_k稍微重要
1.4	绩效评价指标X_{k-1}比绩效评价指标X_k明显重要
1.6	绩效评价指标X_{k-1}比绩效评价指标X_k强烈重要
1.8	绩效评价指标X_{k-1}比绩效评价指标X_k极端重要

根据专家在公路类地方政府专项债券项目绩效评价研究领域的经验，由赋值原理比较判断可得：$w_1/w_2=r_2=1.6$，$w_2/w_3=r_3=1.4$，$w_3/w_4=r_4=1.2$。

3．计算最终权重结果

根据表5-3确定出绩效评价指标之间的重要程度之比后，绩效评价指标的权重需要依据权重计算公式（5-3）计算得到：

$$w_4=\left(1+\sum_{k=2}^{4}\sum_{i=k}^{4}r_i\right)^{-1} \tag{5-3}$$

重要程度之比与权重之间存在以下计算关系式：

$$w_{k-1}/w_k=r_k \tag{5-4}$$

经计算，$w_4=(1+r_2\times r_3\times r_4+r_3\times r_4+r_4)-1=0.152$，$w_3=w_4\times r_4=0.133\times 1.2=0.183$，$w_2=w_3\times r_3=0.256$，$w_1=r_2\times 2=0.409$。

本研究旨在确定公路类地方政府专项债券项目绩效评价指标的权重，其中一级指标的重要程度排序及相应权重值的计算，采用的是基于递阶层次的序关系分析法。本研究邀请了经验丰富的专家，根据其在地方政府专项债券项目绩效评价领域的专业知识和经验，对一级指标的重要程度进行评定。这些权重值经过算术平均法的综合计算后，得到各指标最终的权重值，结果如表5-4所示。

公路类地方政府专项债券项目绩效评价指标权重表　　表5-4

	一级指标权重	二级指标权重	三级指标权重
指标体系（1）	决策（0.426）	项目立项（0.468）	收费公路收费批复（0.265）
			可行性（0.152）
			必要性（0.388）
			立项程序规范性（0.195）
		绩效目标（0.229）	绩效目标合理性（0.414）
			绩效指标明确性（0.586）
		资金投入（0.303）	预算编制科学性（0.572）
			资金分配合理性（0.428）
	过程（0.139）	资金管理（0.606）	资金到位率（0.444）
			预算执行率（0.231）
			资金使用合规性（0.325）
		组织实施（0.394）	管理制度健全性（0.581）
			制度执行有效性（0.419）

续表

一级指标权重	二级指标权重	三级指标权重
指标体系（1） 产出（0.177）	产出数量（0.174）	桥隧工程完成率（0.577）
		房屋工程完成率（0.423）
	产出质量（0.255）	质量达标率（0.414）
		竣工验收合格率（0.586）
	产出时效（0.433）	完成及时率（0.558）
		项目通车及时性（0.442）
	产出成本（0.138）	成本节约率（0.574）
		债券资金实际成本（0.426）
效益（0.258）	社会效益（0.396）	带动沿线就业提升（0.577）
		提升路网连通（0.423）
	生态效益（0.154）	废水排放率（1）
	经济效益（0.231）	带动沿线经济发展（0.419）
		还本付息及时率（0.581）
	可持续效（0.118）	项目运营可持续影响（1）
	满意度（0.101）	服务对象满意度（0.606）
		社会公众满意度（0.394）

第6章

水利类地方政府专项债券项目绩效评价指标体系

6.1 水利类地方政府专项债券项目绩效评价概述

作为基础设施投资的重要领域,水利投资对维护经济平稳健康运行具有重要作用。究其原因是,水利基础设施是公共服务供给体系的重要组成部分,水利项目的投资规模大、对国民经济的拉动作用强,且其具有很强的产业链延伸能力,能有效带动上下游相关产业的投资和交易活动。相关研究表明,平均每亿元水利投入拉动GDP增长1.51亿元,对经济增长起到了重要作用。国家历来重视水利投资工作,近年来,国家发展改革委和水利部等部门遵循"节水优先、空间均衡、系统治理、两手发力"的治水思路,持续推动重大水利工程建设,对促进扩大有效投资、增强水旱灾害的防御能力和供水灌溉的保障能力发挥了重要作用。2021年12月国务院政策例行吹风会上,财政部相关领导表示,到2022年,国家将把对专项债券的扶持力度放在优先发展的重大工程上,加大对水利建设、城市管网建设等重点工程的扶持。李国英部长在2022年全国水利工作会议上强调,要进一步深化水利重大工程建设和管理体制改革,严格执行基本设施适度超前投资的要求,完善水利事业发展的多元化投融资体制,全面提升我国水利发展水平,为推动我国水利跨越式发展奠定了坚实基础。

为拓宽水利投资资金来源,国家鼓励水利行业合理运用地方政府专项债券从事投资和建设活动。2019年,水利部印发《水利部关于用好地方政府专项债券加快推进水利建设的通知》(水规计〔2019〕47号)和《水利部关于进一步用好地方政府专项债券推进水利工程补短板工作的通知》(水规计〔2019〕259号),明确了优先发行和使用地方政府专项债券的重要意义,指出这是一次难得的加快水利建设的良机,指出要进一步提高认识,借鉴行业内外好的经验做法,用好地方政府专项债券从事水利投资建设。2022年4月,时任水利部副部长魏山忠主持开展用好地方政府专项债券调度会商,贯彻落实国务院决策部署,推进水利建设更多利用地方政府专项债券,进一步扩大水利投资规模,为推动新阶段水利高质量发展提供资金支持。相关数据表明,2019年,22个省份共发行了255.86亿元的水利建设专项债券,占2019年度全行业25882亿元专项债券总发行额的0.99%;2020年,水利建设项目可利用专项债券的规模大大增加,约为1508.8亿元人民币,相当于该年专项债券发行总规模36019亿元人民币的4.2%。截至2021年6月底,我国已经发行了17308亿元的地方政府专项债券,其中水利建设专项债券只有407.52亿美元,只占2.4%,比2020年同期有所下降。截至2022年3月末,全国地方政府新增专项债券发行额约1.25万亿元,其中农林水利领域的地方政府专项债券新增发行额1004亿元,较2021年同期增长146.3%。国务院原总理李克强在第十四届全国人民代表大会第一次会议上指出,到2023年,国家将投入3.8万亿元地方政府专项债券,加快推进交通、水利、能源等重大基础设施建设,推动"十四五"规划102项重点项目有序实施。2019—2022年水利类地方政府新增专项债券发行额如图6-1所示。

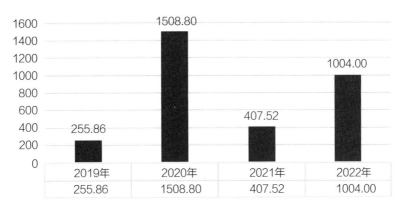

图6-1 2019—2022年水利类地方政府新增专项债券发行额（单位：亿元）

在此背景下，我国各级政府早已逐步认识到为给财政支出绩效评价创造有利的外部环境和抓住有利的政策机遇，必须对地方政府专项债券项目开展绩效评价。然而，目前我国对水利类地方政府专项债券的绩效评价暂无专门的政策文件指引。尽管如此，2004年起，财政部在全国范围内开展了财政支出考评工作，建立了一套相对完善的考评制度，部分省市也出台了地方政府专项债券项目绩效管理的相关规定（表6-1），为开展水利类地方政府专项债券项目绩效评价奠定了一定的基础，可用于指导建立水利类地方政府专项债券项目绩效评价指标体系。

部分省市关于地方政府专项债券项目绩效评价的相关规定　　　　表6-1

序号	发文机构	文件
1	国务院	《地方政府专项债券项目资金绩效管理办法》
2	财政部	《项目支出绩效评价管理办法》
3	天津市财政局	《天津市市级财政支持事前绩效评价管理暂行办法》
4	山西省人民政府	《山西省政府专项债券管理暂行办法》
5	重庆市财政局	《重庆市政府专项债券项目资金绩效管理办法》
6	山东省财政厅	《山东省政府专项债券项目资金绩效管理办法》
7	四川省财政厅	《四川省地方政府专项债券全生命周期管理办法》
8	辽宁省财政厅	《辽宁省地方政府专项债券项目资金绩效管理暂行办法》
9	河南省人民政府	《河南省人民政府办公厅关于建立专项债券使用管理三项制度的通知》

可见，水利类地方政府专项债券绩效评价工作面临着诸多现实挑战，需要在实践中不断完善。为用足用好水利类专项债券项目，加快水利建设，其核心是建立适用于水利类地

方政府专项债券项目的绩效评价指标体系。尽管目前已有相关政策给出了政府支出项目绩效评价的通用性指标体系，但无法满足水利类专项债券项目的独特性要求。此外，水利领域的专项债券绩效评价存在着专项资金使用和工程进度监督管理不到位、评价指标单一、评价方法的设置不合理等问题，尚未建立起科学规范的、可用于后续绩效评价需要的绩效考核指标体系。因此，亟须开展水利类地方政府专项债券项目绩效评价的指标体系构建的相关研究。通过完善专项资金使用和项目完成情况的监管，逐步实现对专项债基金的管理从关注投资到关注产出和收益的转变，推动提升水利类项目债券资金配置效率和使用效益，为经济社会发展提供保障。

6.2 绩效评价指标体系构建研究设计

2021年8月，《财政部关于印发〈中央部门项目支出核心绩效目标和指标设置及取值指引（试行）〉的通知》（财预〔2021〕101号），给出了中央部门项目绩效指标选取思路（图6-2），以提高中央财政部门预算项目支出绩效指标制定的质量为切入点，促进绩效评价工作的强化与完善。因此，构建水利类地方政府专项债券项目绩效评价指标体系时，可借鉴此思路。

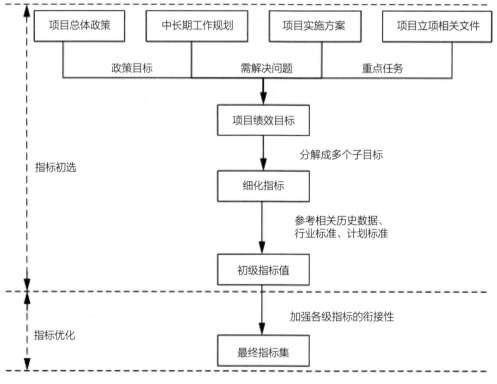

图6-2　水利类地方政府专项债券项目绩效评价指标构建思路

本研究将在结合水利工程功能属性的基础上，在构建水利类地方政府专项债券项目绩效评价指标体系的过程中，完成绩效评价指标的初选与优化、定性指标定量化和指标权重赋值等内容的设计，具体介绍如下。

6.2.1 绩效评价指标的初选设计

水利类地方政府专项债券项目绩效评价指标初选的目的是建立起基本的绩效评价指标架构。因此，绩效评价指标应当以综合性为准则进行初步选择，以使初步选择的绩效考核指标具有全面性的特点，为后续开展的绩效评价指标优化工作奠定基础。这个过程中，问卷调查法、文献勾选法、分析法、交叉法、指标属性分组法、目标分层法都是常用的绩效评价指标初步选择的方法。本研究比较和分析了多种常用的评价指数的初选方法，其结果如表6-2所示。

绩效评价指标初选方法对比研究　　　　表6-2

初选方法	基本原理	优点	缺点	适用范围
问卷调查法	采用统一编制的调查问卷，向测试者掌握相关信息或进行咨询的一种调查方式	可控性强，能对大量对象同时调查，结果可以量化，便于统计处理与分析	调查表是一种比较定型的调查表，很难很好地反映顾客的需求，也很难确保调查表的真实性和回答率	适合于大范围的调研，可以采集到海量的数据，通过统计分析，将数据进行数量化，对数据进行定性和定量分析，从而得出整体的发展趋势
文献勾选法	对同一研究领域的文献进行对勾，统计其频率范围，设置频率范围，完成绩效评价指标的选择	有助于改进指标集合的整体性，并可协助其他方法运用	主观性强，依赖于参考文献的数量和质量，会对结果产生很重要的影响	适用于较为简单且小型的情况
分析法	将评价目的进行分级，直到能够用特定的性能评估指标表示为止	初步选定的绩效评价指标具有较好的结构，绩效指标不容易被遗漏	绩效评价指标体系的划分比较困难	适用于绩效评价目标体系划分比较清晰的情况
交叉法	依靠二维或三维以上的交叉维度，能够演化并派生出一系列的绩效评价指标，由此建立出绩效评价指标体系	初步筛选出来的绩效评价指标集比较全面	初筛时，维度的划分和交叉选取比较困难，工作量大	适用于绩效评价覆盖产业较广的情形
指标属性分组法	从评价指数的同一性质出发，对评价指标分类	减少工作量，以便为随后的绩效评估指标收集数据	形成的绩效评价指标体系系统性不够强	适用于绩效评价指标体系较为简单的情形
目标层次法	将多目标优化问题逐步建立起分目标，形成准则层，然后采用适当的绩效评价指标表示准则层	实现方便、可灵活组合，可以很好地反映绩效评价的目标	目标分层选取相应指标工作量大	适用于绩效评价目标以及评价准则较为明确的情形

本研究将借鉴政府在其他领域投资的专项债券项目绩效指标体系，来对水利类地方政府专项债券绩效评价指标体系进行补充和完善。通过对表6-2中绩效评价指标初选方法优缺点、使用范围的比较和分析，本研究将选用分析法，并结合文献勾选法，根据水利类地方政府专项债券项目的项目可行性报告、项目申报书、初步设计文件等，确定项目事前绩效评价的重点，完成绩效评价指标的细化，最终形成地方政府专项债券绩效评价初始指标集。

6.2.2 绩效评价指标优化的研究设计

绩效评价指标的初选设计注重以大量的原始、通用指标为基础，对各相关指标进行收集和归纳以形成覆盖面更广的绩效评价指标集。指标过多的绩效评价指标集不仅会造成各指标之间的互相重复和冗余，而且会使后续绩效评价工作变得极为复杂。此外，初选时产生的绩效评指标集合只是一套"有可能执行的绩效评价指标集合"，并非"一组完全必需的绩效评价指标"，即由初步选择产生的指标系统的结果不必然是有意义的或必需的，相关指标有可能重复或被忽略，甚至有可能出错。因此，需要对初始绩效评价评价指标集进行进一步优化。

目前，国内外学者对指标优化的方法进行了大量研究，且集中于数学和统计方法，其中粗糙集、专家咨询法、主成分分析法、广义方差极小法、灰色关联度分析法等都是目前常用的优化方法，各方法的优缺点和适用范围如表6-3所示。

绩效评价指标优化方法比较　　　　　　　　表6-3

类别	方法	基本原理	优点	缺点	适用范围
主观赋权法	专家咨询法	咨询相关研究领域的专家，用经验实现绩效评价指标筛选	能够发挥各位专家的作用，集思广益	各专家在决策时必然存在主观差异，专业知识、经验阅历都会对决策影响，意见很难统一	定性筛选
客观赋权法	主成分分析法	依靠对变量共性的提取，实现数据降维	主要指标的选取无须考虑各个指标的权重，只需根据各个指标的计算结果来进行资料处理，且不会受到人为因素的影响，有客观性和可信度	对数据样本量的要求较高，数据量越大越可靠，其结果越准确	定量筛选
	灰色关联度分析法	因子间的相关度是基于因子间发展趋势的相似性或差异性来测量的	甚至在小样本和贫数据的情况下，也可以提取出主要的影响因素，主要的特征，以及这些因素之间的体系效应的不同，并且运算相对简单	在指标相对独立的情况下该方法并不适用；同时，这种方法对临界值的判断也存在较大的争论，需要进行深入的研究	
	广义方差极小法	计算绩效评价指标的协方差	可以区分度表示指标特性	在指标筛选前要考虑清楚指标的个数，并且计算过程相对复杂	

续表

类别	方法	基本原理	优点	缺点	适用范围
客观赋权法	聚类分析法	是通过对绩效评价指标的关联度进行划分，从各个类别中选出具有代表性的绩效评价指标	有效减少指标数量，计算过程较为简单	绩效评价指标分类不明确时，易遗漏重要的绩效评价指标	定量筛选

基于上述分析，本研究选择定性筛选与定量筛选相结合的方法，来完成水利类地方政府专项债券项目绩效评价指标的优化工作，来避免主观赋权法易受影响的缺点，以及客观赋权法易遗漏和数据局限性的缺点。基于此，水利类地方政府专项债券项目绩效评价指标的优化分为两个阶段：第一阶段，采用专家咨询法，结合问卷调查来完成；第二阶段，采用聚类分析法，借助定量的方式完成。同时，10号文及各省财政厅制定的水利类地方政府债券绩效管理的相关通知明确指出，对水利类地方政府性专项债券的绩效评价，应当根据分级分类的原则建立相应的绩效评价指标。聚类分析法正好可以应用于此，它的应用能够极大地简化初始的指标集合。

6.2.3 绩效评价定性指标定量化研究设计

定性指标是指以非数字信息来衡量事物特征的一种评价指标。在上述过程得到的绩效评价指标集中，存在着不能利用数据直接对其进行描述、运算和分析的定性指标。为便于对水利类地方政府专项债券项目进行量化考核和得出最终的绩效评价结果，应对定性指标进行定量化处理，即运用数学的方法，基于所收集的数据和信息，使用严谨的数学定理和规则以及逻辑，对难定量的定性指标进行对应的解析，从而得到能够定量的结果。

定性指标定量化的方法有很多，例如分级描述法、等级评价法、非此即彼法、模糊数学法、集值统计法、二元相对比较法等，这些不同的方法给定性指标的定量化指出了具体的思路。各方法的优缺点和适用范围如表6-4所示。

绩效评价指标定量化方法比较　　　表6-4

方法	基本原理	优点	缺点	适用范围
分级描述法	对绩效目标的完成情况分级（优秀、良好、一般、及格、不及格），并对各级别的考核标准分别描述	简便易懂	没有一个清晰准确的客观数字表示；同级别之间指标是无法分析评价的内容	经常发生，能很清楚地描述各个级别的特征；有足够数据和信息支持

续表

方法	基本原理	优点	缺点	适用范围
等级评价法	将指标设置多个等级说明，不同级别对应特定的打分范围	简便易懂	由评估者自己的感觉决定，有一定的主观随意性，存在评估误差	没有或很少有工作任务的先例；缺少数据和资料
非此即彼法	考核结果只有完成和没有完成两个结果	简便易懂	适用范围有限	强制性指标
模糊数学法	对主观评价的一层与多层问题建立模糊综合评价数学模型，对模糊因子定量化。用隶属度确定定性指标与评价等级的映射关系	定量化过程简单、能较快地解决定性指数的定量问题	专家人数对最后的定量评价有很大的影响	适用于对描述客观事实的定性指标进行量化
集值统计法	用落影函数公式和集值统计原理，得到某一个专家对某指标的综合评价值	结果可靠、客观	每个专家对同一指标的定量化评估结果不同，因此需要计算方差，计算量很大	适用于定性指标较少的情况
二元相对比较法	将定性指标通过一定级别两两相比，再转换为系统总的排序，即可实现相应评价	能够用数值反映指标的大小	目标不明确，难以量化具体的定性指标	仅对少量定性指标进行定量对比

结合水利类地方政府专项债券项目的特点，定性指标定量化的数学性逻辑处理模型程序过于复杂难懂，同时受数学计算能力的影响，因此难度较大。而前三种方法无法满足所有的定性指标定量化要求，适用范围小。因此，本研究将采用替代指标代替定性指标的方法。在此方法下，可供选择的合格指标应符合以下两个要求：第一，与实际实施的水利建设项目具有较强的相关性（不具有普遍性），能够对项目的实施效果进行预测；第二，过程对项目成果的净影响可以充分地加以解释。

6.2.4 绩效评价指标权重计算研究设计

权重赋值方法研究分析如表6-5所示。水利类地方政府专项债券项目绩效评价要满足财政管理体制改革的科学化、精细化要求。因此，水利类地方政府专项债券项目绩效评价指标的权重必然要满足较高精度的要求。本研究将采用主观赋权法与客观赋权法相结合的方法，针对水利类地方政府专项债券项目绩效评价指标具有递阶层次的特点，确立可量化、数据来源可靠的层次指标体系，尽可能地让所有数据指标系统全面反映水利类地方政府专项债券项目的特点。因此，本研究将在定性指标定量化的基础上，得到可替代化的结果性指标，然后使用熵权法和CRITIC法确定各指标权重，从而得到各指标权重值。

CRITIC法用对比强度和冲击程度来度量指标的客观权重。对比强度用标准差表示，冲击程度用相关系数表示。学者们在研究过程中发现标准差带有量纲，并且相关系数可能出现负值，但实质上冲击程度只与相关系数的绝对大小有关，而与正负无关。因此，本文对CRITIC方法进行改进：

（1）对数据进行归一化处理，消除量纲的影响；

（2）对相关系数取绝对值，排除正负号的影响。

此外，CRITIC法虽然能够将多个指数的相对强度和相互抵触度结合起来进行度量，但却无法度量多个指数间的分散性，而熵权法就是基于多个指数间的分散性来进行度量的。因此，综合使用CRITIC法和熵权法能够更加客观地反映指标的权重。

权重赋值方法研究分析　　　　　　　表6-5

类别	方法	基本原理	优点	缺点	适用范围
主观赋权法	专家评价法	专家评价法是基于定性和定量分析，采用相应的专家评分等方法，对评价指标进行定量加权的方法	对样本数据以及原始资料的要求程度低，操作简单易懂	主要凭借专家的主观重视程度	用于绩效评价指标体系较成熟的情形；各项评价标准及评价方法比较准确、精度要求较低的项目
	层次分析法	提出了一种以质量和数量结合为特征的多因素多目标决策方法，将多目标决策问题分解为多个层次，在每一个层次上，将多个因素的权重进行二次比较，得出各因素的相对重要性，构建比较矩阵，进行多目标决策问题的随机一致性测试。使用相应的公式来计算所述相对重要度的分类（也就是在每个度量中分配权重）	允许用户清楚地、综合地考虑并度量指数的相关意义，并从低到高构建分级指数系统的分层模式。快捷科学	检验的绩效评价指标权重难以保证应满足的相关要求	用于难以完全采用定量方法进行评价指标权重计算的复杂情形
	序关系分析法	根据绩效评价指标对评价标准的重要性来确定绩效评价指标权重	绩效评价指数的加权方法简便	计算结果易受评价者的主观因素影响	适合与客观方法相结合的绩效评价指标权重计算方法
客观赋权法	CRITIC法	综合考虑指标之间的内变性和指标之间的冲突性确定指标权重。指标内变率是指用标准偏差 σ_j 表示的相同指标的各个评价目标的数据差异的大小。指标间的矛盾是指各指标间的差别，它是以各指标间的相关性为依据进行的一种扩展度量，两指标间的相关性越高，则冲突性越小，权重越小	完全利用数据自身的客观属性进行科学评价	需要每个指标的数据，对应的量化指标选取比较重要且有一定难度	用于数据的稳定性；可用作信息载体，与所研究的指数和因子有某种联系的资料

续表

类别	方法	基本原理	优点	缺点	适用范围
客观赋权法	TOPSIS法	检测被评价者与正、负理想解之间的关系，并进行相应的排序。如果评价目标最接近于正的理想解，同时远离负的理想解，则评价目标是最佳的，否则评价目标是最坏的	可对多种版本的原始资料进行标准化，并易于运算。无须进行测试，就能对多个效应指标选取的组合效应强度进行描述。数据分布、样本数量和指标数量不受严格限制	需要每个指标的数据，对应的量化指标选取有一定的难度；必须有两个以上的研究对象才可以使用	TOPSIS法将各方案与最优方案的公式接近程度作为评价方案优劣的标准；适用于根据多项指标，对多个方案进行比较选择
	熵权法	熵是一种信息量的测量方法，通过反映某一指标提供的信息量，判断它在整个评价过程中起到的作用。当某一指标具有较低的信息熵时，表示该指标具有较大的变异性和较高的信息量，并且该指标具有较高的权重	能充分反映评价指标样本数据的差异	得到的指数权重与被评价目标之间存在着较强的相关性，并且容易受到原始数据的干扰	适用于评价标准及分值成熟的情形；指标权重计算所需的数据量较大

6.3 水利类地方政府专项债券绩效评价指标体系构建

6.3.1 地方政府专项债券

1. 地方政府专项债券演进历程

尽管中央政府和地方政府较早关注到了地方政府专项债券，但直到2015年，中央政府才真正开始授权当地政府发行政府专项债券。1985年9月，国务院发布了《关于暂不发行地方政府债券的通知》，认为当前经济增长速度过快，投资增加过猛，如不加以控制，就会导致物价上涨。因此，要求各地方政府不要发行地方政府债券。此外，为防止地方政府的专项债发行失控，影响国民经济的正常运转和经济结构的调整，1994年颁布的预算法也对地方政府专项债的发行做出了严格的规定。为应对2008年经济危机的影响，2009年发布的《财政部关于印发〈2009年地方政府债券预算管理办法〉的通知》（财预〔2009〕21号），开启了重新开始探索地方政府债券的发行之路。财政部在2009—2010年间共代理发行了60份地方政府专项债券，总额约为4000亿元。2011年开始，中央选取经济相对发达、财政实力较强的城市试点发行地方政府债券。新预算法于2015年1月正式施行,规定只有省级政府才能通过地方政府债券进行直接融资,使地方政府专项债券的发行规模快速增长。2014年10月,《国务院关于加强地方政府性债务管理的意见》(国发〔2014〕43号)指出,要加快建立健全政府债券发行、募集和使用的规范化、制度化、制度化、法律化等方面的问题,以促进政府债券市场的健康发展。2016年,国务院办公厅印发《地方政府性债务风险应急处置预案》,对地方政府性债务风险应急处置做出总体部署和系统安排,明确地方政府性债务风险应急处置办法,加强专项治理。2017年,财政部出台《新增地方政府债务限额分配管理暂行办法》,对地方政府新增债务限额分配管理,强化新增负债管控。2020年,《财政部关于印发〈地方政府债券发行管理办法〉的通知》(财库〔2020〕43号)对地方政府专项债券的发行额度和期限、信用评级和信息披露等做出了详细规定,建立了一套较为完善的地方政府专项债券发行管理系统。总之,当前地方政府专项债券的发行是一种新型的市场筹资机制,它能较好地解决地方政府的融资问题,是解决地方政府债务问题的重要途径。

2. 地方政府专项债券项目申报流程

地方政府专项债券项目的申报分为项目储备、项目初期的筹备工作、项目申报入库、项目核准及额度发放,如图6-3所示。

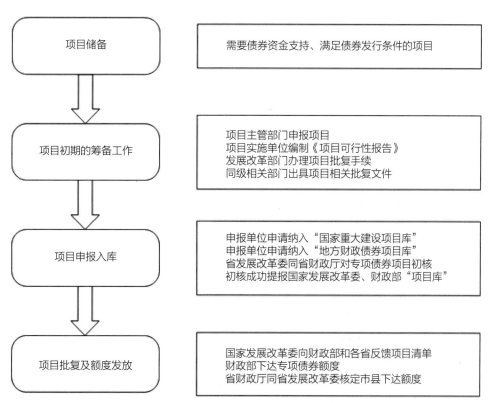

图6-3 地方政府专项债券项目申报流程

第一，项目储备。地方政府要充分认识和把握政策要求，为国家宏观经济政策、部门及行业发展计划中的特定项目、符合债券发行条件和要求的项目做好前期工作。专项债券项目必须具有比较明显的经济效益和社会效益，特别是具有一定回报的基础建设或公用工程，并对正在建设的和列入有关计划的具有重要意义的国家重点建设工程给予优先考虑。

第二，项目初期的筹备工作。项目单位要做好申报项目的前期调查工作，对项目进行可行性分析，编写《项目可行性报告》，同时要确保项目的各项指标达到国家政策要求和有关行业标准。发展改革部门对规划、土地和环保等同级部门的审批文件进行审批。这一阶段对地方政府专项债券的发行和管理起着举足轻重的作用，它决定着项目能否顺利实施，项目的支出进度能否达到预期目标，项目的前期筹备是否充分、合法、规范。

第三，项目申报入库。申报单位应向同级财政部门、发展改革委提出申请，根据"资金跟着项目走"的原则，申请参加地方政府投资的项目和中央财政支持的项目。专项债券项目由省级发展改革委会同省级财政部门进行初步审核，审核合格后，上报财政部和国家发展改革委有关"项目库"。

第四，项目核准及额度发放。发展改革委审核后，将核准的项目清单上报财政部和省级政府，财政部按照发展改革委核准的项目清单对专项债券进行核准，省级财政部门和省级发展改革委再对市县专项债券进行核准。

6.3.2 水利类地方政府专项债券特点

1．使用类型

水利专项债券的发行对象主要是一些以公益性为基础，但又有一定回报率的工程。2022年4月26日，时任水利部副部长魏山忠主持开展用好地方政府专项债券调度会商，贯彻落实国务院决策部署，推进水利建设更多利用地方政府专项债券，进一步扩大水利投资规模，为推动新阶段水利高质量发展提供资金支持。仅2022年前5个月，水利项目落实专项债券1109.7亿元，较2021年同期增长184.2%。对近几年全国水利类地方政府专项债券的发行情况进行梳理，结果表明，水利工程建设单位对重大水利工程、引、调水工程、中型水库、城乡一体化供水工程，以及其他具有一定收益的准公益性工程，都采取了优先选择的政策。例如，云南省于2021年5月19日就云南省滇中调水工程（以下简称"滇中调水工程"）发行了一笔规模为50亿元的地方政府专项债券。2020年1月，福建省首次公开发行了1~3期"水利建设专项债券"，涉及11个城镇、乡村供水配套项目，项目总投资41.9亿元，专项债券资金额度为9.68亿元，占比23.1%。

2．资金利率和发行期限

专项债券的票面利率偏低，发行期限主要集中在10~30年中期和长期，如表6-6所示。这使得水利建设项目使用专项债券的资金和财务成本相对低廉，同时也符合水利建设项目公益性的特点，并满足工程长效运行的内在要求。

近5年专项债券发行利率和期限情况　　　　　表6-6

年份	发行利率（%）	发行年限（年）
2018年	3.9	6.1
2019年	3.43	9.0
2020年	3.44	14.6
2021年	3.41	14.2
2022年	3.02	15.5

3．水利类地方政府专项债券发行规模

水利类地方政府专项债券发行规模远小于其他行业。根据财政部官网，截至2022年3月末，全国累计发行约1.25万亿元的地方政府专项债券。其中，4157亿元用于支持市政和产业园区基础设施、2316亿元用于交通基础设施、2251亿元用于社会事业、2016亿元用于保障性安居工程、1004亿元用于农林水利、468亿元用于生态环保，251亿元用于能源、城乡冷链等物流基础设施建设，如图6-4所示。

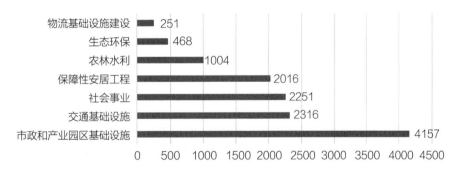

图6-4　部分领域使用地方政府专项债券的规模（单位：亿元）

由图6-4可知，水利类地方政府专项债券在全行业地方政府专项债券中所占的比重很小（8.03%），主要是作为工程负债融资。另外，在中型水库和城乡一体化供水等少数投资较小的水利工程中，各有关部门往往以专项债券作为项目融资方式，而不是以市场机制作为项目融资方式。通过这种方式，可以减少现金流的偿付压力，从而解决水利基本建设和运行中出现的低产出率、低现金流量、高额财务成本等问题。

6.3.3 水利类地方政府专项债券绩效评价指标的选取

水利类地方政府专项债券绩效评价主要包括三个阶段和类型：①前期阶段的事前绩效评价，即项目入库阶段和新增额度分配阶段的绩效评估。在此过程中，由于入库和新增额度分配工作是紧密联系的，不能单独进行，从而使各项指标更加科学、连贯和全面。②事中绩效运行监控，主要包括债券发行考核、债券资金管理运用考核、预算管理考核。债券发行为前期主体工作，项目运营和资金预算管理为后期主体工作。在此过程中，各执行单位的职责和任务是不一样的，相应的考核也要分类别开展。③事后绩效评价。地方政府专项债券项目在实施期结束后的绩效评价应更加注重产出和效益。2021年6月，财政部印发的《地方政府专项债券项目资金绩效管理办法》，对规范和加强地方政府专项债券项目资金绩效管理做出部署，明确指出，地方财政部门应当对项目管理机构或建设单位进行事前考核，对考核合格的项目，按照规定办理专项债券入库手续。据此，本研究主要研究水利类地方政府专项债券事前绩效评价。

1．事前绩效评价的重点论证内容

事前绩效评价的目的是确定项目是否有能力、有必要、有可能获得国家财政的专项债券资助，其主要内容如下：

（1）项目实施的必要性、公共利益、效益；

（2）工程施工的投资合规与工程成熟度；

（3）项目融资渠道及资金到位的可行性；

（4）项目收益成本效益预测的合理性分析；

（5）债券需求的合理性；

（6）项目偿债计划可行性和偿债风险点；

（7）绩效的合理目标；

（8）需要在事前绩效评价中列入的其他事项。

2．水利类地方政府专项债券项目事前绩效评价一级指标的确立

《财政部关于印发〈中央部门项目支出核心绩效目标和指标设置及取值指引（试行）〉的通知》（财预〔2021〕101号）指出，绩效指标包括成本、产出、效益和满意度四类一级指标。工程基建类项目和大型修缮及购置项目等应设置成本指标。《项目支出绩效评价管理办法》则给出了项目支出绩效评价指标体系的参考框架。上述文件为本研究构建水利类项目绩效评价指标体系提供了基础。

此外，专项债券项目绩效评价指标在不同阶段的侧重点也应有所区别。其中，项目筹划期绩效评估应重点考虑融资方向的必要性、偿债方案的可行性、偿债风险以及绩效的合理目标；项目建设阶段绩效评价应侧重于决策支持（支持范围、支持方向、专项债的申请、专项债的额度与需求匹配）、管理（专项债的使用安全与成本管理、建设管理）和产出（数量，质量，成本，及时性）等方面，并充分考虑到债券资金的使用进度和资金的具体实施情况；运营阶段更重视管理、效益、项目的盈利与还本付息、外部效应的实现、服务对象与社会的满意度。而成本指标反映工程项目建设成本控制情况、项目决算审核情况、分享单位成本控制情况、初步设计概算控制情况，这恰好反映了项目建设期间的资金使用成本管理，属于事中绩效评价的研究内容，与本研究的水利类专项债券项目事前绩效评价涵盖范围不同。效益方面，由于水利项目的公益性特征决定了其与其他营利性项目不同，它的核心目标是创造社会价值和保护环境，在对水利工程进行评价时，通常都看重项目产生的效益。因此，本研究在事前绩效评价中加入"预期效益"并将其作为一级指标。

综上所述，水利类地方政府专项债券项目绩效评价指标体系的一级指标最终选择项目决策、项目管理和预期效益三类。

3. 事前绩效评价二、三级指标的构建

本研究将在《共性项目预算绩效指标体系目录》（2021年度）基建工程类和建筑改建与修缮类的基础上，在《地方政府专项债券项目资金绩效管理办法》《项目支出绩效评价管理办法》和《财政部关于印发〈中央部门项目支出核心绩效目标和指标设置及取值指引（试行）〉的通知》（财预〔2021〕101号）的指导下，完善水利类地方政府专项债券项目事前绩效评价的二、三级指标。

1）项目决策

《项目支出绩效评价管理办法》在决策阶段设置了项目立项、绩效目标、资金投入三个二级指标。通过这三个指标，对项目单位是否按规定的立项程序进行考核、对项目资金是否可以顺利到位进行考量、对项目预期目标是否合理进行评价。

项目立项有以下几个步骤：首先，当项目获得资助的基本条件已满足时，由项目方根据项目的基本状况、项目计划、专项资金申报、预计效益报告等项目所需提交的立项资料，经有关机关审查后确定为资金扶持计划，并按照实际情况决定具体补助数额、经费拨款时间等，再提出项目正式批准申报资料。因此，绩效评估组首先要审核建设项目的资料是否齐全、是否符合要求，是否存在多报、虚报、假报现象。因此，在项目立项二级指标下，设置了立项依据充分性、项目收益性、流程规范性、项目可行性四个三级指标。

项目方案制定后，则需考察项目申请资金是否合理、项目预期目标是否合理、偿债风险是否可控、专项经费是否及时足额落实。因此，绩效目标第二层次的指标中，设定了两个三级指标：绩效目标明确性与绩效目标合理性；在资金投入方面，设置了三个三级指标，即财务分析合理性、债券资金需求合理性、偿债风险可控性。

2）项目管理

"财务管理"和"组织实施"是《项目支出绩效评价管理办法》在过程阶段的两个二级指标。可以看到，过程阶段主要考虑业务和财务两方面。本研究在一级指标项目管理下设置了资金落实和实施准备情况两项二级指标。

此外，专项资金能否落实直接影响着工程项目建成后的施工效率和服务质量。专项资金的运用贯穿于水利工程项目施工的全过程，同时也是绩效评价项目的关键内容，通过建立资金落实目标来体现和评价资金运用企业的财务制度、经费运用状况、财务控制状况。因此，在资金落实二级指标下，设置了资金分配合理性、资金到位可行性和资金到位及时性三个三级指标。重点考察项目实施单位有无设立并具备了相关的财务制度和内部规章制度，专项债券和其他资金是否及时到位，有无将已通过财务检查的专项资金专款专用，有无将专项资金用作其他项目的情况。

在实施准备目标方面，项目实施单位要建立项目管理、验收、信息通报等制度，使项目管理、进度、质量、验收等管理工作都有可比性，而不是毫无章法，这在一定程度上影响项目的质量和进度。在实际工作中，项目的组织机构、合同、安全、环境、节能，以及与监理有关的管理工作，也是绩效评价的常见内容。因此，设置项目设计、项目安全可控性、项目勘察和招标投标组织实施作为三级指标。

3）预期效益

项目效益是绩效评价工作的重点内容，其主要内容包括：项目建成后的经济效益、社会效益、社会公众满意度、服务对象满意度。考虑事前绩效评价，本文设置经济效益、社会效益、生态效益、可持续影响四个二级指标。

根据预计项目建成后的资源整合效果、洪涝灾害影响、环境美化程度、河道防洪能力的提升、人口环境容量等，设置三级指标。在二级指标经济效益下设置本息覆盖倍数、还本付息及时率、项目预期收益与债券本息是否平衡三个三级指标；在二级指标社会效益下设置与政策方针的符合性、与法律法规的相符性、带动社会有效投资额三个三级指标；在二级指标生态效益下设置水资源有效利用率、空气质量计划改良率和防洪排涝效益三个三级指标；在二级指标可持续影响下设置对本行业未来可持续发展的影响一个三级指标。

综合以上分析，水利类地方政府专项债券三级评价指标及要点如表6-7所示。

水利类地方政府专项债券项目事前绩效评价的指标体系　　　表6-7

一级指标	二级指标	三级指标	评估要点
项目决策	项目立项	立项依据充分性	（1）项目是否属于社会经济效益明显、群众期盼、早晚要干的实体政府投资项目； （2）项目是否纳入国家和地方"十四五"规划； （3）项目是否纳入国家重大区域发展战略以及省、市级重点项目
		项目收益性	（1）项目是否具有公益性； （2）项目是否有明确的收入来源； （3）收入来源是否合规合法； （4）项目收入能否可靠实现
		流程规范性	（1）项目应用程序的过滤程序是否符合规定； （2）整体申请批准程序是否规范； （3）项目的前期资料、手续是否完备； （4）计划编制程序是否符合规定

续表

一级指标	二级指标	三级指标	评估要点
项目决策	项目立项	项目可行性	（1）项目是否符合国家专项债券资金； （2）项目是否属于在建项目； （3）如果是新建工程，是否已获得立项批复，是否在再融资要求的期限内具备建设条件，且可产生实际工作负荷，并带动有效投资
	绩效目标	绩效目标明确性	（1）工程设计质量标准，工程建设质量目标，工程总体使用功能，工程设备先进程度； （2）与公司长远计划目标，年度工作目标相符程度； （3）项目收益定位是否明确； （4）绩效目标是否设置明确
		绩效目标合理性	（1）绩效目标与项目预计解决的问题是否相符； （2）绩效目标是否符合实现要求； （3）绩效目标有没有前瞻性和挑战性； （4）绩效指标是否有细化量化的指标，是否有合理可评估的指标值； （5）绩效目标和指标设置的关联性如何
	资金投入	财务分析合理性	（1）项目各方的责任，合同的条款是否合理，是否完善； （2）财政的债务承受力合理性； （3）项目收入预测是否合理； （4）项目成本预测是否合理； （5）项目收益预测是否合理
		债券资金需求合理性	（1）申报专项债券额度的合理性分析； （2）项目预计收益对贷款费用的抵扣比率（本息覆盖倍数）； （3）申报额度测算依据是否充分； （4）年度分项资金需求与工程进度及年度施工任务是否相匹配
		偿债风险可控性	（1）项目是否制定了详细的偿债计划； （2）偿债计划是否可行； （3）是否制定了项目风险指标体系； （4）项目风险是否可控； （5）申请单位对偿债风险认识是否全面； （6）是否为预期的风险制定对策； （7）应对措施是否可行、合理、有效
项目管理	资金落实	资金分配合理性	（1）专项债券基金的用途有无清晰的规划； （2）使用计划与项目进度是否匹配
		资金到位可行性	（1）财政资金、配套资金到位流程是否合规、科学； （2）财政资金、配套资金是否有明确的到位时间
		资金到位及时性	财政资金、配套资金到位时间是否及时
	实施准备情况	项目设计	（1）项目设计方案是否可行； （2）设计变更应对措施是否有效
		项目安全可控性	安全监管机构、安全施工责任分工是否完善有效
		项目勘察	（1）勘察工作流程是否合规； （2）是否有不利物质条件引起的工程索赔； （3）是否有合理的应对方案
		招标投标组织实施	招标投标工作流程、开标评标规则是否合规

续表

一级指标	二级指标	三级指标	评估要点
预期效益	经济效益	本息覆盖倍数	本息覆盖倍数=专项收入的现金流收入/专项债券还本付息
		还本付息及时率	还本付息是否及时
		项目预期收益与债券本息是否平衡	（1）项目预期收益与融资平衡方案是否科学可行； （2）是否虚增或扩大了项目收入收益
	社会效益	与政策方针的符合性	项目是否符合相关的政策方针
		与法律法规的相符性	项目是否符合相关的法律法规
		带动社会有效投资额	项目带动社会投资的投资金额
	生态效益	水资源有效利用率	水资源利用效率，也叫开发利用效率，是指某一地区或某一流域的总用水量与总用水量之比，它反映了该地区或该流域水资源的开发利用程度
		空气质量计划改良率	空气质量优良的天数占全部监测天数的百分比
		防洪排涝效益	防洪工程所避免的灾害损失。只有遇上可防洪水，防洪效益才会显现（潜在效益）；如果遇不到这类洪水，效益就体现不出来
	可持续影响	对本行业未来可持续发展的影响	对水利行业未来可持续发展的影响是否积极，是否可以全面提高项目所在地居民的生活水平

此外，水利类项目的公益性特征决定了它与其他营利性质的项目有根本不同，其主要目的是实现社会效益与生态效益的统一。因此，其绩效评价指标应包括但不限于经济、社会和环境。本研究参照《河南省省级预算绩效评价结果应用管理办法》中给出的绩效评价指标体系，进而绩效完善水利项目财政专项资金绩效评价体系。根据建设项目相关的政策法规、专项债券资金制度、财务规章制度、项目申报书、可行性研究报告、投资申请资料等，同时通过对国内外学者对水利类项目专项资金投入、实施过程和所创造的社会和环境价值的总结，筛选并建立了水利类地方政府专项债券事前绩效评价指标体系，包括项目决策、项目管理、预期效益三个维度，具体一级指标、二级指标、三级指标如图6-5所示。

6.3.4 结果性指标的选取研究

上述步骤构建起的绩效评价指标体系中存在大量的定性指标，这种指标是指无法通过数量计算研究并分析评价的内容，而采取对评价对象进行客观描述和分析来反映评价结果的指标。如何对定性指标进行合理的状态描述决定了绩效评价指标体系能否得到有效的实施。因此，本文将在前文确定的水利类地方政府专项债券绩效评价指标基础上，分析其中的定性指标可能在项目实施过程中会出现的结果，并用定量化的绩效评价指标来替代，以

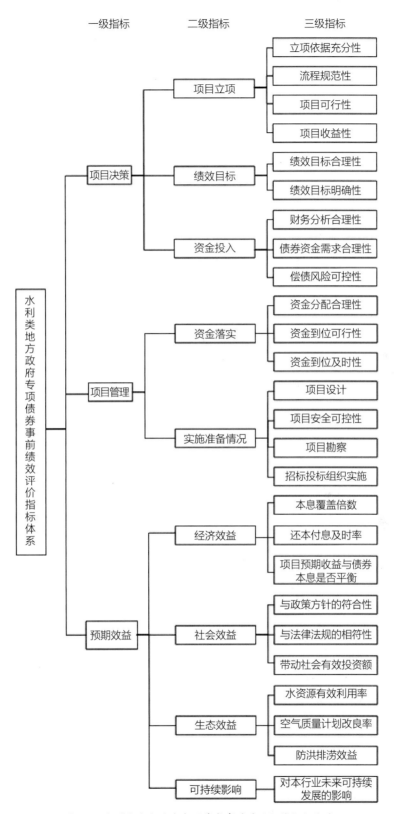

图6-5 水利类地方政府专项债券事前绩效评价指标体系

达到绩效考核指标之间的可比性为目的,为政府部门建立一套水利类地方政府专项债券建设项目的绩效评价指标体系提供支撑。

1. 定量化指标的替代原则

1）全面性原则

使确立的指标既能反映水利类地方政府专项债券项目的总体状况,又能突出具体项目的真实情况。替代后的定量化指标要求反映原先定性指标的要求。

2）相关性原则

绩效评价的目的就是通过对评价结果与具体的价值尺度进行对比,从而对其实现水平和影响因素进行全面的评价。这样,就可以保证替换的定量指标与原来的定性指标是统一、整体性、客观的和真实的。

3）可控制性原则

替代后的定量指标要求能够与替换前的指标反映共同属性,易于采集。

4）结果导向原则

以结果为参考依据的地方政府专项债券绩效评价,是指从项目的规划、实施、检验和评估等方面进行考量,考虑具体项目的长期目标规划和价值效益,进行替代性指标的选取。

2. 定量化指标选取

在项目决策一级指标中,定性分析指标无法全面反映工程项目的实际情况,也无法对其进行量化,只能通过项目最终的绩效结果来评价其对水利专项债券建设项目的绩效影响,因此,需要用一定的结果性指标来替代其定性指标。

与项目决策一级指标不同,项目管理一级指标通常借助项目建设过程中可能产生的结果来进行评价,不仅凸显了绩效评价的时效性,也能找出项目管理和实施中的需要改进之处。例如：组织实施阶段,项目的质量可控性、项目安全可控性指标,在评价时无法直接度量。在这种情况下,应当按照上述的定量替换原理,根据我国现有的管理体制和产业规范,以建设工程的优良率和竣工验收合格率来衡量建设工程的质量,并以返工损失率为主要指标,对建设工程的缺陷责任期限内的建设工程质量进行评估。

3. "一票否定"式指标研究

水利类地方政府专项债券项目绩效评价指标定量化,并不能确保所有定性指标均能找到对应的定量替代指标,还有部分定性指标不能被定量替代。这类指标则应根据定性指标的具体属性并按照相应评价方法进行绩效评价。其中,"一票否定"式指标是指在项目施工过程中,交易双方应满足或履行的各项要求,即不进行评级说明,仅对是否符合性进行判定,如果某一管理规范与相关的法律、法规的规定相抵触,则可将该项目的总体绩效评价结果认定为不符合标准。

4. "降档评级"式指标研究

通过上述对水利类地方政府专项债券项目绩效评价指标的分析可发现,立项依据充分性、流程规范性、项目可行性等需要根据项目情况具体分析的指标，不能用定量的指标来替代。并且，根据我国基本建设项目的特点，如果在此基础上还存在一些不符合要求的因素，则也可以进行下一阶段的工作，这类指标也无法归入"一票否定"式，因此，引入"降档评级"类指标，但必须结合工程的实际情况进行分析。

本研究将此类指标分为"优秀""良好""一般""较差"四个档次。根据表6-7显示的评估要点，对此类指标予以"降档评级"分析。规定如果其中1项或者2项指标未达标，但对工程建设的进展、总体效益没有影响，可以认为对最后的业绩评估无影响，即不予降档；如果其中有3项或者4项未达标，则以最后的绩效评价结果为准，降低一级，即如果原先的水利类地方政府专项债券项目绩效评价等级为"优秀"，在进行降档处理后，最终的绩效评价等级为"良好"。如所有评价要素均未达标，则采用"一票否定"的评价方法，在完成有关材料和程序后，方可继续进行项目的评价。

综上所述，最终确定的结果性指标如表6-8所示。

水利类地方政府专项债券项目绩效评价结果性指标　　　　表6-8

一级指标	二级指标	三级指标	结果性指标	代码	指标说明	指标属性
项目决策	项目立项	立项依据充分性	"降档评级"式指标	—	所提交的文件、资料是否合理完整	正向
		流程规范性	"降档评级"式指标	—	项目是否按照规定的程序申请设立	正向
		项目可行性	"一票否定"式指标	—	是否符合《房屋建筑和市政基础设施工程竣工验收备案管理办法》和《地方政府债券发行管理办法》	正向
		项目收益性	预期收益偏差率	A_1	1－（年当前实际收益率/年预期收益率）	正向
	绩效目标	绩效目标合理性	建设标准合格率	B_1	（达标的单位工程数量/交验单位工程数量）×100%	正向
		绩效目标明确性	目标完成情况偏差率	B_2	预期完成目标与实际完成情况的偏差	正向
	资金投入	财务分析合理性	投资收益偏差率	C_1	预期投资收益率与实际投资收益率的偏差	正向
		债券资金需求合理性	"一票否定"式指标	—	专项债资金需求是否科学合理	正向
		偿债风险可控性	"降档评级"式指标	—	偿债计划、风险评估指标体系、风险应对措施合理有效	正向

续表

一级指标	二级指标	三级指标	结果性指标	代码	指标说明	指标属性
项目管理	资金落实	资金分配合理性	资金利用率	D_1	资金使用计划与项目进度的匹配度	正向
		资金到位可行性	专项资金到位率	D_2	（及时到位专项资金/应到位专项资金）×100%	正向
		资金到位及时性	配套到位及时率	D_3	（及时到位配套资金/应到位配套资金）×100%	正向
	实施准备情况	项目设计	设计变更率	E_1	（设计变更引起的价款调整/合同总价款）×100%	负向
		项目安全可控性	安全措施达标合格率	E_2	现场安全措施最终达标合格情况	正向
		项目勘察	不利物质条件引起的工程索赔率	E_3	（不利物质条件引起的工程索赔额/合同总价款）×100%	负向
		招标投标组织实施	"一票否定"式指标	—	是否符合《中华人民共和国招标投标法实施条例》	正向
预期效益	经济效益	本息覆盖倍数	本息覆盖倍数	F_1	项目收益合计/债券还本付息合计	正向
		还本付息及时率	还本付息及时率	F_2	及时还本付息金额/应还本付息金额	正向
		项目预期收益与债券本息是否平衡	"降档评级"式指标	—	项目预期收益与融资平衡方案是否合理、是否虚增或扩大了项目收入收益	正向
	社会效益	与政策方针的符合性	"一票否定"式指标	—	是否符合相关政策方针	正向
		与法律法规的相符性	"一票否定"式指标	—	是否符合相关法律法规	正向
		带动社会有效投资额	带动社会有效投资额	G_1	带动社会有效投资额度	正向
	生态效益	水资源有效利用率	水资源有效利用率	H_1	（流域或区域用水量/水资源总量）×100%	正向
		空气质量计划改良率	空气质量计划改良率	H_2	（空气质量优良天数/全年监测总天数）×100%	正向
		防洪排涝效益	改善除涝面积	H_3	防洪工程所避免的灾害损失；遇到可抵御洪水，防洪排涝效益为100；没有遇到可抵御洪水，防洪排涝效益为0	正向
	可持续影响	对本行业未来可持续发展的影响	积极/良好/不优秀	I_1	积极80分，良好60分，不优秀30分	正向

6.4 水利类地方政府专项债券绩效评价指标权重

6.4.1 绩效评价指标权重初步计算

对于不能进行定量化替代的定性指标，例如项目可行性、债券资金需求合理性等指标划归为"一票否定"式指标，立项依据充分性、流程规范性、偿债风险可控性指标按照"降档评级"进行处理，即基于最终的水利类地方政府专项债券绩效评价结果进行比对。因此，所述指标不涉及总得分的计算，并且也不需要进行权重的计算。

本研究采用主观赋权法与客观赋权法相结合的方法，针对水利类地方政府专项债券项目绩效评价指标具有递阶层次的特点，结合前述章节确定的绩效评价指标权重的研究设计，采用层次分析法确定一级指标和二级指标的权重，三级指标权重值则采用CRITIC-熵权法组合权重法来进行计算。特别地，对CRITIC-熵权法组合权重法的计算过程进行下述说明。

设存在m个评价对象，设置了n个指标，初始数据为X_{ij}（$i=1,\cdots,m; j=1,\cdots,n$）。因为不同的指标单位不同，并且对结果的正反向引导作用也不同，因此在执行该熵值方法前，必须执行预先的数据处理，包括正向化或者逆向化两种处理（统称为数据归一化处理）：

$$X_{ij}=\frac{X_{ij}-X_{\min}}{X_{\max}-X_{\min}} \quad (X_{ij}\text{为效益型指标}) \tag{6-1}$$

$$X_{ij}=\frac{X_{\max}-X_{ij}}{X_{\max}-X_{\min}} \quad (X_{ij}\text{为成本型指标}) \tag{6-2}$$

式中，$X_{\max}$和$X_{\min}$分别为第j项指标的最大值和最小值，X_{ij}为处理后的数据。

根据CRITIC法计算权重，计算第j项指标的信息量：

$$C_j=\frac{\sigma_j}{\overline{X}_j}\sum_{i=1}^{m}(1-|r_{ij}|) \tag{6-3}$$

式中，σ_j、$\overline{X}_j$分别为第j项指标的标准差和平均值，r_{ij}为第i项指标与第j项指标之间的相关系数。

计算第j项指标的权重：

$$w_1=\frac{C_j}{\sum_{j=1}^{n}C_j} \tag{6-4}$$

根据熵权法计算权重，计算第i个评价对象和第j项指标出现的概率：

$$P_{ij}=\frac{X_{ij}}{\sum_{i=1}^{m}X_{ij}} \tag{6-5}$$

计算第j项指标的信息熵：

$$e_j=-\frac{1}{\ln m}\sum_{i=1}^{m}P_{ij}\ln P_{ij} \tag{6-6}$$

计算第j项指标的权重：

$$w_2 = \frac{1-e_j}{\sum_{j=1}^{n}(1-e_j)} \quad (6-7)$$

计算第j项指标的组合权重：

$$w_j = \beta w_1 + (1-\beta) w_2 \quad (6-8)$$

本文中假设熵权法和CRITIC法具有相同的重要性，取$\beta=0.5$。

6.4.2 计算过程

1. 层次分析法

层次分析法所确定的指标权重为向资深专家发放调查表，根据专家对评价指标的了解程度及专业知识，可以从不同维度申请专家评估，以提高其科学性。本研究采用1~5分标度法，编制了一份指标权重分配建议表格，并将该表格发送至专家，由专家比较和分配相同等级的指标的重要性，并在不同等级的评价矩阵中将评价指标两两对比，并根据它们的相对重要性进行打分。最后通过SPSSAU在线数据处理平台AHP功能模块计算各指标权重和一致性检验结果。每个判断矩阵如表6-9~表6-14所示。

一级指标AHP数据 表6-9

一级指标	项目决策	项目管理	预期效益
项目决策	1.000	0.333	0.250
项目管理	3.000	1.000	0.769
预期效益	4.000	1.300	1.000

二级指标AHP数据 表6-10
(数据来源：SPSSAU在线数据处理平台)

	项目立项	绩效目标	资金投入	资金落实	实施准备情况	经济效益	社会效益	生态效益	可持续影响
项目立项	1.000	0.333	0.500	0.200	0.370	0.083	0.167	0.125	0.143
绩效目标	3.000	1.000	1.429	0.588	1.111	0.250	0.500	0.370	0.435
资金投入	2.000	0.700	1.000	0.400	0.741	0.167	0.333	0.250	0.286
资金落实	5.000	1.700	2.500	1.000	2.000	0.455	0.833	0.625	0.667
实施准备情况	2.700	0.900	1.350	0.500	1.000	0.227	0.455	0.333	0.385
经济效益	12.000	4.000	6.000	2.200	4.400	1.000	2.000	1.493	1.724
社会效益	6.000	2.000	3.000	1.200	2.200	0.500	1.000	0.769	0.833
生态效益	8.000	2.700	4.000	1.600	3.000	0.670	1.300	1.000	1.136
可持续影响	7.000	2.300	3.500	1.500	2.600	0.580	1.200	0.880	1.000

判断矩阵的特点：

第一，AHP数据形式的斜向上、下都必须为"1"，即自身与自身的重要程度完全相同；

第二，右上角和左下角数据呈互为倒数对称格式；

第三，数字代表指标之间的相对重要性，数字越大代表相对重要性越强。

一级指标AHP层次分析结果　　　　　　　　　　　表6-11
(数据来源：SPSSAU在线数据处理平台)

一级指标	特征向量	权重值	最大特征值	CI值
项目决策	0.375	12.513%		
项目管理	1.136	37.857%	3.000	0.000
预期效益	1.489	49.630%		

针对项目决策、项目管理、预期效益，用层次分析法建立3级判定矩阵（用和积法），得到的特征向量为（0.375，1.136，1.489），对应的权重值分别为：0.12513，0.37857，0.49630。

二级指标AHP层次分析结果　　　　　　　　　　　表6-12
(数据来源：SPSSAU在线数据处理平台)

二级指标	特征向量	权重值	最大特征值	CI值
项目立项	0.193	2.143%		
绩效目标	0.574	6.381%		
资金投入	0.388	4.309%		
资金落实	0.977	10.858%		
实施准备情况	0.517	5.740%	9.002	0.000
经济效益	2.290	25.444%		
社会效益	1.155	12.838%		
生态效益	1.543	17.139%		
可持续影响	1.363	15.148%		

从表6-12可知，针对项目立项、绩效目标、资金投入、资金落实、实施准备情况、经济效益、社会效益、生态效益、可持续影响，用层次分析法建立9级判定矩阵（用和积法），得到特征向量为（0.193,0.574,0.388, 0.977,0.517, 2.290,1.155,1.543,1.363），对应的权重值分别为：0.2143,0.6381, 0.4309,0.10858, 0.5740, 0.2544 4,0.12838,0.17139,0.15148。

但专家打分法难免会受主观因素影响，最后，需要对该模型进行一致性测试，以验证该模型的可靠性和有效性。典型地，较低的CR值可以更好地确定矩阵的一致性。

一级指标一致性检验结果　　　　　　　　　　表6-13
（数据来源：SPSSAU在线数据处理平台）

最大特征根	CI值	RI值	CR值	一致性检验结果
3.000	0.000	0.520	0.000	通过

二级指标一致性检验结果　　　　　　　　　　表6-14
（数据来源：SPSSAU在线数据处理平台）

最大特征根	CI值	RI值	CR值	一致性检验结果
9.002	0.000	1.460	0.000	通过

2．CRITIC－熵权法组合权重法

1）数据来源

选取某城市供水项目，且属于有一定收益的公益性项目。项目建成后每年的收入扣除支出后略有结余，因此，能够维持项目的正常运营。项目资金来源：项目总投资150362.41万元，全部为建设投资，其中建筑工程费用126822.15万元，其他费9625.13万元，预备费10912.13万元，建设期贷款利息2914万元，铺底流动资金89万元。本项目拟申请2023年新增专项债券需求规模总计32500万元，其中用作资本金需求为0万元，申请专项债年限为30年。运用CRITIC－熵权法组合权重法确定各指标权重的计算过程如表6-15~表6-24所示。

三级指标B_1、B_2熵权法权重计算结果　　　　　表6-15

三级指标	信息熵值e	信息效用值d	权重系数w
MMS_建设标准合格率	1.0000	0	0
MMS_目标完成情况偏差率	0.8639	0.1361	100.00%

三级指标D_1、D_2、D_3熵权法权重计算结果　　　　表6-16

三级指标	信息熵值e	信息效用值d	权重系数w
MMS_资金利用率	1.0000	0	0
MMS_专项资金到位率	0.7699	0.2301	41.45%
MMS_配套到位及时率	0.6750	0.3250	58.55%

三级指标E_1、E_2、E_3熵权法权重计算结果　　　　　表6-17

三级指标	信息熵值e	信息效用值d	权重系数w
MMS_设计变更率	0.7792	0.2208	62.09%
MMS_安全措施达标合格率	1.0000	0	0
MMS_不利物质条件引起的工程索赔率	0.8652	0.1348	37.91%

三级指标F_1、F_2熵权法权重计算结果　　　　　表6-18

三级指标	信息熵值e	信息效用值d	权重系数w
MMS_本息覆盖倍数	0.8493	0.1507	58.36%
MMS_还本付息及时率	0.8925	0.1075	41.64%

三级指标H_1、H_2、H_3熵权法权重计算结果　　　　　表6-19

三级指标	信息熵值e	信息效用值d	权重系数w
MMS_水资源有效利用率	0.8655	0.1345	25.81%
MMS_空气质量计划改良率	0.9211	0.0789	15.15%
MMS_改善除涝面积	0.6924	0.3076	59.04%

三级指标B_1、B_2的CRITIC法权重计算结果　　　　　表6-20

三级指标	指标变异性	指标冲突性	信息量	权重
MMS_建设标准合格率	0	1.000	0	0
MMS_目标完成情况偏差率	0.362	1.000	0.362	100.00%

三级指标D_1、D_2、D_3的CRITIC法权重计算结果　　　　　表6-21

三级指标	指标变异性	指标冲突性	信息量	权重
MMS_资金利用率	0	2.000	0	0
MMS_专项资金到位率	0.389	1.764	0.686	47.80%
MMS_配套到位及时率	0.425	1.764	0.749	52.20%

三级指标E_1、E_2、E_3的CRITIC法权重计算结果　　　　　表6-22

三级指标	指标变异性	指标冲突性	信息量	权重
MMS_设计变更率	0.398	1.761	0.701	50.60%
MMS_安全措施达标合格率	0	2.000	0	0
MMS_不利物质条件引起的工程索赔率	0.388	1.761	0.684	49.40%

三级指标F_1、F_2的CRITIC法权重计算结果　　　　表6-23

三级指标	指标变异性	指标冲突性	信息量	权重
MMS_本息覆盖倍数	0.345	0.788	0.272	50.02%
MMS_还本付息及时率	0.345	0.788	0.272	49.98%

三级指标H_1、H_2、H_3的CRITIC法权重计算结果　　　　表6-24

三级指标	指标变异性	指标冲突性	信息量	权重
MMS_水资源有效利用率	0.348	1.047	0.364	31.45%
MMS_空气质量计划改良率	0.327	0.813	0.266	22.98%
MMS_改善除涝面积	0.340	1.554	0.528	45.57%

综上所述，三级指标的权重计算结果汇总如表6-25所示。

三级指标权重结果　　　　表6-25
（数据来源：SPSSAU在线数据处理平台）

一级指标	二级指标	三级指标代码	CRITIC法赋权w_1	熵权法赋权w_2	CRITIC-熵权法组合权重法结果
项目决策	项目立项	A_1	1.0000	1.0000	1.000
	绩效目标	B_1	0	0	0
		B_2	1.0000	1.0000	1.000
	资金投入	C_1	1.0000	1.0000	1.000
项目管理	资金落实	D_1	0	0	0
		D_2	0.4780	0.4145	0.446
		D_3	0.5220	0.5855	0.554
	实施准备情况	E_1	0.5060	0.6209	0.563
		E_2	0	0	0
		E_3	0.4940	0.3191	0.407
预期效益	经济效益	F_1	0.5002	0.5836	0.542
		F_2	0.4998	0.4164	0.458
	社会效益	G_1	1.0000	1.0000	1.000
	生态效益	H_1	0.3145	0.2581	0.286
		H_2	0.2298	0.1515	0.191
		H_3	0.4557	0.5904	0.523
	可持续影响	I_1	1.0000	1.0000	1.000

2）指标权重总体结果（表6-26）

各层级指标相对于本层次的指标权重汇总表　　表6-26
（数据来源：SPSSAU在线数据处理平台）

一级指标	二级指标	三级指标
项目决策（0.12513）	项目立项（0.02143）	项目收益性（1.000）
	绩效目标（0.06381）	绩效目标合理性（0）
		绩效目标明确性（1.000）
	资金投入（0.04309）	财务分析合理性（1.000）
项目管理（0.37857）	资金落实（0.10858）	资金分配合理性（0）
		资金到位可行性（0.446）
		资金到位及时性（0.554）
	实施准备情况（0.05740）	项目设计（0.563）
		项目安全可控性（0）
		项目勘察（0.437）
预期效益（0.49630）	经济效益（0.25444）	本息覆盖倍数（0.542）
		还本付息及时率（0.458）
	社会效益（0.12838）	带动社会有效投资（1.000）
	生态效益（0.17139）	水资源有效利用率（0.286）
		空气质量计划改良率（0.191）
		防洪排涝效益（0.523）
	可持续影响（0.15148）	本行业未来可持续发展的影响（1.000）

应当注意，上述表格中的各个级别的权重数值仅表示在这个级别的指标的加权，也就是这些指标对它们的直接高层的重要程度，而不表示与目标级别相关的加权。因此，各个级别的加权的相乘可以得到与目标级别相关的指标的加权。

3）指标权重分析说明

熵权法得到的结果，熵值越大，数据越混乱，所承载的信息量越少，使用价值越低，则权重越小。熵值既可以用来判定某一事件的随机性和不确定度，又可以用来判定某一指数的分散度，分散度越大，则指数权重越大。CRITIC法数据波动越大，权重越大。两指标重叠性大，权重小。因此，绩效目标合理性、资金分配合理性、项目安全可控性三个指标样本数据取值相同，则该指标对总体评价的影响为0，用熵权法和CRITIC法算出来权重都为0。

| 第7章 |

高铁类地方政府专项债券项目绩效评价指标体系

7.1 高铁类地方政府专项债券项目绩效评价概述

7.1.1 地方政府依法举债融资开展经济社会建设

为化解地方债务危机和支持地方政府开展经济社会建设,国家发展改革委和财政部颁布了一系列的政策,尤其是《中华人民共和国预算法》(2014年修订版)明确了地方政府依法举债融资的权限。根据《中华人民共和国预算法》(2014年修订版)的规定,地方政府有权依法进行债务融资。各省、自治区、直辖市经批准后,可通过发行地方政府专项债券等方式筹集必需的建设项目投资部分资金。《国务院关于加强地方政府性债务管理的意见》(国发〔2014〕43号)指出,要进一步完善政府债券发行和使用制度,控制地方政府债券发行规模、执行预算管理制度,提高专项债券发行和使用效率。地方政府举债以政府债券方式为主,分为一般债券和专项债券。其中,对于没有收益的公益性事业项目,发展需要向借款融资的,地方政府通过发行一般债券筹集资金,并以一般公共预算收入偿还债券;对于取得一定收益的公益性事业项目,发展需要借款融资的,地方政府通过发行专项债券的方式筹集资金,并以相应的政府性基金或专项收入予以还款。此外,为配合中央和地方两级财政对地方政府专项债券的监管制度,按照《中华人民共和国预算法》(2014年修订版)的规定,地方政府专项债券的发行、使用和绩效管理工作逐步展开。为提高专项债券资金的利用效率,更好地防范债务风险,在地方政府实施绩效评价工作的基础上,从预算管理、限额分配、申报发行、市场化配套融资、适用范围和负面清单、用途调整、绩效评价和管理等方面,不断加大对专项债券资金的管理力度。可见,《中华人民共和国预算法》(2014年修订版)赋予了地方政府依法举债融资开展经济社会建设的权力,也因此使地方政府专项债券的发行规模不断加大。

7.1.2 地方政府专项债券的发行范围和规模不断扩大

地方政府专项债券是落实积极财政政策的重要抓手,在落实合理扩大专项债券使用范围方面,2022年地方政府专项债券继续重点用于交通基础设施、能源、农林水利、生态环保、社会事业、城乡冷链等物流基础设施、市政和产业园区基础设施、国家重大战略项目、保障性安居工程九大领域。此外,按照国务院出台的扎实稳住经济的一揽子政策措施要求,新能源、新基建领域符合条件的政府投资项目也可纳入地方政府专项债券支持范围。财政部官网也发文说明,将继续允许将地方政府专项债券用作符合条件的重大项目资本金。各地区可继续将专项债券用作国务院确定的铁路、收费公路、干线机场、内河航电枢纽和港口、城市停车场、天然气管网和储气设施、城乡电网、水利、城镇污水垃圾处理、供水10个领域重大项目资本金。国家发展改革委、财政部还要求各地在惠民生、解民忧等领域,对水利建设等重点领域项目给予更多的扶持。适当扩大专项债券投入领域和使用范围,将持续形成投资拉动力,为带动扩大有效投资、拉动消费扩大内需、稳定宏观经济提供有力支撑。

此外，地方政府专项债券的发行规模在近年快速增加。根据中国地方政府债券信息平台公布的数据，2015年，作为地方政府专项债券发行的元年，全国发行地方政府专项债券共9744亿元；2016—2022年，全国发行地方政府专项债券分别为25119亿元、19962亿元、19459亿元、25882亿元、41404亿元、49229亿元和51316亿元；2023年一季度，我国地方政府新增专项债约为13228亿元，较过去三年的相同时期发行规模增大。2015—2023年地方政府新增专项债发行额如图7-1所示。

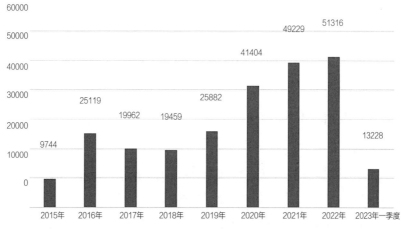

图7-1　2015—2023年地方政府新增专项债券发行额（单位：亿元）

此外，从近年地方政府专项债券资金投向来看，专项债券的总规模储蓄扩大，高铁等交通基础设施领域的投资规模也随之增大。据相关统计数据，2022年交通基础设施建设类专项债券（包括高铁）发行额达2901.42亿元，占2022年地方政府债券主要发行品种总额的3.95%。可见，包括高铁在内的交通基础设施在地方政府专项债券的投资金额中占据较大的比重，正在被放在更为重要的位置。

7.1.3　高铁类地方政府专项债券项目绩效评价指标体系亟待完善

构建高铁类地方政府专项债券项目绩效评价指标体系，进而对高铁类地方政府专项债券项目进行全面、客观的绩效评价，是加强高铁类地方政府专项债券项目绩效管理的重要抓手。从地方的专项债券项目绩效评价工作开展情况来看，虽然各省、市在地方政府专项债券项目绩效评价指标体系建设方面进行了大量有益的尝试和探讨，并取得了一定的效果，但现阶段地方政府专项债券项目绩效评价工作仍存在着诸多不足之处、面临着许多的风险和挑战，尤其是针对高铁类地方政府专项债券项目绩效评价的相关研究仍处于起步阶段。因此，亟须开展地方政府专项债券项目绩效评价的相关研究。

从高铁类地方政府专项债券项目绩效评价的现状来看，存在着绩效目标、行业绩效指标的设置与财政部门、发展改革部门及各个行业主管部门之间的协调问题。此外，现阶段具体项目绩效评价指标多从微观角度展开，但高铁类地方政府专项债券的绩效评价应从宏观、中观等各个角度进行落实，以建立起覆盖面广、落地性强的科学的绩效评价指标体系。以上这些问题构成了开展高铁类地方政府专项债券项目绩效评价的现实困难。随着高铁类地方政府专项债券发规模的扩大，这些问题将越发突出，易造成地方政府专项债券资金使用效率低下和效益难以发挥，不利于我国财政金融体系的稳定与经济健康发展。因此，本章将开展高铁类地方政府专项债券项目绩效评价指标体系构建的研究，以提高地方政府专项债券资金的使用效益、加强地方政府债券风险的防控。

7.2 高铁类地方政府专项债券项目绩效评价初始指标构建

7.2.1 绩效评价指标体系的构建原则

1．科学性原则

绩效评价指标的构建应当遵循科学性原则，即运用科学合理的方法，按照规范的程序，对绩效指标进行构建和优化，使建立起的绩效评价指标体系具有科学性、客观性、公正性，能够用于后续项目的绩效评价工作并能得到科学的评价结果，为相关决策和管理工作做支撑。

2．合理性与专用性原则

为了使建立的指标体系具有合理性与专用性，本研究以《项目支出绩效评价管理办法》文件中的项目支出绩效评价共性指标体系框架为基础，确定高铁类地方政府专项债券项目绩效评价的一级指标、二级指标和三级指标，同时结合高铁类地方政府专项债券项目的特点，对指标进一步优化，使得所选取的指标具有合理性与专用性，从而构建出适用于高铁类地方政府专项债券项目的绩效评价的指标体系。

3．全面完备性原则

为了建立起科学、有效的高铁类地方政府专项债券项目绩效评价指标体系，本研究选用文献勾选法对绩效评价一级指标进行细化，开发并形成适用于高铁类地方政府专项债券项目绩效评价的二、三级初始指标，以"不遗漏"为准则给出评价指标体系的"可能指标全集"。然而，该"可能指标全集"的指标设置结果并非充分必要的指标集合，需要再对其做更进一步的筛选和整理，构建出全面完备的高铁类地方政府专项债券项目绩效评价的初始指标体系。

4．适用可操作性原则

基于《项目支出绩效评价管理办法》，同时结合高铁类地方政府专项债券项目的特点，区分一般债券项目和专项债券项目绩效评价指标体系，有针对性地得出高铁类地方政府专项债券项目绩效评价的初始指标体系，从而使开发后得到的高铁类地方政府专项债券项目绩效评价指标具有适用性和可操作性。

7.2.2 高铁类地方政府专项债券绩效评价指标的类型

专项债券绩效评价指标包括事前、事中（跟踪）、事后评价的指标。科学合理的专项债券绩效指标能够反映出高铁类地方政府专项债券资金的综合绩效水平。事前评价的主要内容包括债券绩效目标制定、举债项目的立项等；事中（跟踪）评价主要是指在专项债券绩效管理过程中，对偿债资金的风险和项目运营情况进行评估，并及时采取相应的措施对其变更情况做出调整，确保专项债券项目绩效目标的最终实现；事后评价主要是对专项债券的发行使用和效益进行全面的评价和分析。对于高铁类地方政府专项债券项目，事前评价和事中（跟踪）评价都是事后评价的重要依据。

根据61号文，地方政府专项债券的事前、事中（跟踪）和事后的绩效评价侧重点各有不同。其中，地方政府专项债券的事前绩效评价是项目进入专项债券项目库的必备条件，通过事前绩效评价的项目，应将事前评价情况纳入地方政府专项债券项目的实施方案。事前绩效评价重点论证以下方面：①项目实施的必要性、公益性和收益性。②项目建设投资合规性与项目成熟度。③项目资金来源和到位可行性。④项目收入、成本、收益预测合理性。⑤债券资金需求合理性。⑥项目偿债计划可行性和偿债风险点。⑦绩效目标合理性。⑧其他需要纳入事前绩效评价的事项。

地方政府专项债券项目在事中进行绩效运行监控时，应更侧重项目决策、管理和产出：①项目决策。如项目立项批复情况，项目完成勘察、设计、用地、环评、开工许可等前期工作情况；项目符合专项债券支持领域和方向情况；项目绩效目标设定情况；项目申请专项债券额度与实际需要匹配情况等。②项目管理。如专项债券收支、还本付息及专项收入纳入政府性基金预算管理情况；债券资金按规定用途使用情况；资金拨付和支出进度与项目建设进度匹配情况；项目竣工后资产备案和产权登记情况；专项债券本息偿还计划执行情况；项目收入、成本及预期收益的合理性；项目年度收支平衡或项目全生命周期预期收益与专项债券规模匹配情况；专项债券期限与项目期限匹配情况等；专项债券项目信息公开情况；外部监督发现问题整改情况，信息系统管理使用情况；其他财务、采购和管理情况。③项目产出。如项目形成资产情况；项目建设质量达标情况；项目建设进度情况；项目建设成本情况，考虑闲置因素后债券资金实际成本情况；项目建成后提供公共产品和服务情况；项目运营成本情况等。地方政府专项债券项目在实施期结束后的绩效评价应更加注重产出和效益。其中，效益方面评价主要包括：项目综合效益实现情况（如项目实施所产生的社会效益、经济效益、生态效益、可持续影响等）；项目带动社会有效投资情况；项目支持国家重大区域发展战略情况；项目直接服务对象满意程度等。

本研究侧重于构建高铁类地方政府专项债券项目的事中（跟踪）绩效评价指标体系，项目实施过程中的绩效评价提供理论支撑。

7.2.3 高铁类地方政府专项债券项目绩效评价指标的开发

由于政府支出项目与专项债券项目的特点不同，现行绩效评价指标对专项债券项目并不适用。因此，需要在已有政策（如10号文、61号文和其他相关政策等）给定的绩效评价指标的基础上进行开发，同时结合相关学者的研究成果和专项债券项目的特征，开发出适用于高铁类地方政府专项债券项目绩效评价的各评价指标。

本研究将采用文献勾选法对高铁类地方政府专项债券项目绩效评价的各级指标进行开发和勾选。对于高铁类地方政府专项债券项目绩效评价指标体系构建，本研究结合10号文、61号文等政策文件，在专项债券绩效管理的基本逻辑和思路框架的基础上，将一级评价指标分为以下四类：决策、管理、产出和效益指标，然后以这四类一级评级指标为基本框架，进行二、三级初始指标的开发和筛选。

通过梳理既有文献，对高铁类地方政府专项债券项目绩效评价的二、三级初始指标进行初步的开发和勾选，共确定78个二级指标，95个三级指标，如表7-1、表7-2所示。

7.3 高铁类地方政府专项债券项目绩效评价指标优化

通过对高铁类地方政府专项债券项目绩效评价二、三级初始指标的开发和勾选可知，初始的绩效评价指标体系更加强调目标与概念的划分，而缺乏对各指标之间的层次结构和内在逻辑关系的表述。因此，为了构建出更加科学合理且系统性较强的高铁类地方政府专项债券项目绩效评价指标体系，本节将在前文二、三级指标开发和勾选的基础之上，进行适当的筛选以及优化调整，进而得出更加科学合理的地方政府专项债券项目绩效评价指标体系。

7.3.1 绩效评价指标优化的必要性

前文构建出的高铁类地方政府专项债券项目绩效评价初始指标体系是以全面完备性为原则，开发并勾选出了绩效评价指标的可能指标全集，但并非充分必要的指标集，其中可能存在不够合理的绩效评价指标。因此，前文的指标勾选结果并不能作为最终的高铁类地方政府专项债券项目绩效评价指标体系构建研究结论，而应以初始指标集为基础进行指标优化，进而设置较为科学合理的绩效评价指标。

7.3.2 绩效评价指标优化方法

评价指标优化常用的方法包括专家访谈法、频数统计法、聚类分析法等，这些研究方法在多个领域中广为应用且不断发展，已经成为较为重要的研究思想和方法原理。其中，专家访谈法是为了确定具体的指标，选取在高铁类地方政府专项债券项目绩效管理方面具

表7-1 高铁类地方政府专项债券项目绩效评价二级指标开发

一级指标	二级指标	指标来源						文献							数量
		61号文	10号文	徐军伟	韦小泉	张俊杰	闫汉基	张馨子	庞立红	温来成	裴炜毅	郭志义	吴瑞珠	
决策	举债项目事前评价			√		√								2
	举债决策	√	√	√										1
	项目立项	√	√		√	√	√		√				√	7
	绩效目标	√	√		√	√	√		√	√			√	8
	资金投入	√			√	√	√		√					5
	项目失败风险								√					1
	支持领域和方向情况	√						√						2
	申请专项额度与实际需要匹配情况	√						√						2
	资金预算	√												1
	项目完成前期工作情况								√					1
管理	债券资金举措			√										1
	债券资金使用核算			√										2
	资金监控及组织管理			√		√								1
	信息披露					√								2
	资金管理		√		√		√	√					√	4
	组织实施		√	√	√		√	√						4
	项目融资收益				√									1
	信息公开及其他	√			√									2
	业务管理												√	1
	专项债券对应还款管理					√								1
	专项债券对应资产管理					√								1
	专项债券对应项目管理					√								1
	专项债券对应监督管理					√								1

续表

指标来源		61号文	10号文	徐军伟	韦小泉	张俊杰	闫汉基	张馨予	庞立红	温来成	裘烨毅	郭志义	吴瑞珠	数量
一级指标	二级指标							文献						
	质量指标													0
	时效指标													0
	成本指标													0
	资金使用安全和成本							✓						1
	建设管理							✓						1
管理	专项债券收支、还本付息及专项收入纳入政府性基金预算管理情况	✓												1
	债券资金按规定用途使用情况	✓												1
	资金拨付和支出进度与项目建设进度匹配情况	✓												1
	项目竣工后资产备案和产权登记情况	✓												1
	专项债券本息偿还计划执行情况	✓												1
	项目收入、成本及预期收益的合理性	✓												1
	项目年度收支平衡或项目全生命周期预期收益与专项债券规模匹配情况	✓												1
	专项债券期限与项目期限匹配情况	✓												1
产出	产出数量		✓	✓	✓		✓	✓	✓					6
	产出质量		✓	✓	✓		✓	✓	✓					6
	产出成本		✓	✓	✓		✓	✓	✓					6
	产出时效		✓	✓	✓		✓		✓					5
	资金成本				✓									1
	项目运营					✓								1
	形成资产情况													1

续表

一级指标	二级指标	指标来源		文献										数量
		61号文	10号文	徐军伟	韦小泉	张俊杰	闫汉基	张馨子	庞立红	温来成	裘炜毅	郭志义	吴瑞珠	
产出	时效指标													0
	提供公共产品和服务的情况	√				√								2
	及时性	√												1
	项目形成资产情况	√												1
	项目建设质量达标情况	√												1
	项目建设进度情况	√												1
	项目建设成本情况	√												1
	考虑闲置因素后债券资金实际成本情况	√												1
	项目运营													1
	交通发展										√			1
	区位与规模										√			1
	空间聚集										√			1
	站点开发													1
	产业聚集										√			1
	游客聚集数量											√		1
	周边地区发展											√		1
	多式联运											√		1
效益	项目产出												√	1
	经济效益			√			√			√				3
	社会效益			√		√	√			√				4
	生态效益			√						√				2
	项目效益		√										√	3
	数量指标													0
	质量指标													0

续表

表7-1（续）

指标来源 一级指标	二级指标	61号文	10号文	徐军伟	韦小泉	张俊杰	闫汉基	张馨予	庞立红	温来成	裘炜毅	郭志义	吴瑞珠	数量
效益	时效指标													0
	成本指标													0
	科技效益								√					1
	效益实现								√					1
	项目可持续性影响						√		√					2
	支持国家重大区域发展战略的情况	√				√			√					2
	社会公众的满意度	√					√							2
	项目综合效益实现情况	√												1
	项目带动社会有效投资情况	√		√	√	√		√	√					6
	目标群体及利益相关者满意度			√				√						2
	可持续发展能力													

高铁类地方政府专项债券项目绩效评价三级指标开发

表7-2

指标来源 一级指标	三级指标	61号文	10号文	徐军伟	韦小泉	张俊杰	闫汉基	张馨予	庞立红	温来成	裘炜毅	郭志义	吴瑞珠	数量
决策	立项依据充分性		√		√		√							3
	立项程序规范性		√		√		√						√	4
	绩效目标合理性		√		√		√						√	4
	绩效指标明确性				√								√	3
	预算编制科学性		√				√							1
	资金分配合理性		√		√		√			√				3
	总投资中专项债券资金所占比例													1

续表

指标来源								文献						数量
一级指标	三级指标	61号文	10号文	徐军伟	韦小泉	张俊杰	闫汉基	张馨予	庞立红	温来成	裴炜毅	郭志义	吴瑞珠	
决策	资金筹措												√	1
	资金落实												√	1
	事前评价通过与否，以及评价质量			√										1
	绩效目标清晰、一致性			√										1
	债务计划合规性			√										1
	资金投向合规性				√									1
	债务额度科学性				√									1
	资金结构合理性				√				√					2
	项目失败风险								√					1
	债券资金供给与使用衔接的匹配性									√				1
	实施准备情况									√				1
管理	项目重要性		√		√		√							3
	项目紧迫性		√		√		√			√				4
	项目合规性		√		√		√						√	4
	资金到位率		√		√		√						√	4
	预算执行率												√	1
	资金使用合规性			√										1
	管理制度健全性			√										1
	制度执行有效性			√										1
	举债项目相关手续是否完备、资料是否合规			√										1
	债券资金使用合规性								√					2
	会计核算规范性			√										1
	制度建设									√				2

续表

一级指标	三级指标	指标来源												数量
		61号文	10号文	徐军伟	韦小泉	张俊杰	闫汉基	张馨子	庞立红	温来成	裴炜毅	郭志义	吴端珠	
管理	债务资金监管			√										1
	偿债程序合规性			√										1
	贷款合同执行有效性			√										1
	合同管理可控性												√	1
	项目质量可控性												√	1
	项目安全可控性												√	1
	信息披露合规、及时性			√										1
	项目融资收益				√									1
	信息公开及其他				√									1
	预算调整率									√				1
产出	实际完成率		√		√								√	2
	质量达标率		√	√	√								√	2
	完成及时性		√	√										2
	成本节约率		√	√			√							3
	节能目标实现程度												√	1
	专项项目竣工率			√										1
	债券资金使用率			√	√									1
	专项项目完成质量			√	√									1
	完成项目的实际成本			√										1
	资金运营收益						√							1
	项目运营质量						√							1
	桥隧工程完成率						√							1
	房建工程完成率												√	1
	竣工验收合格率												√	1

续表

一级指标	三级指标	指标来源												数量
		61号文	10号文	徐军伟	韦小泉	张俊杰	闫汉基	张馨予	庞立红	温来成	裘烨毅	郭志义	吴瑞珠	
产出	项目通车及时性													1
	数据的可获得性及成本						√							1
	周边地区居住功能											√		1
	周边地区商业功能											√		1
	周边地区公共服务与管理功能											√		1
	周边地区工业物流功能											√		1
	周边地区用地功能混合		√											2
	实施效益				√									1
	项目直接、间接的经济收益			√										1
	项目直接、间接的社会效益			√										1
	项目直接、间接对环境的影响			√										1
	财力可持续、项目运营可持续													1
	综合效益				√									1
效益	财务效益												√	1
	国民经济效益												√	1
	绿化情况												√	1
	主要污染物的排放情况												√	1
	节能效果													1
	提升路网连通度						√							1
	带动沿线就业提升						√							1
	带动沿线经济产出提升						√							1
	项目还本付息能力						√			√				2
	项目运营可持续性													1
	项目对所处区域影响的可持续性						√						√	1
	项目主管部门满意度													1

续表

指标来源							文献							数量
一级指标	三级指标	61号文	10号文	徐军伟	韦小泉	张俊杰	闫汉基	张馨子	庞立红	温来成	裴烨毅	郭志义	吴瑞珠	
效益	服务对象满意度												√	1
	对地区人民生活水平的影响						√							1
	对本地区就业增加的带动、示范效应									√				1
	预期收益能否实现自平衡									√				1
	是否符合财政承受能力									√				1
	人均公路里程数												√	1
	目标群体及利益相关者对使用债券资金项目的接受程度			√	√									1
	社会公众或服务对象满意度		√											1
	调查问卷的实际代表性									√				1
	调查对象的直接性									√				1
	满意度的真实性									√				1
	项目可持续的必要性									√				1
	资金可持续的可持续性									√				1

有丰富经验的专家人员和科研人员进行访谈，以对初始的绩效评价指标进行优化。此外，聚类分析法是基于绩效评价指标的诸多特征，根据指标在意义上的远近程度进行聚类。在此方法下，将性质相近的变量聚类为同一个类别，再将距离较远的评价指标后聚成类，直到每个评价指标都按照各自的属性合理聚类。每一类中选择有代表性的绩效评价指标，通过减少变量的个数最终达到评价指标筛选的目的。

本研究将综合运用专家访谈法和聚类分析法对高铁类地方政府专项债券项目绩效评价指标进行优化。具体而言，在完成上述高铁类地方政府专项债券项目绩效评价二、三级指标开发和勾选的初始指标集建设基础上，结合聚类分析法对将高铁类地方政府专项债券项目绩效评价指标进行聚类和层次划分，以此来精练绩效评价指标；然后采用专家访谈法对聚类后的绩效评价指标体系进行打分和筛选，实现对绩效评价初始指标的优化。

7.3.3 绩效评价指标层次划分

基于初始的绩效评价指标集合，根据它们之间的相似性，对每个类别的代表性指标进行优选和筛选，从而完成对绩效评价指标的层次划分。在运用聚类分析法对绩效评价指标进行筛选时，本研究结合10号文中所规定的一般项目支出绩效评价指标体系框架和高铁类地方政府专项债券项目的特点，对决策、过程、产出、效益的各二、三级绩效评价指标进行层次划分和删除重复指标，得到的分析结果如表7-3所示。

评价指标层次划分结果　　表7-3

一级指标	二级指标	三级指标
决策	项目立项	立项依据充分性
		立项程序规范性
	绩效目标	绩效目标合理性
		绩效指标明确性
	资金投入	预算编制科学性
		资金分配合理性
		资金投向合规性
	资金投入	债券额度科学性
		资金结构合理性
	债务计划合规性	债务计划合规性
	事前评价通过与否，以及评价质量	事前评价通过与否，以及评价质量

续表

一级指标	二级指标	三级指标
管理	资金到位率	资金到位率
		预算执行率
		资金使用合规性
	预算执行率	管理制度健全性
		制度执行有效性
	资金使用合规性	债券资金使用合规性
		会计核算规范性
	信息披露	信息公开信息披露合规、及时性
	项目融资收益	项目融资收益
产出	产出数量	项目实际完成率
	产出质量	质量达标率
	产出时效	完成及时性
	产出成本	成本节约率
		完成项目的实际成本
		数据的可获得性及成本
	项目运营	项目运营收益
		项目运营质量
	周边地区发展	周边地区居住功能
		周边地区商业功能
		周边地区公共服务与管理功能
		周边地区工业物流功能
		周边地区用地功能混合
效益	经济效益	项目直接、间接的经济收益
		带动沿线经济产出提升
		项目还本付息能力
	社会效益	提升路网连通度
		带动沿线就业提升
	生态效益	项目直接、间接对环境的影响
	公众满意度	目标群体及利益相关者满意度
		公众满意度真实性
	可持续发展能力	项目运营可持续影响

7.3.4 专家访谈法筛选评价指标

由于接受访谈的专家会直接影响到最后得到的数据的可靠性、全面性和有效性，所以在选择访谈对象时，要求被访谈者是本行业地方政府专项债券项目绩效评价领域的专业人员。本研究将数名具有丰富经验的地方政府专项债券项目绩效管理者作为访谈对象，其中大部为政府财政部门工作人员、专门从事高铁项目研究和地方政府专项债券项目研究的专业人士。为了使访谈结果具有可靠性和参考意义，本研究选择的专家均有5年以上的工作经验，且对该领域有较为深入的研究。本研究邀请专家填写调查问卷表格并回收进行数据的处理和分析，由每位专家对每一个绩效评价指标的重要程度进行量化打分，以判断该绩效评价指标在绩效评价中的重要性。本研究采用的调查问卷表格设计如表7-4所示。

专家访谈法调查问卷表格　　　　　　　　表7-4

序号	评价指标	重要程度					备注
		1	2	3	4	5	
1	立项依据充分性						
2	立项程序规范性						
3	绩效目标合理性						
4	绩效指标明确性						
5	预算编制科学性						
…	……						

本研究将专家对绩效指标重要程度的打分数值分为五个等级，从1~5分，即从"不重要"到"极其重要"。专家对绩效评价指标的打分越高表示该专家认为此绩效评价指标对高铁类地方政府专项债券项目的绩效评价越重要。对指标各分值的意义规定如下：

5——极其重要，该指标极其重要，缺少该指标时绩效评价指标体系不成立，否则评价指标体系将不能解释说明问题。

4——重要，该指标对于体系是必要的，如果缺少会使体系存在较大的不足。

3——应考虑，该指标是体系应当考虑的内容，对体系的功能有一定的意义。

2——意义不大，该指标对体系的功能影响不大。

1——不必考虑，该指标是完全多余的，应当删除。

在各位专家对绩效评价指标的重要程度打分之后，将专家打分数据表的结果进行统计和分析，并计算出各指标的平均值和方差，结果如表7-5所示。

专家访谈数据表　　表7-5

一级指标	二级指标	三级指标	平均分	方差
决策	项目立项	立项依据充分性	4.8	0.16
		立项程序规范性	4.6	0.24
	绩效目标	绩效目标合理性	4.8	0.16
		绩效指标明确性	4.8	0.16
	资金投入	预算编制科学性	4.4	0.64
		资金分配合理性	4.6	0.24
		资金投向合规性	3.0	2.0
		债券额度科学性	3.4	2.64
		资金结构合理性	3.4	1.44
	举债决策	债务计划合规性	2.4	1.84
		绩效目标清晰、一致性	3.6	1.04
	举债项目事前评价	事前评价通过与否，以及评价质量	3.8	0.56
管理	资金管理	资金到位率	4.4	0.24
		预算执行率	4.4	0.24
		资金使用合规性	4.2	0.56
	组织实施	管理制度健全性	4.2	0.56
		制度执行有效性	4.2	0.16
	债券资金使用核算	债券资金使用合规性	4.6	0.24
		会计核算规范性	4.6	0.24
	信息披露	信息公开信息披露合规、及时性	3.4	1.84
	项目融资收益	项目融资收益	2.6	1.04
产出	产出数量	项目实际完成率	4.2	0.56
	产出质量	质量达标率	4.2	0.96
	产出时效	完成及时性	4.4	0.64
	产出成本	成本节约率	4.4	0.24
		完成项目的实际成本	4.4	0.24
		数据的可获得性及成本	4.2	0.56
	项目运营	项目运营收益	2.2	0.56
		项目运营质量	2.2	0.56

续表

一级指标	二级指标	三级指标	平均分	方差
产出	周边地区发展	周边地区居住功能	4.0	0.40
		周边地区商业功能	4.0	0.40
		周边地区公共服务与管理功能	4.0	0.40
		周边地区工业物流功能	4.0	0.40
		周边地区用地功能混合	4.0	0.40
效益	经济效益	项目直接、间接的经济收益	4.0	0.80
		带动沿线经济产出提升	4.0	0.80
		项目还本付息能力	4.6	0.24
	社会效益	提升路网连通度	4.2	0.56
		带动沿线就业提升	4.0	0.80
	生态效益	项目直接、间接对环境的影响	4.2	0.56
	社会公众的满意度	目标群体及利益相关者满意度	4.2	0.56
		公众满意度真实性	4.2	0.56
	可持续发展能力	项目运营可持续影响	4.6	0.24

根据专家打分结果对数据进行分析。根据平均分越大、方差越小则该绩效评价指标越应该保留的原则来确定最终的绩效评价指标。本研究在数据分析的结果基础之上删除了平均分小于3.5的绩效评价指标和评分方差大于1.5的绩效评价指标。同时，各位专家在根据标准的重要程度和现有国内高铁类地方政府专项债券项目绩效评价的全面分析的基础上，对本文研究内容的意义表示认可。由于地方政府专项债券项目与政府一般性财政支出项目的特点并不完全相同，其绩效评价指标体系并不能直接照搬到专项债券项目绩效评价中，而现阶段的理论研究中，很少有专门对地方政府专项债券进行绩效评价的研究和讨论。因此，本研究以高铁类为例构建适用于地方政府专项债券项目绩效评价的指标体系，可以对行业的地方政府专项债券项目管理提供理论参考和借鉴。

通过分析专家打分数据，从原有的三级指标中选取最具有重要性和系统性的指标，后期通过分析及整理得出专家访谈法优化后的二、三级指标体系构建结果如表7-6所示：

表7-6 专家访谈法评价指标优化结果

一级指标	二级指标	三级指标
决策	项目立项	立项依据充分性
		立项程序规范性
	绩效目标	绩效目标合理性
		绩效指标明确性
	资金投入	预算编制科学性
	资金投入	资金分配合理性
	举债项目事前评价	事前评价通过与否，以及评价质量
管理	资金管理	资金到位率
		预算执行率
		资金使用合规性
	组织实施	管理制度健全性
		制度执行有效性
	债券资金使用核算	债券资金使用合规性
		会计核算规范性
产出	产出数量	项目实际完成率
	产出质量	质量达标率
	产出时效	完成及时性
	产出成本	成本节约率
		完成项目的实际成本
		数据的可获得性及成本
	周边地区发展	周边地区居住功能
		周边地区商业功能
		周边地区公共服务与管理功能
		周边地区工业物流功能
		周边地区用地功能混合
效益	经济效益	项目直接、间接的经济收益
		带动沿线经济产出提升
		项目还本付息能力
	社会效益	提升路网连通度
		带动沿线就业提升
	生态效益	项目直接、间接对环境的影响
	公众满意度	目标群体及利益相关者满意度
		公众满意度真实性
	可持续发展能力	项目运营可持续影响

7.4 高铁类地方政府专项债券项目绩效评价指标权重

7.4.1 绩效评价指标权重确定的方法

目前，国内外学者对绩效评价指标权重的计算进行了丰富的研究，并提出了多种绩效评价指标的权重计算方法。综合来说，专项债券项目绩效评价中的指标权重计算方法可以划分为主观和客观两种赋权类型。例如，熵权法是一种客观赋权法，是基于多个被观察对象的相同评价指标的采样数据之间的差别大小来反映评价指标的重要性，并由此计算评价指标权重的方法。该方法能够很好地体现各评价指标间的差异性，但是受样本数据影响大，可能使计算出的评价指标权重出现问题，适用于评价标准成熟，且能够对评价指标的权值进行计算的大样本数据。序关系分析法是一种主观赋权法，是决策者针对各个绩效评价指标之间相对重要性程度的大小，将评价指标由大到小进行排序，并基于各绩效评价指标的重要性程度之比予以赋值，然后利用特定计算公式计算出各个绩效评价指标的权重。此方法对绩效评价指标权重的确定简单、方便，但是绩效评价指标权重的确定容易受评价人员的主观因素影响。由于高铁类地方政府专项债券项目的绩效评价指标体系复杂、涉及指标众多，采用序关系分析法来确定高铁类地方政府专项债券项目绩效评价指标权重比较合适。

基于上述分析，本研究采用序关系分析法对高铁类地方政府专项债券项目绩效评价指标的重要性程度进行排序，从而明确各指标的重要性程度之比，并根据公式计算得出各指标的权重。为了降低由专业人员的主观判断等带来的错误，使高铁类地方政府专项债券项目的绩效评价指标的权重计算更加准确，本研究选择来自高铁行业和专业从事地方政府专项债券项目研究的专业人员，分别对各个级别的各指标进行重要度评价，最后将各级别的评价指标的权重进行相应的算术平均，从而得出最终的权重。

7.4.2 绩效评价指标权重的确定原则

首先，由于地方政府专项债券项目是国家财政支出的重要部分，既要满足社会公益性也要实现项目融资与收益的自平衡。地方政府专项债券项目的绩效评价并不是单纯地追求利益最大化，同时也关注经济效益和社会效益的结果。因此，在绩效评价时最先考虑的是地方政府专项债券项目的效益，即最为关注的评价指标是效益评价指标。

其次，地方政府专项债券项目绩效评价产出阶段的指标将直接影响地方政府专项债券项目可以向社会提供的公共服务质量高低，且项目的产出是关系整个项目成果的重要因素。因此，本研究将产出评价指标放在效益指标之后，其重要性排第二层次。

再次，地方政府专项债券项目过程评价指标，例如资金到位率、预算执行率、资金使用合规性、管理制度健全性、制度执行有效性、债券资金使用合规性等，将作为第三层次的绩效评价指标。

最后，通过对高铁类地方政府专项债券绩效评价指标体系中有关高铁类地方政府专项债券投资决策环节的绩效评价指标进行分析，发现高铁类地方政府专项债券投资决策评价指标具有基础性和辅助性的功能，主要体现在：立项依据充分性、立项程序规范性、绩效目标合理性、绩效指标明确性、预算编制科学性、资金分配合理性等。

序关系分析法分为三个步骤，分别是明确绩效评价指标的序关系、为绩效评价指标的重要性程度之比r_k赋值、计算评价指标的权重系数。

7.4.3 绩效评价指标权重的计算原理

对高铁类地方政府专项债券项目绩效评价的目标及准则，若评价指标集$\{X_1, X_2, \cdots, X_n\}$中某个指标的重要性程度大于评价指标$X_j$，则记为$X_{j-1} > X_j$。根据对前文专家意见的分析，明确绩效评价指标集$\{X_1, X_2, \cdots, X_n\}$中所有指标之间的相对重要程度，具体步骤如下：首先在指标集$\{X_1, X_2, \cdots, X_n\}$中，选出专家认为最重要的一个指标记为$X_1$，之后在余下的$(n-1)$个评价指标中，再由专家选出最重要的一个指标记为$X_2$；然后再在余下的$(n-2)$个评价指标中选出最重要的一个指标记为$X_3$，以此类推，直到经过$(n-1)$次挑选后，将剩下的最后一个绩效评价指标记为$X_n$，于是就得到了专家根据各个绩效评价指标的重要性程度，对绩效评价指标进行的唯一确定的序关系排序。由大到小的序关系排序如公式（7-1）所示：

$$X_1 > X_2 > \cdots > X_n \tag{7-1}$$

根据上述绩效评价指标序关系的确定方法，当绩效评价指标X_i对于高铁类的地方政府专项债券项目绩效评价的重要程度相对大于绩效评价指标X_j时，这一关系记为$X_i > X_j$。若绩效评价指标X_i与X_j对于高铁类的地方政府专项债券项目绩效评价的重要程度相同，则这一关系记为$X_i = X_j$。

1. 为绩效评价指标的重要性程度之比r_k赋值

在此基础上，为绩效评价指标的重要性程度之比r_k赋值。在本研究高铁类地方政府专项债券项目绩效评价指标序关系分析法权重计算过程中，将评价指标X_{k-1}的权重系数记为w_{k-1}，评价指标X_k的权重系数记为w_k。对于高铁类地方政府专项债券项目绩效评价指标，评价指标X_{k-1}和X_k的重要性程度之比记为r_k，即为指标X_{k-1}和X_k的权重系数w_{k-1}和w_k之比，如公式（7-2）所示。

$$r_k = \frac{w_{k-1}}{w_k} \quad (k=n, n-1, \cdots, 3, 2) \tag{7-2}$$

通过对评价指标X_{k-1}和X_k相对于某评价准则或目标的重要性程度的比较，将重要性程度的比较结果分为表7-7中的五种情况，并据此为相应的重要性程度之比r_k赋值。

表7-7 指标的重要性程度赋值参照表

r_k	说明
1.0	评价指标X_{k-1}与评价指标X_k同等重要
1.2	评价指标X_{k-1}比评价指标X_k稍微重要
1.4	评价指标X_{k-1}比评价指标X_k明显重要
1.6	评价指标X_{k-1}比评价指标X_k强烈重要
1.8	评价指标X_{k-1}比评价指标X_k极端重要

本研究在确定高铁类地方政府专项债券项目绩效评价指标的序关系之后，将根据表7-7中的相关数值确定高铁类地方政府专项债券项目绩效评价各个指标之间的重要程度之比r_k的值。

此外，对于重要性程度之比r_k各数值之间的约束，还应当满足公式（7-3）的关系。若X_1，X_2，…，X_{k-1}，X_k，…，X_n，具有序关系排列$X_1 > X_2 > \cdots > X_{k-1} > X_k > \cdots > X_n$，则$r_{k-1}$与$r_k$应满足：

$$r_{k-1} > 1/r_k \quad (k=n, n-1, \cdots, 3, 2) \tag{7-3}$$

2．计算评价指标的权重系数

如果专家给出的重要性程度之比r_k的判断可以满足上述公式（7-3）的关系，则第n个绩效评价指标X_n的权重系数w_n为：

$$w_n = \left(1 + \sum_{i=2}^{n} \prod_{k=i}^{n} r_k \right)^{-1} \tag{7-4}$$

$$\sum_{i=2}^{n} \prod_{k=i}^{n} r_k = r_2 \times r_3 \times r_4 \times \cdots \times r_n + r_3 \times r_4 \times \cdots \times r_n + \cdots + r_{n-1} \times r_n + r_n \tag{7-5}$$

由此依次计算出第（$n-1$）个绩效评价指标的权重系数，如公式（7-6）所示：

$$w_{k-1} = r_k \times w_k \quad (k=n, n-1, \cdots, 3, 2) \tag{7-6}$$

7.4.4 绩效评价指标权重计算过程

首先，对绩效评价指标体系中一级指标的权重进行计算，包括决策、过程、产出、效益四个部分。根据上述有绩效评价指标权重的重要性排序的原则，第一位专家对最终筛选出的高铁类地方政府专项债券项目绩效评价中的四个一级指标进行重要程度排序。得出绩效评价一级指标的序关系为：效益＞产出＞过程＞决策。

基于在高铁类地方政府专项债券项目绩效评价领域的专业知识和积累的工作经验，专家对四个一级绩效评价指标的重要性程度之比r_k附值，经比较得：$r_2=w_1/w_2=1.8$，$r_3=w_2/w_3=1.6$，$r_4=w_3/w_4=1.2$。经验证，r_{k-1}与r_k满足公式（7-3）中$r_{k-1} > 1/r_k$（$k=4, 3, 2$）。则高铁类地方政府专项债券项目绩效评价的各个一级指标的权重，可由公式（7-4）~公式（7-6）计算得出。

依据权重计算公式（7-4）计算得到公式（7-7）：

$$w_4 = \left(1 + \sum_{k=2}^{4}\prod_{i=k}^{4} r_i\right)^{-1} \quad (7-7)$$

经计算，$w_4 = (1 + r_2 \times r_3 \times r_4 + r_3 \times r_4 + r_4)^{-1} = 0.132$，由于重要程度之比与权重之间存在以下计算关系式：$w_3/w_4 = r_4$，则经计算：$w_3 = r_4 \times w_4 = 0.158$，同理可得，$w_2 = r_3 \times w_3 = 0.253$，$w_1 = r_2 \times w_2 = 0.456$。所以四个一级评价指标的权重系数分别为：效益=0.456，产出=0.253，管理=0.158，决策=0.132。

相同的步骤计算出其他专家关于高铁类地方政府专项债券项目绩效评价指标中各个一级指标的权重系数，并用算术平均法对其他专家判断的重要性程度之比以及序关系计算出的权重进行综合平均，得出四个一级评价指标的权重系数分别为：效益=0.436，产出=0.242，管理=0.176，决策=0.146。

7.4.5 绩效评价指标权重计算结果

采用相同的计算流程和步骤，根据高铁类地方政府专项债券项目绩效评价指标体系的层级划分可以分别计算出二、三级指标对应的权重值，计算结果如表7-8所示。

高铁类地方政府专项债券项目绩效评价指标体系权重值　　表7-8

一级指标	权重	二级指标	权重	三级指标	权重	综合权重
决策	0.146	项目立项	0.176	立项依据充分性	0.545	0.014
				立项程序规范性	0.455	0.012
		绩效目标	0.436	绩效目标合理性	0.417	0.027
				绩效指标明确性	0.583	0.037
		资金投入	0.242	预算编制科学性	0.401	0.014
				资金分配合理性	0.599	0.021
		举债项目事前评价	0.146	事前评价通过与否，以及评价质量	1.000	0.021
管理	0.176	资金管理	0.496	资金到位率	0.309	0.027
				预算执行率	0.432	0.038
				资金使用合规性	0.258	0.022

续表

一级指标	权重	二级指标	权重	三级指标	权重	综合权重
管理	0.176	组织实施	0.275	管理制度健全性	0.411	0.020
				制度执行有效性	0.589	0.029
		债券资金使用核算	0.229	债券资金使用合规性	0.420	0.017
				会计核算规范性	0.580	0.023
产出	0.242	产出数量	0.113	项目实际完成率	1.000	0.027
		产出质量	0.162	质量达标率	1.000	0.039
		产出时效	0.135	完成及时性	1.000	0.033
		产出成本	0.227	成本节约率	0.507	0.028
				完成项目的实际成本	0.317	0.017
				数据的可获得性及成本	0.176	0.010
		周边地区发展	0.363	周边地区居住功能	0.123	0.011
				周边地区商业功能	0.377	0.033
				周边地区公共服务与管理功能	0.236	0.021
				周边地区工业物流功能	0.068	0.006
				周边地区用地功能混合	0.196	0.017
效益	0.436	经济效益	0.324	项目直接、间接的经济收益	0.216	0.031
				带动沿线经济产出提升	0.312	0.044
				项目还本付息能力	0.472	0.068
		社会效益	0.231	提升路网连通度	0.417	0.042
				带动沿线就业提升	0.583	0.059
		生态效益	0.115	项目直接、间接对环境的影响	1.000	0.050
		公众满意度	0.138	目标群体及利益相关者满意度	0.615	0.037
				公众满意度真实性	0.385	0.023
		可持续发展能力	0.192	项目运营可持续影响	1.000	0.084

附录一

中共中央 国务院关于全面实施预算绩效管理的意见

全面实施预算绩效管理是推进国家治理体系和治理能力现代化的内在要求，是深化财税体制改革、建立现代财政制度的重要内容，是优化财政资源配置、提升公共服务质量的关键举措。为解决当前预算绩效管理存在的突出问题，加快建成全方位、全过程、全覆盖的预算绩效管理体系，现提出如下意见。

一、全面实施预算绩效管理的必要性

党的十八大以来，在以习近平同志为核心的党中央坚强领导下，各地区各部门认真贯彻落实党中央、国务院决策部署，财税体制改革加快推进，预算管理制度持续完善，财政资金使用绩效不断提升，对我国经济社会发展发挥了重要支持作用。但也要看到，现行预算绩效管理仍然存在一些突出问题，主要是：绩效理念尚未牢固树立，一些地方和部门存在重投入轻管理、重支出轻绩效的意识；绩效管理的广度和深度不足，尚未覆盖所有财政资金，一些领域财政资金低效无效、闲置沉淀、损失浪费的问题较为突出，克扣挪用、截留私分、虚报冒领的问题时有发生；绩效激励约束作用不强，绩效评价结果与预算安排和政策调整的挂钩机制尚未建立。

当前，我国经济已由高速增长阶段转向高质量发展阶段，正处在转变发展方式、优化经济结构、转换增长动力的攻关期，建设现代化经济体系是跨越关口的迫切要求和我国发展的战略目标。发挥好财政职能作用，必须按照全面深化改革的要求，加快建立现代财政制度，建立全面规范透明、标准科学、约束有力的预算制度，以全面实施预算绩效管理为关键点和突破口，解决好绩效管理中存在的突出问题，推动财政资金聚力增效，提高公共服务供给质量，增强政府公信力和执行力。

二、总体要求

（一）指导思想。以习近平新时代中国特色社会主义思想为指导，全面贯彻党的十九大和十九届二中、三中全会精神，坚持和加强党的全面领导，坚持稳中求进工作总基调，坚持新发展理念，紧扣我国社会主要矛盾变化，按照高质量发展的要求，紧紧围绕统筹推进"五位一体"总体布局和协调推进"四个全面"战略布局，坚持以供给侧结构性改革为主线，创新预算管理方式，更加注重结果导向、强调成本效益、硬化责任约束，力争用3—5年时间基本建成全方位、全过程、全覆盖的预算绩效管理体系，实现预算和绩效管理一体化，着力提高财政资源配置效率和使用效益，改变预算资金分配的固化格局，提高预算管理水平和政策实施效果，为经济社会发展提供有力保障。

（二）基本原则

——坚持总体设计、统筹兼顾。按照深化财税体制改革和建立现代财政制度的总体要求，统筹谋划全面实施预算绩效管理的路径和制度体系。既聚焦解决当前最紧迫问题，又着眼健全长效机制；既关注预算资金的直接产出和效果，又关注宏观政策目标的实现程度；既关注新出台政策、项目的科学性和精准度，又兼顾延续政策、项目的必要性和有效性。

——坚持全面推进、突出重点。预算绩效管理既要全面推进，将绩效理念和方法深度融入预算编制、执行、监督全过程，构建事前事中事后绩效管理闭环系统，又要突出重点，坚持问题导向，聚焦提升覆盖面广、社会关注度高、持续时间长的重大政策、项目的实施效果。

——坚持科学规范、公开透明。抓紧健全科学规范的管理制度，完善绩效目标、绩效监控、绩效评价、结果应用等管理流程，健全共性的绩效指标框架和分行业领域的绩效指标体系，推动预算绩效管理标准科学、程序规范、方法合理、结果可信。大力推进绩效信息公开透明，主动向同级人大报告、向社会公开，自觉接受人大和社会各界监督。

——坚持权责对等、约束有力。建立责任约束制度，明确各方预算绩效管理职责，清晰界定权责边界。健全激励约束机制，实现绩效评价结果与预算安排和政策调整挂钩。增强预算统筹能力，优化预算管理流程，调动地方和部门的积极性、主动性。

三、构建全方位预算绩效管理格局

（三）实施政府预算绩效管理。将各级政府收支预算全面纳入绩效管理。各级政府预算收入要实事求是、积极稳妥、讲求质量，必须与经济社会发展水平相适应，严格落实各项减税降费政策，严禁脱离实际制定增长目标，严禁虚收空转、收取过头税费，严禁超出限额举借政府债务。各级政府预算支出要统筹兼顾、突出重点、量力而行，着力支持国家重大发展战略和重点领域改革，提高保障和改善民生水平，同时不得设定过高民生标准和擅自扩大保障范围，确保财政资源高效配置，增强财政可持续性。

（四）实施部门和单位预算绩效管理。将部门和单位预算收支全面纳入绩效管理，赋予部门和资金使用单位更多的管理自主权，围绕部门和单位职责、行业发展规划，以预算资金管理为主线，统筹考虑资产和业务活动，从运行成本、管理效率、履职效能、社会效应、可持续发展能力和服务对象满意度等方面，衡量部门和单位整体及核心业务实施效果，推动提高部门和单位整体绩效水平。

（五）实施政策和项目预算绩效管理。将政策和项目全面纳入绩效管理，从数量、质量、时效、成本、效益等方面，综合衡量政策和项目预算资金使用效果。对实施期超过一年的重大政策和项目实行全周期跟踪问效，建立动态评价调整机制，政策到期、绩效低下的政策和项目要及时清理退出。

四、建立全过程预算绩效管理链条

（六）建立绩效评估机制。各部门各单位要结合预算评审、项目审批等，对新出台重大政策、项目开展事前绩效评价，重点论证立项必要性、投入经济性、绩效目标合理性、实施方案可行性、筹资合规性等，投资主管部门要加强基建投资绩效评估，评估结果作为申请预算的必备要件。各级财政部门要加强新增重大政策和项目预算审核，必要时可以组织第三方机构独立开展绩效评估，审核和评估结果作为预算安排的重要参考依据。

（七）强化绩效目标管理。各地区各部门编制预算时要贯彻落实党中央、国务院各项决策部署，分解细化各项工作要求，结合本地区本部门实际情况，全面设置部门和单位整体绩效目标、政策及项目绩效目标。绩效目标不仅要包括产出、成本，还要包括经济效益、社会效益、生态效益、可持续影响和服务对象满意度等绩效指标。各级财政部门要将绩效目标设置作为预算安排的前置条件，加强绩效目标审核，将绩效目标与预算同步批复下达。

（八）做好绩效运行监控。各级政府和各部门各单位对绩效目标实现程度和预算执行进度实行"双监控"，发现问题要及时纠正，确保绩效目标如期保质保量实现。各级财政部门建立重大政策、项目绩效跟踪机制，对存在严重问题的政策、项目要暂缓或停止预算拨款，督促及时整改落实。各级财政部门要按照预算绩效管理要求，加强国库现金管理，降低资金运行成本。

（九）开展绩效评价和结果应用。通过自评和外部评价相结合的方式，对预算执行情况开展绩效评价。各部门各单位对预算执行情况以及政策、项目实施效果开展绩效自评，评价结果报送本级财政部门。各级财政部门建立重大政策、项目预算绩效评价机制，逐步开展部门整体绩效评价，对下级政府财政运行情况实施综合绩效评价，必要时可以引入第三方机构参与绩效评价。健全绩效评价结果反馈制度和绩效问题整改责任制，加强绩效评价结果应用。

五、完善全覆盖预算绩效管理体系

（十）建立一般公共预算绩效管理体系。各级政府要加强一般公共预算绩效管理。收入方面，要重点关注收入结构、征收效率和优惠政策实施效果。支出方面，要重点关注预算资金配置效率、使用效益，特别是重大政策和项目实施效果，其中转移支付预算绩效管理要符合财政事权和支出责任划分规定，重点关注促进地区间财力协调和区域均衡发展。同时，积极开展涉及一般公共预算等财政资金的政府投资基金、主权财富基金、政府和社会资本合作（PPP）、政府采购、政府购买服务、政府债务项目绩效管理。

（十一）建立其他政府预算绩效管理体系。除一般公共预算外，各级政府还要将政府性基金预算、国有资本经营预算、社会保险基金预算全部纳入绩效管理，加强四本预算之间的衔接。政府性基金预算绩效管理，要重点关注基金政策设立延续依据、征收标准、使用效果等情况，地方政府还要关注其对专项债务的支撑能力。国有资本经营预算绩效管理，要重点关注贯彻国家战略、收益上缴、支出结构、使用效果等情况。社会保险基金预算绩效管理，要重点关注各类社会保险基金收支政策效果、基金管理、精算平衡、地区结构、运行风险等情况。

六、健全预算绩效管理制度

（十二）完善预算绩效管理流程。围绕预算管理的主要内容和环节，完善涵盖绩效目标管理、绩效运行监控、绩效评价管理、评价结果应用等各环节的管理流程，制定预算绩效管理制度和实施细则。建立专家咨询机制，引导和规范第三方机构参与预算绩效管理，严格执业质量监督管理。加快预算绩效管理信息化建设，打破"信息孤岛"和"数据烟囱"，促进各级政府和各部门各单位的业务、财务、资产等信息互联互通。

（十三）健全预算绩效标准体系。各级财政部门要建立健全定量和定性相结合的共性绩效指标框架。各行业主管部门要加快构建分行业、分领域、分层次的核心绩效指标和标准体系，实现科学合理、细化量化、可比可测、动态调整、共建共享。绩效指标和标准体系要与基本公共服务标准、部门预算项目支出标准等衔接匹配，突出结果导向，重点考核实绩。创新评估评价方法，立足多维视角和多元数据，依托大数据分析技术，运用成本效益分析法、比较法、因素分析法、公众评判法、标杆管理法等，提高绩效评估评价结果的客观性和准确性。

七、硬化预算绩效管理约束

（十四）明确绩效管理责任约束。按照党中央、国务院统一部署，财政部要完善绩效管理的责任约束机制，地方各级政府和各部门各单位是预算绩效管理的责任主体。地方各级党委和政府主要负责同志对本地区预算绩效负责，部门和单位主要负责同志对本部门本单位预算绩效负责，项目责任人对项目预算绩效负责，对重大项目的责任人实行绩效终身责任追究制，切实做到花钱必问效、无效必问责。

（十五）强化绩效管理激励约束。各级财政部门要抓紧建立绩效评价结果与预算安排和政策调整挂钩机制，将本级部门整体绩效与部门预算安排挂钩，将下级政府财政运行综合绩效与转移支付分配挂钩。对绩效好的政策和项目原则上优先保障，对绩效一般的政策和项目要督促改进，对交叉重复、碎片化的政策和项目予以调整，对低效无效资金一律削减或取消，对长期沉淀的资金一律收回并按照有关规定统筹用于亟需支持的领域。

八、保障措施

（十六）加强绩效管理组织领导。坚持党对全面实施预算绩效管理工作的领导，充分发挥党组织的领导作用，增强把方向、谋大局、定政策、促改革的能力和定力。财政部要加强对全面实施预算绩效管理工作的组织协调。各地区各部门要加强对本地区本部门预算绩效管理的组织领导，切实转变思想观念，牢固树立绩效意识，结合实际制定实施办法，加强预算绩效管理力量，充实预算绩效管理人员，督促指导有关政策措施落实，确保预算绩效管理延伸至基层单位和资金使用终端。

（十七）加强绩效管理监督问责。审计机关要依法对预算绩效管理情况开展审计监督，财政、审计等部门发现违纪违法问题线索，应当及时移送纪检监察机关。各级财政部门要推进绩效信息公开，重要绩效目标、绩效评价结果要与预决算草案同步报送同级人大、同步向社会主动公开，搭建社会公众参与绩效管理的途径和平台，自觉接受人大和社会各界监督。

（十八）加强绩效管理工作考核。各级政府要将预算绩效结果纳入政府绩效和干部政绩考核体系，作为领导干部选拔任用、公务员考核的重要参考，充分调动各地区各部门履职尽责和干事创业的积极性。各级财政部门负责对本级部门和预算单位、下级财政部门预算绩效管理工作情况进行考核。建立考核结果通报制度，对工作成效明显的地区和部门给予表彰，对工作推进不力的进行约谈并责令限期整改。

全面实施预算绩效管理是党中央、国务院作出的重大战略部署，是政府治理和预算管理的深刻变革。各地区各部门要更加紧密地团结在以习近平同志为核心的党中央周围，把思想认识和行动统一到党中央、国务院决策部署上来，增强"四个意识"，坚定"四个自信"，提高政治站位，把全面实施预算绩效管理各项措施落到实处，为决胜全面建成小康社会、夺取新时代中国特色社会主义伟大胜利、实现中华民族伟大复兴的中国梦奠定坚实基础。

附录二

项目支出绩效评价管理办法

第一章 总 则

第一条 为全面实施预算绩效管理，建立科学、合理的项目支出绩效评价管理体系，提高财政资源配置效率和使用效益，根据《中华人民共和国预算法》和《中共中央 国务院关于全面实施预算绩效管理的意见》等有关规定，制定本办法。

第二条 项目支出绩效评价（以下简称绩效评价）是指财政部门、预算部门和单位，依据设定的绩效目标，对项目支出的经济性、效率性、效益性和公平性进行客观、公正的测量、分析和评判。

第三条 一般公共预算、政府性基金预算、国有资本经营预算项目支出的绩效评价适用本办法。涉及预算资金及相关管理活动，如政府投资基金、主权财富基金、政府和社会资本合作（PPP）、政府购买服务、政府债务项目等绩效评价可参照本办法执行。

第四条 绩效评价分为单位自评、部门评价和财政评价三种方式。单位自评是指预算部门组织部门本级和所属单位对预算批复的项目绩效目标完成情况进行自我评价。部门评价是指预算部门根据相关要求，运用科学、合理的绩效评价指标、评价标准和方法，对本部门的项目组织开展的绩效评价。财政评价是财政部门对预算部门的项目组织开展的绩效评价。

第五条 绩效评价应当遵循以下基本原则：

（一）科学公正。绩效评价应当运用科学合理的方法，按照规范的程序，对项目绩效进行客观、公正的反映。

（二）统筹兼顾。单位自评、部门评价和财政评价应职责明确，各有侧重，相互衔接。单位自评应由项目单位自主实施，即"谁支出、谁自评"。部门评价和财政评价应在单位自评的基础上开展，必要时可委托第三方机构实施。

（三）激励约束。绩效评价结果应与预算安排、政策调整、改进管理实质性挂钩，体现奖优罚劣和激励相容导向，有效要安排、低效要压减、无效要问责。

（四）公开透明。绩效评价结果应依法依规公开，并自觉接受社会监督。

第六条 绩效评价的主要依据：

（一）国家相关法律、法规和规章制度；

（二）党中央、国务院重大决策部署，经济社会发展目标，地方各级党委和政府重点任务要求；

（三）部门职责相关规定；

（四）相关行业政策、行业标准及专业技术规范；

（五）预算管理制度及办法，项目及资金管理办法、财务和会计资料；

（六）项目设立的政策依据和目标，预算执行情况，年度决算报告、项目决算或验收报告等相关材料；

（七）本级人大审查结果报告、审计报告及决定，财政监督稽核报告等；

（八）其他相关资料。

第七条　绩效评价期限包括年度、中期及项目实施期结束后；对于实施期5年及以上的项目，应适时开展中期和实施期后绩效评价。

第二章　绩效评价的对象和内容

第八条　单位自评的对象包括纳入政府预算管理的所有项目支出。

第九条　部门评价对象应根据工作需要，优先选择部门履职的重大改革发展项目，随机选择一般性项目。原则上应以5年为周期，实现部门评价重点项目全覆盖。

第十条　财政评价对象应根据工作需要，优先选择贯彻落实党中央、国务院重大方针政策和决策部署的项目，覆盖面广、影响力大、社会关注度高、实施期长的项目。对重点项目应周期性组织开展绩效评价。

第十一条　单位自评的内容主要包括项目总体绩效目标、各项绩效指标完成情况以及预算执行情况。对未完成绩效目标或偏离绩效目标较大的项目要分析并说明原因，研究提出改进措施。

第十二条　财政和部门评价的内容主要包括：

（一）决策情况；

（二）资金管理和使用情况；

（三）相关管理制度办法的健全性及执行情况；

（四）实现的产出情况；

（五）取得的效益情况；

（六）其他相关内容。

第三章　绩效评价指标、评价标准和方法

第十三条　单位自评指标是指预算批复时确定的绩效指标，包括项目的产出数量、质量、时效、成本，以及经济效益、社会效益、生态效益、可持续影响、服务对象满意度等。

单位自评指标的权重由各单位根据项目实际情况确定。原则上预算执行率和一级指标权重统一设置为：预算执行率10%、产出指标50%、效益指标30%、服务对象满意度指标10%。如有特殊情况，一级指标权重可做适当调整。二、三级指标应当根据指标重要程度、项目实施阶段等因素综合确定，准确反映项目的产出和效益。

第十四条　财政和部门绩效评价指标的确定应当符合以下要求：与评价对象密切相

关，全面反映项目决策、项目和资金管理、产出和效益；优先选取最具代表性、最能直接反映产出和效益的核心指标，精简实用；指标内涵应当明确、具体、可衡量，数据及佐证资料应当可采集、可获得；同类项目绩效评价指标和标准应具有一致性，便于评价结果相互比较。

财政和部门评价指标的权重根据各项指标在评价体系中的重要程度确定，应当突出结果导向，原则上产出、效益指标权重不低于60%。同一评价对象处于不同实施阶段时，指标权重应体现差异性，其中，实施期间的评价更加注重决策、过程和产出，实施期结束后的评价更加注重产出和效益。

第十五条　绩效评价标准通常包括计划标准、行业标准、历史标准等，用于对绩效指标完成情况进行比较。

（一）计划标准。指以预先制定的目标、计划、预算、定额等作为评价标准。

（二）行业标准。指参照国家公布的行业指标数据制定的评价标准。

（三）历史标准。指参照历史数据制定的评价标准，为体现绩效改进的原则，在可实现的条件下应当确定相对较高的评价标准。

（四）财政部门和预算部门确认或认可的其他标准。

第十六条　单位自评采用定量与定性评价相结合的比较法，总分由各项指标得分汇总形成。

定量指标得分按照以下方法评定：与年初指标值相比，完成指标值的，记该指标所赋全部分值；对完成值高于指标值较多的，要分析原因，如果是由于年初指标值设定明显偏低造成的，要按照偏离度适度调减分值；未完成指标值的，按照完成值与指标值的比例记分。

定性指标得分按照以下方法评定：根据指标完成情况分为达成年度指标、部分达成年度指标并具有一定效果、未达成年度指标且效果较差三档，分别按照该指标对应分值区间100%-80%（含）、80%-60%（含）、60%-0%合理确定分值。

第十七条　财政和部门评价的方法主要包括成本效益分析法、比较法、因素分析法、最低成本法、公众评判法、标杆管理法等。根据评价对象的具体情况，可采用一种或多种方法。

（一）成本效益分析法。是指将投入与产出、效益进行关联性分析的方法。

（二）比较法。是指将实施情况与绩效目标、历史情况、不同部门和地区同类支出情况进行比较的方法。

（三）因素分析法。是指综合分析影响绩效目标实现、实施效果的内外部因素的方法。

（四）最低成本法。是指在绩效目标确定的前提下，成本最小者为优的方法。

（五）公众评判法。是指通过专家评估、公众问卷及抽样调查等方式进行评判的方法。

（六）标杆管理法。是指以国内外同行业中较高的绩效水平为标杆进行评判的方法。

（七）其他评价方法。

第十八条　绩效评价结果采取评分和评级相结合的方式，具体分值和等级可根据不同评价内容设定。总分一般设置为100分，等级一般划分为四档：90（含）-100分为优、80（含）-90分为良、60（含）-80分为中、60分以下为差。

第四章　绩效评价的组织管理与实施

第十九条　财政部门负责拟定绩效评价制度办法，指导本级各部门和下级财政部门开展绩效评价工作；会同有关部门对单位自评和部门评价结果进行抽查复核，督促部门充分应用自评和评价结果；根据需要组织实施绩效评价，加强评价结果反馈和应用。

第二十条　各部门负责制定本部门绩效评价办法，组织部门本级和所属单位开展自评工作，汇总自评结果，加强自评结果审核和应用；具体组织实施部门评价工作，加强评价结果反馈和应用。积极配合财政评价工作，落实评价整改意见。

第二十一条　部门本级和所属单位按照要求具体负责自评工作，对自评结果的真实性和准确性负责，自评中发现的问题要及时进行整改。

第二十二条　财政和部门评价工作主要包括以下环节：

（一）确定绩效评价对象和范围；

（二）下达绩效评价通知；

（三）研究制订绩效评价工作方案；

（四）收集绩效评价相关数据资料，并进行现场调研、座谈；

（五）核实有关情况，分析形成初步结论；

（六）与被评价部门（单位）交换意见；

（七）综合分析并形成最终结论；

（八）提交绩效评价报告；

（九）建立绩效评价档案。

第二十三条　财政和部门评价根据需要可委托第三方机构或相关领域专家（以下简称第三方，主要是指与资金使用单位没有直接利益关系的单位和个人）参与，并加强对第三方的指导，对第三方工作质量进行监督管理，推动提高评价的客观性和公正性。

第二十四条　部门委托第三方开展绩效评价的，要体现委托人与项目实施主体相分离的原则，一般由主管财务的机构委托，确保绩效评价的独立、客观、公正。

第五章　绩效评价结果应用及公开

第二十五条　单位自评结果主要通过项目支出绩效自评表的形式反映，做到内容完整、权重合理、数据真实、结果客观。财政和部门评价结果主要以绩效评价报告的形式体现，绩效评价报告应当依据充分、分析透彻、逻辑清晰、客观公正。

绩效评价工作和结果应依法自觉接受审计监督。

第二十六条　各部门应当按照要求随同部门决算向本级财政部门报送绩效自评结果。

部门和单位应切实加强自评结果的整理、分析,将自评结果作为本部门、本单位完善政策和改进管理的重要依据。对预算执行率偏低、自评结果较差的项目,要单独说明原因,提出整改措施。

第二十七条　财政部门和预算部门应在绩效评价工作完成后,及时将评价结果反馈被评价部门(单位),并明确整改时限;被评价部门(单位)应当按要求向财政部门或主管部门报送整改落实情况。

各部门应按要求将部门评价结果报送本级财政部门,评价结果作为本部门安排预算、完善政策和改进管理的重要依据;财政评价结果作为安排政府预算、完善政策和改进管理的重要依据。原则上,对评价等级为优、良的,根据情况予以支持;对评价等级为中、差的,要完善政策、改进管理,根据情况核减预算。对不进行整改或整改不到位的,根据情况相应调减预算或整改到位后再予安排。

第二十八条　各级财政部门、预算部门应当按照要求将绩效评价结果分别编入政府决算和本部门决算,报送本级人民代表大会常务委员会,并依法予以公开。

第六章　法律责任

第二十九条　对使用财政资金严重低效无效并造成重大损失的责任人,要按照相关规定追责问责。对绩效评价过程中发现的资金使用单位和个人的财政违法行为,依照《中华人民共和国预算法》、《财政违法行为处罚处分条例》等有关规定追究责任;发现违纪违法问题线索的,应当及时移送纪检监察机关。

第三十条　各级财政部门、预算部门和单位及其工作人员在绩效评价管理工作中存在违反本办法的行为,以及其他滥用职权、玩忽职守、徇私舞弊等违法违纪行为的,依照《中华人民共和国预算法》、《中华人民共和国公务员法》、《中华人民共和国监察法》、《财政违法行为处罚处分条例》等国家有关规定追究相应责任;涉嫌犯罪的,依法移送司法机关处理。

第七章　附　　则

第三十一条　各地区、各部门可结合实际制定具体的管理办法和实施细则。

第三十二条　本办法自印发之日起施行。《财政支出绩效评价管理暂行办法》(财预〔2011〕285号)同时废止。

附：1.项目支出绩效自评表
　　2.项目支出绩效评价指标体系框架(参考)
　　3.项目支出绩效评价报告(参考提纲)

附1：项目支出绩效自评表
（   年度）

项目名称								
主管部门					实施单位			
项目资金（万元）			年初预算数	全年预算数	全年执行数	分值	执行率	得分
		年度资金总额				10		
		其中：当年财政拨款				—		—
		上年结转资金				—		—
		其他资金				—		—
年度总体目标		预期目标			实际完成情况			

绩效指标	一级指标	二级指标	三级指标	年度指标值	实际完成值	分值	得分	偏差原因分析及改进措施
	产出指标	数量指标	指标1：					
			指标2：					
			……					
		质量指标	指标1：					
			指标2：					
			……					
		时效指标	指标1：					
			指标2：					
			……					
		成本指标	指标1：					
			指标2：					
			……					
	效益指标	经济效益指标	指标1：					
			指标2：					
			……					
		社会效益指标	指标1：					
			指标2：					
			……					

续表

绩效指标	效益指标	生态效益指标	指标1：			
			指标2：			
			……			
		可持续影响指标	指标1：			
			指标2：			
			……			
	满意度指标	服务对象满意度指标	指标1：			
			指标2：			
			……			
总分					100	

附2：项目支出绩效评价指标体系框架（参考）

一级指标	二级指标	三级指标	指标解释	指标说明
决策	项目立项	立项依据充分性	项目立项是否符合法律法规、相关政策、发展规划以及部门职责，用以反映和考核项目立项依据情况。	评价要点： ①项目立项是否符合国家法律法规、国民经济发展规划和相关政策； ②项目立项是否符合行业发展规划和政策要求； ③项目立项是否与部门职责范围相符，属于部门履职所需； ④项目是否属于公共财政支持范围，是否符合中央、地方事权支出责任划分原则； ⑤项目是否与相关部门同类项目或部门内部相关项目重复。
		立项程序规范性	项目申请、设立过程是否符合相关要求，用以反映和考核项目立项的规范情况。	评价要点： ①项目是否按照规定的程序申请设立； ②审批文件、材料是否符合相关要求； ③事前是否已经过必要的可行性研究、专家论证、风险评估、绩效评估、集体决策。
	绩效目标	绩效目标合理性	项目所设定的绩效目标是否依据充分，是否符合客观实际，用以反映和考核项目绩效目标与项目实施的相符情况。	评价要点： （如未设定预算绩效目标，也可考核其他工作任务目标） ①项目是否有绩效目标； ②项目绩效目标与实际工作内容是否具有相关性； ③项目预期产出效益和效果是否符合正常的业绩水平； ④是否与预算确定的项目投资额或资金量相匹配。

续表

一级指标	二级指标	三级指标	指标解释	指标说明
决策	绩效目标	绩效指标明确性	依据绩效目标设定的绩效指标是否清晰、细化、可衡量等，用以反映和考核项目绩效目标的明细化情况。	评价要点： ①是否将项目绩效目标细化分解为具体的绩效指标； ②是否通过清晰、可衡量的指标值予以体现； ③是否与项目目标任务数或计划数相对应。
	资金投入	预算编制科学性	项目预算编制是否经过科学论证、有明确标准，资金额度与年度目标是否相适应，用以反映和考核项目预算编制的科学性、合理性情况。	评价要点： ①预算编制是否经过科学论证； ②预算内容与项目内容是否匹配； ③预算额度测算依据是否充分，是否按照标准编制； ④预算确定的项目投资额或资金量是否与工作任务相匹配。
		资金分配合理性	项目预算资金分配是否有测算依据，与补助单位或地方实际是否相适应，用以反映和考核项目预算资金分配的科学性、合理性情况。	评价要点： ①预算资金分配依据是否充分； ②资金分配额度是否合理，与项目单位或地方实际是否相适应。
过程	资金管理	资金到位率	实际到位资金与预算资金的比率，用以反映和考核资金落实情况对项目实施的总体保障程度。	资金到位率=（实际到位资金/预算资金）×100%。 实际到位资金：一定时期（本年度或项目期）内落实到具体项目的资金。 预算资金：一定时期（本年度或项目期）内预算安排到具体项目的资金。
		预算执行率	项目预算资金是否按照计划执行，用以反映或考核项目预算执行情况。	预算执行率=（实际支出资金/实际到位资金）×100%。 实际支出资金：一定时期（本年度或项目期）内项目实际拨付的资金。
		资金使用合规性	项目资金使用是否符合相关的财务管理制度规定，用以反映和考核项目资金的规范运行情况。	评价要点： ①是否符合国家财经法规和财务管理制度以及有关专项资金管理办法的规定； ②资金的拨付是否有完整的审批程序和手续； ③是否符合项目预算批复或合同规定的用途； ④是否存在截留、挤占、挪用、虚列支出等情况。
	组织实施	管理制度健全性	项目实施单位的财务和业务管理制度是否健全，用以反映和考核财务和业务管理制度对项目顺利实施的保障情况。	评价要点： ①是否已制定或具有相应的财务和业务管理制度； ②财务和业务管理制度是否合法、合规、完整。

续表

一级指标	二级指标	三级指标	指标解释	指标说明
过程	组织实施	制度执行有效性	项目实施是否符合相关管理规定，用以反映和考核相关管理制度的有效执行情况。	评价要点： ①是否遵守相关法律法规和相关管理规定； ②项目调整及支出调整手续是否完备； ③项目合同书、验收报告、技术鉴定等资料是否齐全并及时归档； ④项目实施的人员条件、场地设备、信息支撑等是否落实到位。
产出	产出数量	实际完成率	项目实施的实际产出数与计划产出数的比率，用以反映和考核项目产出数量目标的实现程度。	实际完成率=（实际产出数/计划产出数）×100%。 实际产出数：一定时期（本年度或项目期）内项目实际产出的产品或提供的服务数量。 计划产出数：项目绩效目标确定的在一定时期（本年度或项目期）内计划产出的产品或提供的服务数量。
产出	产出质量	质量达标率	项目完成的质量达标产出数与实际产出数的比率，用以反映和考核项目产出质量目标的实现程度。	质量达标率=（质量达标产出数/实际产出数）×100%。 质量达标产出数：一定时期（本年度或项目期）内实际达到既定质量标准的产品或服务数量。既定质量标准是指项目实施单位设立绩效目标时依据计划标准、行业标准、历史标准或其他标准而设定的绩效指标值。
产出	产出时效	完成及时性	项目实际完成时间与计划完成时间的比较，用以反映和考核项目产出时效目标的实现程度。	实际完成时间：项目实施单位完成该项目实际所耗用的时间。 计划完成时间：按照项目实施计划或相关规定完成该项目所需的时间。
产出	产出成本	成本节约率	完成项目计划工作目标的实际节约成本与计划成本的比率，用以反映和考核项目的成本节约程度。	成本节约率=[（计划成本-实际成本）/计划成本]×100%。 实际成本：项目实施单位如期、保质、保量完成既定工作目标实际所耗费的支出。 计划成本：项目实施单位为完成工作目标计划安排的支出，一般以项目预算为参考。
效益	项目效益	实施效益	项目实施所产生的效益。	项目实施所产生的社会效益、经济效益、生态效益、可持续影响等。可根据项目实际情况有选择地设置和细化。
效益	项目效益	满意度	社会公众或服务对象对项目实施效果的满意程度。	社会公众或服务对象是指因该项目实施而受到影响的部门（单位）、群体或个人。一般采取社会调查的方式。

附3：项目支出绩效评价报告
（参考提纲）

一、基本情况

（一）项目概况。包括项目背景、主要内容及实施情况、资金投入和使用情况等。

（二）项目绩效目标。包括总体目标和阶段性目标。

二、绩效评价工作开展情况

（一）绩效评价目的、对象和范围。

（二）绩效评价原则、评价指标体系（附表说明）、评价方法、评价标准等。

（三）绩效评价工作过程。

三、综合评价情况及评价结论（附相关评分表）

四、绩效评价指标分析

（一）项目决策情况。

（二）项目过程情况。

（三）项目产出情况。

（四）项目效益情况。

五、主要经验及做法、存在的问题及原因分析

六、有关建议

七、其他需要说明的问题

附录三

财政部关于印发《地方政府专项债务预算管理办法》的通知
财预〔2016〕155号

各省、自治区、直辖市、计划单列市财政厅（局）：

根据《中华人民共和国预算法》、《国务院关于加强地方政府性债务管理的意见》（国发〔2014〕43号），我部制定了《地方政府专项债务预算管理办法》。现予印发，请认真贯彻执行。

附件：地方政府专项债务预算管理办法

抄送：国务院办公厅，全国人民代表大会常务委员会预算工作委员会，财政部驻各省、自治区、直辖市、计划单列市财政监察专员办事处。

附件：
地方政府专项债务预算管理办法

第一章 总则

第一条 为规范地方政府专项债务预算管理，根据《中华人民共和国预算法》、《国务院关于加强地方政府性债务管理的意见》（国发〔2014〕43号）等有关规定，制定本办法。

第二条 本办法所称地方政府专项债务（以下简称专项债务），包括地方政府专项债券（以下简称专项债券）、清理甄别认定的截至2014年12月31日非地方政府债券形式的存量专项债务（以下简称非债券形式专项债务）。

第三条 专项债务收入、安排的支出、还本付息、发行费用纳入政府性基金预算管理。

第四条 专项债务收入通过发行专项债券方式筹措。

省、自治区、直辖市政府为专项债券的发行主体，具体发行工作由省级财政部门负责。设区的市、自治州，县、自治县、不设区的市、市辖区政府（以下简称市县级政府）确需发行专项债券的，应当纳入本省、自治区、直辖市政府性基金预算管理，由省、自治区、直辖市政府统一发行并转贷给市县级政府。经省政府批准，计划单列市政府可以自办发行专项债券。

第五条 专项债务收入应当用于公益性资本支出，不得用于经常性支出。

第六条 专项债务应当有偿还计划和稳定的偿还资金来源。

专项债务本金通过对应的政府性基金收入、专项收入、发行专项债券等偿还。

专项债务利息通过对应的政府性基金收入、专项收入偿还，不得通过发行专项债券偿还。

第七条 专项债务收支应当按照对应的政府性基金收入、专项收入实现项目收支平衡，不同政府性基金科目之间不得调剂。执行中专项债务对应的政府性基金收入不足以偿还本金和利息的，可以从相应的公益性项目单位调入专项收入弥补。

第八条 非债券形式专项债务应当在国务院规定的期限内置换成专项债券。

第九条 加强地方政府债务管理信息化建设，专项债务预算收支纳入本级财政预算管理信息系统，专项债务管理纳入全国统一的管理信息系统。

第二章 专项债务限额和余额

第十条 财政部在全国人民代表大会或其常务委员会批准的专项债务限额内，根据债务风险、财力状况等因素并统筹考虑国家调控政策、各地区公益性项目建设需求等，提出分地区专项债务限额及当年新增专项债务限额方案，报国务院批准后下达省级财政部门。

省级财政部门应当于每年10月底前，提出本地区下一年度增加举借专项债务和安排公益性资本支出项目的建议，经省、自治区、直辖市政府批准后报财政部。

第十一条 省级财政部门在财政部下达的本地区专项债务限额内，根据债务风险、财力状况等因素并统筹考虑本地区公益性项目建设需求等，提出省本级及所辖各市县当年专项债务限额方案，报省、自治区、直辖市政府批准后下达市县级财政部门。

市县级财政部门应当提前提出省级代发专项债券和安排公益性资本支出项目的建议，经本级政府批准后按程序报省级财政部门。

第十二条 省、自治区、直辖市应当在专项债务限额内举借专项债务，专项债务余额不得超过本地区专项债务限额。

省、自治区、直辖市发行专项债券偿还到期专项债务本金计划，由省级财政部门统筹考虑本级和各市县实际需求提出，报省、自治区、直辖市政府批准后按规定组织实施。

第三章 预算编制和批复

第十三条 增加举借专项债务收入，以下内容应当列入预算调整方案：

（一）省、自治区、直辖市在新增专项债务限额内筹措的专项债券收入；

（二）市县级政府从上级政府转贷的专项债务收入。

专项债务收入应当在政府性基金预算收入合计线下反映，省级列入"专项债务收入"下对应的政府性基金债务收入科目，市县级列入"地方政府专项债务转贷收入"下对应的政府性基金债务转贷收入科目。

第十四条 增加举借专项债务安排的支出应当列入预算调整方案，包括本级支出和转贷下级支出。专项债务支出应当明确到具体项目，纳入财政支出预算项目库管理，并与中期财政规划相衔接。

专项债务安排本级的支出，应当在政府性基金预算支出合计线上反映，根据支出用途列入相关预算科目;转贷下级支出应当在政府性基金预算支出合计线下反映,列入"债务转贷支出"下对应的政府性基金债务转贷支出科目。

第十五条 专项债务还本支出应当根据当年到期专项债务规模、政府性基金财力、调入专项收入等因素合理预计、妥善安排,并列入年度预算草案。

专项债务还本支出应当在政府性基金预算支出合计线下反映,列入"地方政府专项债务还本支出"下对应的政府性基金债务还本支出科目。

第十六条 专项债务利息和发行费用应当根据专项债务规模、利率、费率等情况合理预计,并列入政府性基金预算支出统筹安排。

专项债务利息、发行费用支出应当在政府性基金预算支出合计线上反映。专项债务利息支出列入"地方政府专项债务付息支出"下对应的政府性基金债务付息支出科目,发行费用支出列入"地方政府专项债务发行费用支出"下对应的政府性基金债务发行费用支出科目。

第十七条 增加举借专项债务和相应安排的支出,财政部门负责具体编制政府性基金预算调整方案,由本级政府提请本级人民代表大会常务委员会批准。

第十八条 专项债务转贷下级政府的,财政部门应当在本级人民代表大会或其常务委员会批准后,及时将专项债务转贷的预算下达有关市县级财政部门。

接受专项债务转贷的市县级政府在本级人民代表大会或其常务委员会批准后,应当及时与上级财政部门签订转贷协议。

第四章 预算执行和决算

第十九条 省级财政部门统筹考虑本级和市县情况,根据预算调整方案、偿还专项债务本金需求和债券市场状况等因素,制定全省专项债券发行计划,合理确定期限结构和发行时点。

第二十条 省级财政部门发行专项债券募集的资金,应当缴入省级国库,并根据预算安排和还本计划拨付资金。

代市县级政府发行专项债券募集的资金,由省级财政部门按照转贷协议及时拨付市县级财政部门。

第二十一条 省级财政部门应当按照规定做好专项债券发行的信息披露和信用评级等相关工作。披露的信息应当包括政府性基金预算财力情况、发行专项债券计划和安排支出项目方案、偿债计划和资金来源,以及其他按照规定应当公开的信息。

第二十二条 省级财政部门应当在发行专项债券后3个工作日内,将专项债券发行情况报财政部备案,并抄送财政部驻当地财政监察专员办事处(以下简称专员办)。

第二十三条 地方各级财政部门应当依据预算调整方案及专项债券发行规定的预算科目和用途,使用专项债券资金。确需调整支出用途的,应当按照规定程序办理。

第二十四条 省级财政部门应当按照合同约定,及时偿还全省、自治区、直辖市专项债券到期本金、利息以及支付发行费用。市县级财政部门应当按照转贷协议约定，及时向省级财政部门缴纳本地区或本级应当承担的还本付息、发行费用等资金。

第二十五条　市县级财政部门未按时足额向省级财政部门缴纳专项债券还本付息、发行费用等资金的，省级财政部门可以采取适当方式扣回，并将违约情况向市场披露。

第二十六条　预算年度终了，地方各级财政部门编制政府性基金预算决算草案时，应当全面、准确反映专项债务收入、安排的支出、还本付息和发行费用等情况。

第五章　非债券形式专项债务纳入预算管理

第二十七条　县级以上地方各级财政部门应当将非债券形式专项债务纳入本地区专项债务限额，实行预算管理。

对非债券形式专项债务，应当由政府、债权人、债务人通过合同方式，约定在国务院规定的期限内置换成专项债券的时限，转移偿还义务。偿还义务转移给地方政府后，地方财政部门应当根据相关材料登记总预算会计账。

第二十八条　对非债券形式专项债务，债务人为地方政府及其部门的，应当在国务院规定的期限内置换成专项债券；债务人为企事业单位或个人，且债权人同意在国务院规定的期限内置换成专项债券的，地方政府应当予以置换，债权人不同意在国务院规定的期限内置换成专项债券的，不再计入地方政府债务，由债务人自行偿还，对应的专项债务限额由财政部按照程序予以调减。

第六章　监督管理

第二十九条　县级以上地方各级财政部门应当按照法律、法规和财政部规定，向社会公开专项债务限额、余额、期限结构、使用、项目收支、偿还等情况，主动接受监督。

第三十条　县级以上地方各级财政部门应当建立和完善相关制度，加强对本地区专项债务的管理和监督。

第三十一条　专员办应当加强对所在地专项债务的监督，督促地方规范专项债务的举借、使用、偿还等行为，发现违反法律法规和财政管理规定的行为，及时报告财政部。

第三十二条　违反本办法规定情节严重的，财政部可以暂停相关地区专项债券发行资格。违反法律、行政法规的，依法追究有关人员责任；涉嫌犯罪的，移送司法机关依法处理。

第七章　附则

第三十三条　省、自治区、直辖市可以根据本办法制定实施细则。

第三十四条　本办法由财政部负责解释。

第三十五条　本办法自印发之日起施行。

附录四

国务院关于进一步深化预算管理制度改革的意见
国发〔2021〕5号

各省、自治区、直辖市人民政府，国务院各部委、各直属机构：

预算体现国家的战略和政策，反映政府的活动范围和方向，是推进国家治理体系和治理能力现代化的重要支撑，是宏观调控的重要手段。党的十八大以来，按照党中央、国务院决策部署，预算管理制度不断改革完善，为建立现代财政制度奠定了坚实基础。当前和今后一个时期，财政处于紧平衡状态，收支矛盾较为突出，加之预算管理中存在统筹力度不足、政府过紧日子意识尚未牢固树立、预算约束不够有力、资源配置使用效率有待提高、预算公开范围和内容仍需拓展等问题，影响了财政资源统筹和可持续性。为落实《中华人民共和国预算法》及其实施条例有关规定，规范管理、提高效率、挖掘潜力、释放活力，现就进一步深化预算管理制度改革提出以下意见。

一、总体要求

（一）指导思想。以习近平新时代中国特色社会主义思想为指导，深入贯彻党的十九大和十九届二中、三中、四中、五中全会精神，全面贯彻党的基本理论、基本路线、基本方略，坚持稳中求进工作总基调，立足新发展阶段、贯彻新发展理念、构建新发展格局，以推动高质量发展为主题，以深化供给侧结构性改革为主线，以改革创新为根本动力，以满足人民日益增长的美好生活需要为根本目的，更加有效保障和改善民生，进一步完善预算管理制度，更好发挥财政在国家治理中的基础和重要支柱作用，为全面建设社会主义现代化国家提供坚实保障。

（二）基本原则。

坚持党的全面领导。将坚持和加强党的全面领导贯穿预算管理制度改革全过程。坚持以人民为中心，兜牢基本民生底线。坚持系统观念，加强财政资源统筹，集中力量办大事，坚决落实政府过紧日子要求，强化预算对落实党和国家重大政策的保障能力，实现有限公共资源与政策目标有效匹配。

坚持预算法定。增强法治观念，强化纪律意识，严肃财经纪律，更加注重强化约束，着力提升制度执行力，维护法律的权威性和制度的刚性约束力。明确地方和部门的主体责任，切实强化预算约束，加强对权力运行的制约和监督。

坚持目标引领。按照建立现代财税体制的要求，坚持目标导向和问题导向相结合，完善管理手段，创新管理技术，破除管理瓶颈，推进预算和绩效管理一体化，以信息化推进预算管理现代化，加强预算管理各项制度的系统集成、协同高效，提高预算管理规范化、科学化、标准化水平和预算透明度。

坚持底线思维。把防风险摆在更加突出的位置，统筹发展和安全、当前和长远，杜绝脱离实际的过高承诺，形成稳定合理的社会预期。加强政府债务和中长期支出事项管理，牢牢守住不发生系统性风险的底线。

二、加大预算收入统筹力度，增强财政保障能力

（三）规范政府收入预算管理。实事求是编制收入预算，考虑经济运行和实施减税降费政策等因素合理测算。严禁将财政收入规模、增幅纳入考核评比。严格落实各项减税降费政策，严禁收取过头税费、违规设置收费项目或提高收费标准。依照法律法规及时足额征收应征的预算收入，如实反映财政收入情况，提高收入质量，严禁虚收空转。不得违法违规制定实施各种形式的歧视性税费减免政策，维护全国统一市场和公平竞争。严禁将政府非税收入与征收单位支出挂钩。

（四）加强政府性资源统筹管理。将依托行政权力、国有资源（资产）获取的收入以及特许经营权拍卖收入等按规定全面纳入预算，加大预算统筹力度。完善收费基金清单管理，将列入清单的收费基金按规定纳入预算。将应当由政府统筹使用的基金项目转列一般公共预算。合理确定国有资本收益上交比例。

（五）强化部门和单位收入统筹管理。各部门和单位要依法依规将取得的各类收入纳入部门或单位预算，未纳入预算的收入不得安排支出。各部门应当加强所属单位事业收入、事业单位经营收入等非财政拨款收入管理，在部门和单位预算中如实反映非财政拨款收入情况。加强行政事业性国有资产收入管理，资产出租、处置等收入按规定上缴国库或纳入单位预算。

（六）盘活各类存量资源。盘活财政存量资金，完善结余资金收回使用机制。新增资产配置要与资产存量挂钩，依法依规编制相关支出预算。严格各类资产登记和核算，所有资本性支出应当形成资产并予以全程登记。各级行政事业单位要将资产使用管理责任落实到人，确保资产安全完整、高效利用。推动国有资产共享共用，促进长期低效运转、闲置和超标准配置资产以及临时配置资产调剂使用，有条件的部门和地区可以探索建立公物仓，按规定处置不需使用且难以调剂的国有资产，提高财政资源配置效益。

三、规范预算支出管理，推进财政支出标准化

（七）加强重大决策部署财力保障。各级预算安排要将落实党中央、国务院重大决策部署作为首要任务，贯彻党的路线方针政策，增强对国家重大战略任务、国家发展规划的财力保障。完善预算决策机制和程序，各级预算、决算草案提请本级人大或其常委会审查批准前，应当按程序报本级党委和政府审议；各部门预算草案应当报本部门党组（党委）审议。

（八）合理安排支出预算规模。坚持量入为出原则，积极运用零基预算理念，打破支

出固化僵化格局，合理确定支出预算规模，调整完善相关重点支出的预算编制程序，不再与财政收支增幅或生产总值层层挂钩。充分发挥财政政策逆周期调节作用，安排财政赤字和举借债务要与经济逆周期调节相适应，将政府杠杆率控制在合理水平，并预留应对经济周期变化的政策空间。

（九）大力优化财政支出结构。各级预算安排要突出重点，坚持"三保"（保基本民生、保工资、保运转）支出在财政支出中的优先顺序，坚决兜住"三保"底线，不留硬缺口。严格控制竞争性领域财政投入，强化对具有正外部性创新发展的支持。不折不扣落实过紧日子要求，厉行节约办一切事业，建立节约型财政保障机制，精打细算，严控一般性支出。严禁违反规定乱开口子、随意追加预算。严格控制政府性楼堂馆所建设，严格控制和执行资产配置标准，暂时没有标准的要从严控制、避免浪费。清理压缩各种福利性、普惠性、基数化奖励。优化国有资本经营预算支出结构，强化资本金注入，推动国有经济布局优化和结构调整。

（十）完善财政资金直达机制。在保持现行财政体制、资金管理权限和保障主体责任基本稳定的前提下，稳步扩大直达资金范围。完善直达资金分配审核流程，加强对地方分配直达资金情况的监督，确保资金安排符合相关制度规定、体现政策导向。建立健全直达资金监控体系，加强部门协同联动，强化从资金源头到使用末端的全过程、全链条、全方位监管，资金监管"一竿子插到底"，确保资金直达使用单位、直接惠企利民，防止挤占挪用、沉淀闲置等，提高财政资金使用的有效性和精准性。

（十一）推进支出标准体系建设。建立国家基础标准和地方标准相结合的基本公共服务保障标准体系，由财政部会同中央有关职能部门按程序制定国家基础标准，地方结合公共服务状况、支出成本差异、财政承受能力等因素因地制宜制定地方标准，按程序报上级备案后执行。鼓励各地区结合实际在国家尚未出台基础标准的领域制定地方标准。各地区要围绕"三保"等基本需要研究制定县级标准。根据支出政策、项目要素及成本、财力水平等，建立不同行业、不同地区、分类分档的预算项目支出标准体系。根据经济社会发展、物价变动和财力变化等动态调整支出标准。加强对项目执行情况的分析和结果运用，将科学合理的实际执行情况作为制定和调整标准的依据。加快推进项目要素、项目文本、绩效指标等标准化规范化。将支出标准作为预算编制的基本依据，不得超标准编制预算。

四、严格预算编制管理，增强财政预算完整性

（十二）改进政府预算编制。上级政府应当依法依规提前下达转移支付和新增地方政府债务限额预计数，增强地方预算编制的完整性、主动性。下级政府应当严格按照提前下达数如实编制预算，既不得虚列收支、增加规模，也不得少列收支、脱离监督。进一步优化转移支付体系，完善转移支付资金分配方法，健全转移支付定期评估和动态调整、退出机制，提高转移支付管理的规范性、科学性、合理性。规范国有资本经营预算编制，经本级人大或其常委会批准，国有资本规模较小或国有企业数量较少的市县可以不编制本级国

有资本经营预算。

（十三）加强跨年度预算平衡。加强中期财政规划管理，进一步增强与国家发展规划的衔接，强化中期财政规划对年度预算的约束。对各类合规确定的中长期支出事项和跨年度项目，要根据项目预算管理等要求，将全生命周期内对财政支出的影响纳入中期财政规划。地方政府举借债务应当严格落实偿债资金来源，科学测算评估预期偿债收入，合理制定偿债计划，并在中期财政规划中如实反映。鼓励地方结合项目偿债收入情况，建立政府偿债备付金制度。

（十四）加强部门和单位预算管理。政府的全部收入和支出都应当依法纳入预算，执行统一的预算管理制度。落实部门和单位预算管理主体责任，部门和单位要对预算完整性、规范性、真实性以及执行结果负责。各部门要统筹各类资金资产，结合本部门非财政拨款收入情况统筹申请预算，保障合理支出需求。将项目作为部门和单位预算管理的基本单元，预算支出全部以项目形式纳入预算项目库，实施项目全生命周期管理，未纳入预算项目库的项目一律不得安排预算。有关部门负责安排的建设项目，要按规定纳入部门项目库并纳入预算项目库。实行项目标准化分类，规范立项依据、实施期限、支出标准、预算需求等要素。建立健全项目入库评审机制和项目滚动管理机制。做实做细项目储备，纳入预算项目库的项目应当按规定完成可行性研究论证、制定具体实施计划等各项前期工作，做到预算一经批准即可实施，并按照轻重缓急等排序，突出保障重点。推进运用成本效益分析等方法研究开展事前绩效评价。依法依规管理预算代编事项，除应急、救灾等特殊事项外，部门不得代编应由所属单位实施的项目预算。

（十五）完善政府财务报告体系。建立完善权责发生制政府综合财务报告制度，全面客观反映政府资产负债与财政可持续性情况。健全财政总预算会计制度，将财政财务信息内容从预算收支信息扩展至资产、负债、投资等信息。推动预算单位深化政府会计改革，全面有效实施政府会计标准体系，完善权责发生制会计核算基础。完善国有资产管理情况报告制度，做好与政府综合财务报告的衔接。

五、强化预算执行和绩效管理，增强预算约束力

（十六）强化预算对执行的控制。严格执行人大批准的预算，预算一经批准非经法定程序不得调整。对预算指标实行统一规范的核算管理，精准反映预算指标变化，实现预算指标对执行的有效控制。坚持先有预算后有支出，严禁超预算、无预算安排支出或开展政府采购，严禁将国库资金违规拨入财政专户。严禁出台溯及以前年度的增支政策，新的增支政策原则上通过以后年度预算安排支出。规范预算调剂行为。规范按权责发生制列支事项，市县级财政国库集中支付结余不再按权责发生制列支。严禁以拨代支，进一步加强地方财政暂付性款项管理，除已按规定程序审核批准的事项外，不得对未列入预算的项目安排支出。加强对政府投资基金设立和出资的预算约束，提高资金使用效益。加强国有资本管理与监督，确保国有资本安全和保值增值。

（十七）推动预算绩效管理提质增效。将落实党中央、国务院重大决策部署作为预算绩效管理重点，加强财政政策评估评价，增强政策可行性和财政可持续性。加强重点领域预算绩效管理，分类明确转移支付绩效管理重点，强化引导约束。加强对政府和社会资本合作、政府购买服务等项目的全过程绩效管理。加强国有资本资产使用绩效管理，提高使用效益。加强绩效评价结果应用，将绩效评价结果与完善政策、调整预算安排有机衔接，对低效无效资金一律削减或取消，对沉淀资金一律按规定收回并统筹安排。加大绩效信息公开力度，推动绩效目标、绩效评价结果向社会公开。

（十八）优化国库集中收付管理。对政府全部收入和支出实行国库集中收付管理。完善国库集中支付控制体系和集中校验机制，实行全流程电子支付，优化预算支出审核流程，全面提升资金支付效率。根据预算收入进度和资金调度需要等，合理安排国债、地方政府债券的发行规模和节奏，节省资金成本。优化国债品种期限结构，发挥国债收益率曲线定价基准作用。完善财政收支和国库现金流量预测体系，建立健全库款风险预警机制，统筹协调国库库款管理、政府债券发行与国库现金运作。

（十九）拓展政府采购政策功能。建立政府采购需求标准体系，鼓励相关部门结合部门和行业特点提出政府采购相关政策需求，推动在政府采购需求标准中嵌入支持创新、绿色发展等政策要求。细化政府采购预算编制，确保与年度预算相衔接。建立支持创新产品及服务、中小企业发展等政策落实的预算编制和资金支付控制机制。对于适合以市场化方式提供的服务事项，应当依法依规实施政府购买服务，坚持费随事转，防止出现"一边购买服务，一边养人办事"的情况。

六、加强风险防控，增强财政可持续性

（二十）健全地方政府依法适度举债机制。健全地方政府债务限额确定机制，一般债务限额与一般公共预算收入相匹配，专项债务限额与政府性基金预算收入及项目收益相匹配。完善专项债券管理机制，专项债券必须用于有一定收益的公益性建设项目，建立健全专项债券项目全生命周期收支平衡机制，实现融资规模与项目收益相平衡，专项债券期限要与项目期限相匹配，专项债券项目对应的政府性基金收入、专项收入应当及时足额缴入国库，保障专项债券到期本息偿付。完善以债务率为主的政府债务风险评估指标体系，建立健全政府债务与项目资产、收益相对应的制度，综合评估政府偿债能力。加强风险评估预警结果应用，有效前移风险防控关口。依法落实到期法定债券偿还责任。健全地方政府债务信息公开及债券信息披露机制，发挥全国统一的地方政府债务信息公开平台作用，全面覆盖债券参与主体和机构，打通地方政府债券管理全链条，促进形成市场化融资自律约束机制。

（二十一）防范化解地方政府隐性债务风险。把防范化解地方政府隐性债务风险作为重要的政治纪律和政治规矩，坚决遏制隐性债务增量，妥善处置和化解隐性债务存量。完善常态化监控机制，进一步加强日常监督管理，决不允许新增隐性债务上新项目、铺新摊

子。强化国有企事业单位监管，依法健全地方政府及其部门向企事业单位拨款机制，严禁地方政府以企业债务形式增加隐性债务。严禁地方政府通过金融机构违规融资或变相举债。金融机构要审慎合规经营，尽职调查、严格把关，严禁要求或接受地方党委、人大、政府及其部门出具担保性质文件或者签署担保性质协议。清理规范地方融资平台公司，剥离其政府融资职能，对失去清偿能力的要依法实施破产重整或清算。健全市场化、法治化的债务违约处置机制，鼓励债务人、债权人协商处置存量债务，切实防范恶意逃废债，保护债权人合法权益，坚决防止风险累积形成系统性风险。加强督查审计问责，严格落实政府举债终身问责制和债务问题倒查机制。

（二十二）防范化解财政运行风险隐患。推进养老保险全国统筹，坚持精算平衡，加强基金运行监测，防范待遇支付风险。加强医疗、失业、工伤等社保基金管理，推进省级统筹，根据收支状况及时调整完善缴费和待遇政策，促进收支基本平衡。各地区出台涉及增加财政支出的重大政策或实施重大政府投资项目前，要按规定进行财政承受能力评估，未通过评估的不得安排预算。规范政府和社会资本合作项目管理。各部门出台政策时要考虑地方财政承受能力。除党中央、国务院统一要求以及共同事权地方应负担部分外，上级政府及其部门不得出台要求下级配套或以达标评比、考核评价等名目变相配套的政策。加强政府中长期支出事项管理，客观评估对财政可持续性的影响。

七、增强财政透明度，提高预算管理信息化水平

（二十三）改进预决算公开。加大各级政府预决算公开力度，大力推进财政政策公开。扩大部门预决算公开范围，各部门所属预算单位预算、决算及相关报表应当依法依规向社会公开。推进政府投资基金、收费基金、国有资本收益、政府采购意向等信息按规定向社会公开。建立民生项目信息公示制度。细化政府预决算公开内容，转移支付资金管理办法及绩效目标、预算安排情况等应当依法依规向社会公开。细化部门预决算公开内容，项目预算安排、使用情况等项目信息应当依法依规向社会公开。推进按支出经济分类公开政府预决算和部门预决算。

（二十四）发挥多种监督方式的协同效应。充分发挥党内监督的主导作用，加强财会监督，促进财会监督与党内监督、监察监督、行政监督、司法监督、审计监督、统计监督、群众监督、舆论监督等协同发力。各级政府、各部门要依法接受各级人大及其常委会、审计部门的监督。推进人大预算联网监督工作。各级财政部门要做好财税法规和政策执行情况、预算管理有关监督工作，构建日常监管与专项监督协调配合的监督机制。强化监督结果运用，对监督发现的问题，严格依规依纪依法追究有关单位和人员责任，加大处理结果公开力度。

（二十五）实现中央和地方财政系统信息贯通。用信息化手段支撑中央和地方预算管理，规范各级预算管理工作流程等，统一数据标准，推动数据共享。以省级财政为主体加快建设覆盖本地区的预算管理一体化系统并与中央财政对接，动态反映各级预算安排和执

行情况，力争2022年底全面运行。中央部门根据国家政务信息化建设进展同步推进相关信息系统建设。建立完善全覆盖、全链条的转移支付资金监控机制，实时记录和动态反映转移支付资金分配、拨付、使用情况，实现资金从预算安排源头到使用末端全过程来源清晰、流向明确、账目可查、账实相符。

（二十六）推进部门间预算信息互联共享。预算管理一体化系统集中反映单位基础信息和会计核算、资产管理、账户管理等预算信息，实现财政部门与主管部门共享共用。积极推动财政与组织、人力资源和社会保障、税务、人民银行、审计、公安、市场监管等部门实现基础信息按规定共享共用。落实部门和单位财务管理主体责任，强化部门对所属单位预算执行的监控管理职责。

各地区、各部门要充分认识到进一步深化预算管理制度改革的重要意义，把思想认识和行动统一到党中央、国务院的决策部署上来，增强"四个意识"、坚定"四个自信"、做到"两个维护"，主动谋划，精心组织，扎实推进改革。各地区要按照本意见要求，结合本地区实际，细化各项政策措施，切实加强制度建设，夯实改革基础，推进人才队伍建设，确保各项改革任务及时落地见效，推动预算管理水平再上新台阶。

（本文有删减）

附录五

财政部关于印发
《地方政府专项债券项目资金绩效管理办法》的通知
财预〔2021〕61号

各省、自治区、直辖市、计划单列市财政厅（局），新疆生产建设兵团财政局，财政部各地监管局：

为贯彻落实党中央、国务院决策部署，加强地方政府专项债券项目资金绩效管理，提高专项债券资金使用效益，有效防范政府债务风险，根据《中华人民共和国预算法》、《中华人民共和国预算法实施条例》、《中共中央 国务院关于全面实施预算绩效管理的意见》、《国务院关于进一步深化预算管理制度改革的意见》等法律法规及有关规定，我们制定了《地方政府专项债券项目资金绩效管理办法》。现印发给你们，请遵照执行。

特此通知。

附件：地方政府专项债券项目资金绩效管理办法

附件：
地方政府专项债券项目资金绩效管理办法

第一章 总 则

第一条 为加强地方政府专项债券项目资金绩效管理，提高专项债券资金使用效益，有效防范政府债务风险，根据《中华人民共和国预算法》、《中华人民共和国预算法实施条例》、《中共中央 国务院关于全面实施预算绩效管理的意见》、《国务院关于进一步深化预算管理制度改革的意见》、《项目支出绩效评价管理办法》等法律法规及有关规定，制定本办法。

第二条 本办法所称地方政府专项债券（以下简称专项债券）指省级政府为有一定收益的公益性项目发行的、以公益性项目对应的政府性基金收入或专项收入作为还本付息资金来源的政府债券，包括新增专项债券和再融资专项债券等。

第三条 本办法所称绩效管理，是指财政部门、项目主管部门和项目单位以专项债券支持项目为对象，通过事前绩效评价、绩效目标管理、绩效运行监控、绩效评价管理、评价结果应用等环节，推动提升债券资金配置效率和使用效益的过程。

第四条 绩效管理应当遵循以下原则：

（一）科学规范。专项债券项目资金绩效实行全生命周期管理。坚持"举债必问效、无效必问责"，遵循项目支出绩效管理的基本要求，注重融资收益平衡与偿债风险。建立规范的工作流程和指标体系，推动绩效管理工作有序开展。

（二）协同配合。各级财政部门牵头组织专项债券项目资金绩效管理工作，督促指导项目主管部门和项目单位具体实施各项管理工作。上级财政部门加强工作指导和检查。

（三）公开透明。绩效信息是专项债券项目信息的重要组成部分，应当依法依规公开，自觉接受社会监督，通过公开推动提高专项债券资金使用绩效。

（四）强化运用。突出绩效管理结果的激励约束作用，将专项债券项目资金绩效管理结果作为专项债券额度分配的重要测算因素，并与有关管理措施和政策试点等挂钩。

第二章 事前绩效评价

第五条 申请专项债券资金前，项目单位或项目主管部门要开展事前绩效评价，并将评估情况纳入专项债券项目实施方案。事前绩效评价主要判断项目申请专项债券资金支持的必要性和可行性，重点论证以下方面：

（一）项目实施的必要性、公益性、收益性；
（二）项目建设投资合规性与项目成熟度；
（三）项目资金来源和到位可行性；
（四）项目收入、成本、收益预测合理性；
（五）债券资金需求合理性；
（六）项目偿债计划可行性和偿债风险点；
（七）绩效目标合理性；
（八）其他需要纳入事前绩效评价的事项。

第六条 地方财政部门指导项目主管部门和项目单位做好事前绩效评价，将事前绩效评价作为项目进入专项债券项目库的必备条件。必要时财政部门可组织第三方机构独立开展绩效评估，并将评估结果作为是否获得专项债券资金支持的重要参考依据。

第三章 绩效目标管理

第七条 绩效目标应当重点反映专项债券项目的产出数量、质量、时效、成本，还包括经济效益、社会效益、生态效益、可持续影响、服务对象满意度等绩效指标。

第八条 项目单位在申请专项债券项目资金需求时，要同步设定绩效目标，经项目主管部门审核后，报同级财政部门审定。绩效目标要尽可能细化量化，能有效反映项目的预期产出、融资成本、偿债风险等。

第九条 地方财政部门要将绩效目标设置作为安排专项债券资金的前置条件，加强绩效目标审核，将审核后的绩效目标与专项债券资金同步批复下达。

第十条 绩效目标原则上执行中不作调整。确因项目建设运营环境发生重大变化等原因需要调整的，按照新设项目的工作流程办理。

第四章 绩效运行监控

第十一条 绩效运行监控是指在专项债券资金使用过程中,对专项债券资金预算执行进度和绩效目标实现情况进行"双监控",查找资金使用和项目实施中的薄弱环节,及时纠正偏差。

第十二条 项目主管部门和项目单位应当建立专项债券项目资金绩效跟踪监测机制,对绩效目标实现程度进行动态监控,发现问题及时纠正并告知同级财政部门,提高专项债券资金使用效益,确保绩效目标如期实现。

第十三条 地方财政部门应当跟踪专项债券项目绩效目标实现程度,对严重偏离绩效目标的项目要暂缓或停止拨款,督促及时整改。项目无法实施或存在严重问题的要及时追回专项债券资金并按程序调整用途。

第十四条 财政部门利用信息化手段探索对专项债券项目实行穿透式监管,根据工作需要组织对专项债券项目建设运营等情况开展现场检查,及时纠偏纠错。

第五章 绩效评价管理

第十五条 地方财政部门负责组织本地区专项债券项目资金绩效评价工作。年度预算执行终了,项目单位要自主开展绩效自评,评价结果报送主管部门和本级财政部门。项目主管部门和本级财政部门选择部分重点项目开展绩效评价。

第十六条 省级财政部门根据工作需要,每年选取部分重大项目开展重点绩效评价。选取项目对应的资金规模原则上不低于本地区上年新增专项债务限额的5%,并逐步提高比例。鼓励引入第三方机构,对重大项目开展重点绩效评价。必要时财政部可直接组织开展绩效评价。

第十七条 项目主管部门和财政部门绩效评价要反映项目决策、管理、产出和效益。绩效评价指标框架和绩效评价提纲由省级财政部门结合实际情况自主制定,参考《项目支出绩效评价管理办法》有关范例,并突出专项债券项目资金绩效评价特点。包括但不限于以下内容:

(一)决策方面。项目立项批复情况;项目完成勘察、设计、用地、环评、开工许可等前期工作情况;项目符合专项债券支持领域和方向情况;项目绩效目标设定情况;项目申请专项债券额度与实际需要匹配情况等。

(二)管理方面。专项债券收支、还本付息及专项收入纳入政府性基金预算管理情况;债券资金按规定用途使用情况;资金拨付和支出进度与项目建设进度匹配情况;项目竣工后资产备案和产权登记情况;专项债券本息偿还计划执行情况;项目收入、成本及预期收益的合理性;项目年度收支平衡或项目全生命周期预期收益与专项债券规模匹配情况;专项债券期限与项目期限匹配情况等;专项债券项目信息公开情况;外部监督发现问题整改情况;信息系统管理使用情况;其他财务、采购和管理情况。

(三)产出方面。项目形成资产情况;项目建设质量达标情况;项目建设进度情况;

项目建设成本情况；考虑闲置因素后债券资金实际成本情况；项目建成后提供公共产品和服务情况；项目运营成本情况等。

（四）效益方面。项目综合效益实现情况；项目带动社会有效投资情况；项目支持国家重大区域发展战略情况；项目直接服务对象满意程度等。

第十八条　专项债券项目建立全生命周期跟踪问效机制，项目建设期绩效评价侧重项目决策、管理和产出等，运营期绩效评价侧重项目产出和效益等。

第十九条　地方各级财政部门负责组织实施本地区绩效评价结果公开工作，指导项目主管部门和项目单位每年6月底前公开上年度专项债券项目资金绩效评价结果。绩效评价结果要在全国统一的地方政府债务信息公开平台上公开。

第六章　评价结果应用

第二十条　绩效评价结果量化为百分制综合评分，并按照综合评分进行分级。综合评分为90分（含）以上的为"优"，80分（含）至90分的为"良"，60分（含）至80分的为"中"，60分以下的为"差"。

第二十一条　项目主管部门和项目单位要根据绩效评价结果及时整改问题。省级财政部门也要及时将重点绩效评价结果反馈项目主管部门和项目单位，并提出整改意见。项目主管部门和项目单位应根据评价结果和整改意见，提出明确整改措施，认真组织开展整改工作。

第二十二条　上级财政部门对下级财政部门绩效管理工作定期开展抽查，指导和督促提高绩效管理水平。财政部组织各地监管局定期抽查各地区绩效管理工作情况、省级财政部门重点绩效评价开展情况等，抽查情况书面报告财政部。

第二十三条　按照评价与结果应用主体相统一的原则，财政部在分配新增地方政府专项债务限额时，将财政部绩效评价结果及各地监管局抽查结果等作为分配调整因素。省级财政部门在分配专项债务限额时，将抽查情况及开展的重点绩效评价结果等作为分配调整因素。地方财政部门将绩效评价结果作为项目建设期专项债券额度以及运营期财政补助资金分配的调整因素。

第二十四条　各级财政部门、项目主管部门和项目单位及个人，违反专项债券项目资金绩效管理规定致使财政资金使用严重低效无效并造成重大损失的，以及有其他滥用职权、玩忽职守、徇私舞弊等违法违规行为的，依法责令改正；对负有直接责任的主管人员和其他直接责任人员依法给予处分；涉嫌犯罪的，依法移送有关机关处理。

第七章　附　则

第二十五条　省级财政部门制定本地区专项债券项目资金绩效管理办法，报财政部备案，并抄送财政部相关监管局。

第二十六条　本办法自印发之日起施行。2022年及以后年度新增专项债券到期后按规定发行的再融资专项债券参照本办法执行。

参考文献

[1] 解思婧.我国地方政府融资问题研究[D].大连：东北财经大学,2011.

[2] 赵云旗. 经济体制改革的"先行者"——三十年财政管理体制改革回顾[EB/OL]. (2008-11-6)[2023-11-27].http://www.mof.gov.cn/zhuantihuigu/czgg0000_1/czggcz/200811/t20081106_88370.htm.

[3] 汪昌云. 拨改贷[EB/OL].(2015-10-30)[2023-11-27]. http://www.imi.ruc.edu.cn/zjgzs/wcy1/IMIsdwcy/0980e24da7cb4305a72d7d22940b7f87.htm.

[4] 王英囡.我国地方政府投融资问题研究[D].成都：西南财经大学,2011.

[5] 冉学东.叫停打捆贷款重在规范政府行为[N].第一财经日报,2006-5-22(B2).

[6] 叶蓉蓓. 商业银行银政合作中投入效益的评价研究[D].成都：西南财经大学,2023.

[7] 赵全厚.以公共财政为导向规范地方政府投融资行为[J].应用经济学评论,2010:39-45.

[8] 闫衍.我国土地财政的演化、困局与应对[J].当代金融研究,2023,6(7):13-27.

[9] 刘国富,王革.基于系统观的中国收入分配问题分析[J].中央财经大学学报,2011(8):1-6.

[10] 陈诚.地方政府融资平台公司转型对策研究[D].南昌：江西财经大学,2021.

[11] 尹贻林,姜敬波.BT模式下工程建设前期投资控制研究[J].北京理工大学学报(社会科学版),2011,13(2):1-5,48.

[12] 葛培健,张燎.基础设施BT项目运作与实务[M].上海:复旦大学出版社,2009:56-57.

[13] 叶怀斌. PPP模式的发展现状、问题及建议[EB/OL].(2023-4-6)[2023-11-27]. https://pic.bankofchina.com/bocappd/rareport/202304/P020230406527652984001.pdf.

[14] 姜玲勇.关于推动基础设施REITs加快发展的建议[J].浙江经济,2023 (8):74-75.

[15] 李沛沛."爆款"公募REITs的2022年：全市场24只产品总市值超850亿，首发扩募齐头并进持续扩容[EB/OL].(2022-12-31)[2023-11-27]. https://new.qq.com/rain/a/20221231A07SK700.

[16] 毛晖,杨文君.地方政府专项债券资金使用效益优化探究[J].财政监督,2022(13):15-21.

[17] Bernardin H J, Kane J S, Ross S, et al. Performance Appraisal Design, Development, and Implementation[J].Handbook of Human Resource Management, 1995: 462–493.

[18] Kane J S. The Conceptualization and Representation of Total Performance Effectiveness [J]. Human Resource Management Review, 1996,6(2): 123–145.

[19] Murphy K R. Job Performance and Productivity[J]. Psychology in Organizations, 1990.

[20] Campbell J P, McCloy R A, Oppler S H, et al. A Theory of Performance[J]. Personnel Selection in Organizations, 1993, 3570: 35–70.

[21] 李孝林. 建设项目关系治理困境的形成机理及治理路径研究[D].天津：天津理工大学,2021.

[22] Brumbrach. Performance Management[M]. London: The Cromwell Press,1988.

[23] 刘蔚华.方法大辞典[M].济南: 山东人民出版社,1991.

[24] 黄汉江.建筑经济大辞典[M].上海: 上海社会科学院出版社, 1990.

[25] 刘树成.现代经济词典[M].南京：凤凰出版社, 2005.

[26] 刘津. 通信线缆企业标杆对象选择中杜邦分析法的具体应用[D]. 北京：北京邮电大学, 2008.

[27] 林子群. 项目收益专项债券绩效评价研究[D].太原：山西财经大学, 2023.

[28] 罗勇,孙小燕.地方政府专项债券文献研究综述与评析[J].商业会计,2023(12):109-113.

[29] 闫汉基.地方政府专项债券项目绩效评价的实践与思考——以S高速公路专项债券项目为例[J].财政监督,2022(14):24-27.

[30] 张俊杰,李凯,武钰涵.地方政府专项债券绩效评价管理研究[J].行政事业资产与财务,2023(7):19-21,27.

[31] 财政部. 2022年12月地方政府债券发行和债务余额情况[EB/OL].(2023-1-30)[2023-11-27]. https://www.gov.cn/xinwen/2023/01/30/content_5739128.htm.

[32] 尹安婷. 社会保险基金项目绩效评价[D].太原：山西财经大学,2023.

[33] 李伟．基于模糊数学的管理咨询业服务质量评价及应用研究[D]．合肥：中国科学技术大学,2009.

[34] 杜玖松. 安全管理咨询项目服务质量评价研究[D].北京：首都经济贸易大学,2016.

[35] 臧婷婷. 基于粗糙集与集对分析的装配式建筑现场安装阶段施工过程安全风险评价研究[D].天津：天津理工大学,2022.

[36] 刘天怡,张浩,杜晓燕.粒径分布对小麦粉最低着火温度的影响研究[J].工业安全与环保,2023,49(8):59-63.

[37] 陈啸.多元化经营视角下JN市财险公司经营绩效研究[D].济南：山东师范大学,2023.

[38] 刘雅婷,黄健,马颂歌.老年教育资源供给能够满足当前的社会需求吗？——以供需耦合为分析视角[J].中国远程教育,2023,43(8):69-78.

[39] 张俊杰.民生工程项目预算绩效评价体系构建研究[J].会计之友,2023(20):61-67.

[40] 姜慧梓."新基建"包括哪些领域？国家发改委权威解读[EB/OL]. (2020-4-20)[2023-11-27].https://baijiahao.baidu.com/s?id=1664464907901458585&wfr=spider&for=pc.

[41] 徐军伟.专项债券绩效管理与评价指标构建[J].债券,2022(7):41-46.

[42] 温来成,徐磊.地方政府专项债券项目绩效评价指标体系建设[J].清华金融评论,2022,98(1):51-55.

[43] ZHANG P, GUO Q. A Study of the Performance Evaluation and Improvement of Local

Government Special Bond Funds for the "New Infrastructure Constructions" [J]. Contemporary Finance & Economics, 2022 (8): 28.

[44] 张晓庆,张馨予.地方政府专项债券项目绩效评价实践探析[J].中国资产评估,2023, 274(1):69–72.

[45] 吴瑞珠. 政府投资基本建设项目绩效评价指标体系的构建研究[D].天津：天津理工大学,2014.

[46] 陈鸿. 甘肃地方政府保障性安居工程专项支出绩效评价指标体系构建与应用研究[D].兰州：兰州大学,2018.

[47] 庞立红.地方政府债券项目绩效评价实践解析——以鲁南高铁(曲菏段)专项债券项目绩效评价为例[J].齐鲁珠坛,2021(3):55–57.

[48] 韦小泉,童伟.地方政府专项债券项目绩效管理问题探析——基于一般性财政支出项目绩效管理对比分析[J].地方财政研究,2022, 218(12):14–23.

[49] 李兰霞.地方政府专项债券项目绩效评价实践探析[J].北方金融,2022(6):71–73.

[50] 祝光德.新基建场景下智慧交通建设项目绩效评价指标研究[J].企业经济,2021,40(9):154–160.

[51] 马海涛.新时代深化预算管理制度改革的思考[J].财政监督,2022,(10):24–27.

[52] 甘怡群． 心理与行为科学统计[M].北京：北京大学出版社，2005.

[53] 韩小孩,张耀辉,孙福军,等．基于主成分分析的指标权重确定方法[J]．四川兵工学报,2012,33(10):124–126.

[54] 刘蔚华,陈远,王连法,等.方法大辞典[M].济南:山东人民出版社,1991:132.

[55]《数学辞海》编辑委员会. 数学辞海（第五卷）[M].北京:中国科学技术出版社,2002.

[56] 刘倚豆.普惠金融发展背景下商业银行财务风险的综合评价研究[J].现代营销(下旬刊),2022(8):14–16.

[57] 叶小玲.国省干线公路养护资金绩效评价指标构建思考[J].中国农业会计,2023,33(2):15–17.

[58] 马宜萍,敖胜元.浅析公路建设项目预算绩效评价[J].交通财会,2020(8): 11–16.

[59] 申建红,贾格淋,朱琛，等.基于变权可拓的高速公路PPP项目绩效评价[J].哈尔滨商业大学学报(自然版),2022,38(3):376–384.

[60] 彭霖."代建+监理"一体化管理模式下政府投资公路项目绩效评价体系构建研究[D].广州：华南理工大学,2021.

[61] 张媛媛. W市农村公路建设专项资金预算绩效管理研究[D].咸阳：西北农林科技大学,2023.

[62] 刘秀娜. 政府投资基本建设项目绩效概略评价体系的构建研究[D].天津：天津理工大

学,2016.

[63] 韩海锋.政府投资项目绩效评价研究[D].北京：首都经济贸易大学,2014.

[64] 毛春梅,朱艳娇,黄兵,等.水利投入对国民经济增长的贡献——以湖南省为例[J].水利经济,2021,39(6):1-4.

[65] 董阳,黄平,李勇志,等.三峡水库水质移动监测指标筛选方法研究[J].长江流域资源与环境,2014,23(3):366-372.

[66] 张尧庭,张璋.几种选取部分代表性指标的统计方法[J].统计研究,1990(1):52-58.

[67] 俞立平,潘云涛,武夷山.科技评价中指标初步筛选的实证研究[J].科技进步与对策,2010,27(5):116-121.

[68] 王同旭,崔月.基于聚类分析的黑龙江省水资源协调能力评价指标选取[J].黑龙江水利科技,2021,49(11):211-212.

[69] 李海凌.基于隔栅——模糊Borda数方法的PFI项目价值评估[J].西华大学学报(自然科学版),2009,28(3):85-87,106.

[70] 胡兵.企业绩效管理中定性指标定量化及应用探索[J].上海企业,2021,459(2):85-89.

[71] 张卫华,王建军.煤矿物流信息系统评价中定性指标量化方法研究[J].物流科技,2007,143(7):31-34.

[72] 张灵莹.定性指标评价的定量化研究[J].系统工程理论与实践,1998(7):99-102.

[73] 郭新峰,朱泉,赖世隆.替代指标和中间指标及其在中医药疗效评价研究中应用价值的思考[J].中国中西医结合杂志,2005(7):585-590.

[74] 傅为忠,储刘平.长三角一体化视角下制造业高质量发展评价研究——基于改进的CRITIC-熵权法组合权重的TOPSIS评价模型[J].工业技术经济,2020,39(9):145-152.

[75] 张立军，张潇.基于改进ＣＲITIC法的加权聚类方法［J］.统计与决策,2015,(22):65-68.

[76] 吴忠，关娇，何江.最低工资标准测算实证研究——基于ＣＲITIC－熵权法客观赋权的动态组合测算［J］.当代经济科学，2019，41(3):103-117.

[77] 王天琪. H市财政重大科技专项资金绩效评价指标体系构建研究[D]. 呼和浩特：内蒙古农业大学,2020.

[78] 赵柠.基于AHP的财政专项资金绩效审计评价指标体系的构建与应用——以J高校创大专项资金为例[J].嘉兴学院学报,2022,34(3):86-94.

[79] 王鸣涛,叶春明,赵灵玮.基于CRITIC和TOPSIS的区域工业科技创新能力评价研究[J].上海理工大学学报,2020,42(3):258268.

[80] 刘钻石,耿秀丽.面向顾客满意度的服务供应商评价[J].上海理工大学学报,2016,38(6):568-575.

[81] 陈一君,胡文莉,武志霞.白酒企业绩效评价指标体系构建与评价方法——基于BSC和熵权的改进TOPSIS模型[J].四川轻化工大学学报(社会科学版),20 20,35(5):68-87.

[82] 俞立平,郑昆.期刊评价中不同客观赋权法权重比较及其思考[J].现代情报,2021,41(12):121-130.

[83] 夏诗园.地方政府专项债特征、优势及问题研究[J].西南金融,2020(8):52-62.

[84] 陈凯,申现杰.地方政府专项债券发行管理的演进历程、问题根源与思考建议[J].经济研究参考,2022,2998(6):21-31.

[85] 张慧萌,张岚,王鹏悦等.利用地方政府专项债券水利项目收入来源模式分析[J].水利发展研究,2022,22(10):25-29.

[86] 李淼.水利项目利用地方政府专项债券现状、特征和建议[J].水利发展研究,2021,21(11):21-25.

[87] 温静波.地方政府专项债券项目绩效审计评价研究[D].兰州：兰州财经大学,2022.

[88] 闫长满,高凤元.第三方机构在产业扶持项目事前绩效评价中应关注的重要事项[J].中国注册会计师,2021,265(6):97-99,2-3.

[89] 刘晓珊. 基于模糊网络分析法的财政重点专项事前绩效评价研究[D].北京：北京化工大学,2017.

[90] 朱叶.A水利项目财政专项资金绩效评价研究[D]. 乌鲁木齐：新疆农业大学,2022.

[91] 周朝阳,李晓宏.如何构建有效的财政支出绩效评价体系[J].武汉理工大学学报(信息与管理工程版),2007,29(8):138-144.

[92] 裘炜毅,闫博.基于熵权法和TOPSIS法高铁新城发展水平评价的指标体系构建方法[J].交通与运输,2023,39(1):32-38.

[93] 郭志义. 多功能视角下高速铁路客运枢纽绩效评价[D].兰州：兰州交通大学,2022.

[94] 李淼.水利项目利用地方政府专项债券现状、特征和建议[J].水利发展研究,2021,21(11):21-25.

[95] 张馨予.关于地方政府专项债券项目绩效评价的思考[J].西部财会,2022,471(6):50-52.